ISO/TS 16949：2009
内审员实战通用教程

张智勇　编著

机 械 工 业 出 版 社

本书共有5个部分。第1部分对质量管理体系系列标准作了概括性论述，并对如何理解ISO/TS 16949:2009汽车质量管理体系标准进行了详细讲解。第2部分讲述内部质量管理体系审核，从质量管理体系内部审核的策划、内部审核的准备、内部审核的实施几个方面全面地介绍了质量管理体系内部审核的全过程，同时对内审员应具备的知识、能力、技巧与方法作了详细说明。第3部分讲述过程审核，对过程审核的程序进行了详细介绍，并用案例演示了过程审核的全过程。第4部分讲述产品审核，详细地讲解了产品审核的过程，对产品审核作业指导书的编制、产品审核检查表的编制、产品审核报告的编制进行了细致的论述。第5部分讲述管理评审，从管理评审计划的制订、管理评审的实施、管理评审报告的编写几个方面详细地介绍了管理评审的全过程。

第1~4部分是内审员与管理者代表必须掌握的，第5部分是管理者代表应充分了解的。

本书在进行理论讲述时，辅以了大量实用性案例。

本书的读者对象为实施ISO/TS 16949:2009的各类组织的管理人员、内审员及管理者代表。

图书在版编目(CIP)数据

ISO/TS 16949：2009内审员实战通用教程/张智勇编著．—北京：机械工业出版社，2011.1（2016.4重印）
ISBN 978-7-111-32210-8

Ⅰ.①I… Ⅱ.①张… Ⅲ.①汽车工业—质量管理体系—国际标准
Ⅳ.①F407.471.63-65

中国版本图书馆CIP数据核字（2010）第198952号

机械工业出版社(北京市百万庄大街22号 邮政编码100037)
策划编辑：李万宇 责任编辑：李万宇 王 婧
版式设计：张世琴 责任校对：闫玥红
封面设计：马精明 责任印制：乔 宇
北京圣夫亚美印刷有限公司印刷
2016年4月第1版第7次印刷
169mm×239mm ·19.75印张·381千字
标准书号：ISBN 978-7-111-32210-8
定价：36.00元

凡购本书，如有缺页、倒页、脱页，由本社发行部调换

电话服务	策划编辑：(010)88379732
社服务中心 ：(010)88361066	网络服务
销 售 一 部 ：(010)68326294	门户网：http://www.cmpbook.com
销 售 二 部 ：(010)88379649	教材网：http://www.cmpedu.com
读者购书热线：(010)88379203	封面无防伪标均为盗版

前　言

“年年岁岁搞形式，岁岁年年补记录”，这是我国一些企业推行ISO 9001、ISO/TS 16949的真实写照。

推行ISO 9001、ISO/TS 16949，难道真的只能搞形式吗？难道真的没有效果吗？我的回答是：要看企业以什么目的、用什么方法去推行ISO 9001、ISO/TS 16949。

在ISO 9001、ISO/TS 16949认证日趋商业化的今天，笔者给企业领导人一点忠告：实实在在地推行ISO 9001、ISO/TS 16949质量管理体系标准，企业的质量管理才会有效果。如果ISO 9001、ISO/TS 16949这些基本功都没有做扎实，就去搞什么六西格玛，只会让员工越来越糊涂，企业越来越劳民伤财。其实，只要踏踏实实地把基础工作做好，企业的质量管理水平就会有很大的提高。

与ISO/TS 16949:2002标准相比，ISO/TS 16949:2009标准的内容和要求更加明确、更具适用性。

ISO/TS 16949:2009汽车行业质量管理体系标准，是在ISO 9001:2008要求的基础上，结合汽车行业的特殊要求编制而成的。总体来看，ISO/TS 16949:2009比ISO 9001:2008的内容更多、更细，要求更高、更严。从审核的角度来讲，ISO/TS 16949不仅需要进行内部质量管理体系审核，还需进行产品审核、过程审核。

要想使ISO 9001、ISO/TS 16949质量管理体系确实有效，需要多方面的努力，其中之一就是要提高内审员的水平。为了帮助企业培养出合格的内审员，笔者编著了这本《ISO/TS 16949:2009内审员实战通用教程》。

本书与市场上其他ISO/TS 16949书籍相比，具有以下特点：

（1）案例丰富，实战性强，可操作性强，保证读者拿到手就能用。

（2）案例移植性强，读者稍加改进，即可作为其企业的内部文件使用。

希望这本书能为读者带来裨益。

如读者需要 ISO 9001、ISO/TS 16949 标准，请按笔者博客上的指示向笔者索取，笔者新浪博客：http：//blog. sina. com. cn/qiushiguanli。

对本书中的不足之处，请读者不吝赐教！

张智勇

目　录

第2部分 内部质量管理体系审核

第3部分 过程审核

第4部分 产品审核

第5部分 管理评审

第1部分

ISO/TS 16949：2009标准的理解

第1章 质量管理体系国际标准介绍

ISO/TS 16949:2009

1.1 ISO组织简介

国际标准化组织ISO（International Organization for Standardization）的前身是国际标准化协会（ISA）。ISA成立于1926年，1942年因第二次世界大战而解体。1946年10月14日，中国、美国、英国、法国、前苏联等25个国家的代表在伦敦开会，决定成立新的标准化机构——ISO。1947年2月23日，ISO正式成立。

ISO下设技术委员会（TC）和分技术委员会（SC），负责制定国际标准。

ISO的中央秘书处设在瑞士。

1.1.1 ISO/TC 176质量管理和质量保证技术委员会

ISO/TC 176是ISO组织中专门负责制定质量管理标准的技术委员会。ISO/TC 176成立于1979年，是在原ISO/CERTICO第二工作组“质量保证”的基础上成立的。

ISO/TC 176制定的所有国际标准，称为ISO 9000族标准。

1.1.2 国际汽车特别工作组（IATF）与ISO/TC 176的关系

国际汽车特别工作组（IATF）与ISO/TC 176技术委员会合作，共同制定了ISO/TS 16949汽车行业质量管理体系标准。

1.2 ISO/TS 16949标准的历史沿革

1999年，国际汽车特别工作组（IATF）与ISO/TC 176技术委员会合作，在综合美国 QS 9000、德国 VDA 6.1、法国 EAQF 94、意大利 AVSQ 94 汽车行业质量管理体系标准的基础上，制定了 ISO/TS 16949:1999 汽车行业质量管理体系国际标准。

ISO/TS 16949 标准自 1999 年发布以来，经过了两次修订，第一次修订是在 1999 版的基础上提出了 2002 版标准，第二次修订是在 2002 版的基础上提出了 2009 版标准。

与 ISO/TS 16949:2002 标准相比，ISO/TS 16949:2009 标准变化不大。ISO/TS 16949:2009 保持了 ISO/TS 16949:2002 的总体框架和逻辑结构，只对原 ISO/TS 16949:2002 标准中的部分条款进行了文字上的修订、补充，使标准的内容和要求更加明确、更具适用性。

1.3 ISO/TS 16949 与 ISO 9001 之间的关系

ISO/TS 16949:2009 汽车行业质量管理体系标准，是在 ISO 9001:2008 要求的基础上，结合汽车行业的特殊要求编制而成的。总体来看，ISO/TS 16949:2009 与 ISO 9001:2008 相比，可总结为三个字，叫“多、细、高”。

“多”——ISO/TS 16949:2009 要求的内容比 ISO 9001:2008 要求的内容要多。按要求的条款号来看，ISO 9001:2008 共有 60 多个，而 ISO/TS 16949:2009 除了这 60 多个小条款要求外，还多增加了 80 多个条款要求，文字量多出了一倍。如 7.6 条款增加对实验室的要求，8.2.2 条款增加了对制造过程审核、产品审核的要求等。

“细”——ISO/TS 16949:2009 要求的内容比 ISO 9001:2008 要求的内容更为细化，在 ISO 9001:2008 要求中仅一句话的要求，到了 ISO/TS 16949:2009 被分解为更细致的要求，要用几句话去描述要求。如 ISO 9001:2008 中“7.3.2 设计和开发输入”被 ISO/TS 16949:2009 详细地分解为“7.3.2.1 产品设计输入”和“7.3.2.2 制造过程设计输入”要求。

“高”——ISO/TS 16949:2009 的要求程度比 ISO 9001:2008 要求的要高，或者说要求要严格。如 7.5.3 对产品的标识，ISO 9001:2008 的要求是，适当时才在产品实现过程中识别产品，而 ISO/TS 16949:2009 却要求产品实现过程中对所有产品都要能识别，难度显然加大了。

1.4 质量管理方法——PDCA 循环

ISO 9001:2008、ISO/TS 16949:2009 标准将 PDCA 循环纳入其中，明确地指出 PDCA 循环适用于所有过程。

PDCA（计划 Plan——执行 Do——检查 Check——处理 Action）循环又称戴明环，是美国质量管理专家戴明发明的，反映了质量改进和其他管理工作必须经过的四个阶段。这四个阶段不断循环下去，故称之为 PDCA 循环（见图 1-1）。

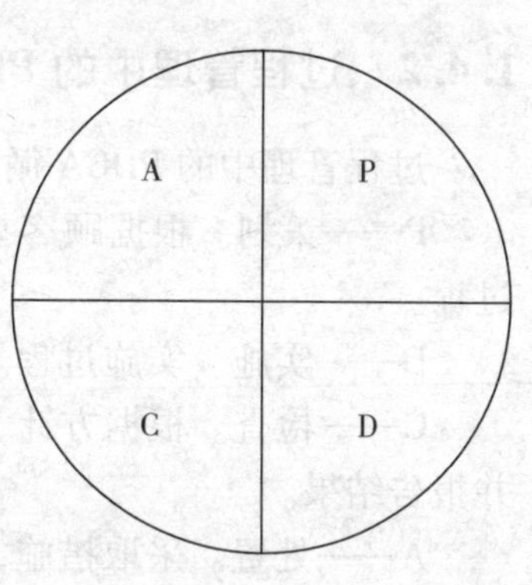

图 1-1　PDCA 循环示意图

1.4.1　作为质量改进方法的 PDCA 循环

对于此 PDCA 循环，可分为四个阶段八个步骤。

（1）P（Plan）阶段——计划阶段

这个阶段的工作内容包括四个步骤。

第一步：分析现状，找出存在的质量问题。

第二步：分析产生质量问题的各种影响因素。

第三步：找出影响质量的主要因素（称为主因或要因）。

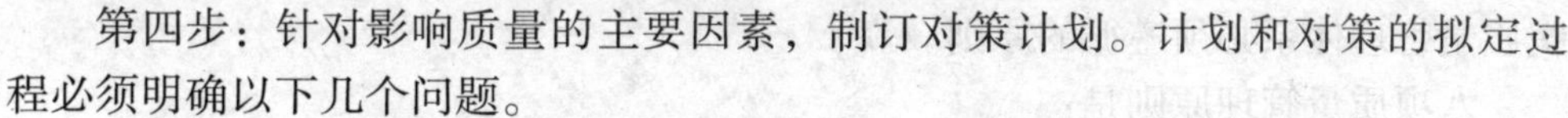

第四步：针对影响质量的主要因素，制订对策计划。计划和对策的拟定过程必须明确以下几个问题。

1）Why（为什么），说明为什么要制订各项计划和措施。

2）When（何时干），说明在什么时间进行。

3）Where（哪里干），说明由哪个部门负责在什么地点进行。

4）What（干到什么程度），说明要达到的目标。

5）Who（谁来干），说明措施的主要负责人。

6）How（怎样干），说明如何完成此项任务，即对策、措施的内容。

以上六点，称为“5W1H”技术。

（2）D（Do）阶段——执行阶段

这个阶段只有一个步骤。

第五步：实施计划，即按照计划和对策，认真地去执行。

（3）C（Check）阶段——检查阶段

这个阶段只有一个步骤。

第六步：检查效果，即根据计划的要求，检查实际执行的结果，看是否达到了预期的目的。

（4）A（Action）阶段——处理阶段

这个阶段包括两个步骤。

第七步：总结经验，巩固成绩。根据检查的结果进行总结，把成功的经验和失败的教训纳入有关的标准、规定和制度，指导今后的工作。

第八步：遗留问题，转入下个循环。这一循环尚未解决的问题，转入下一次循环去解决。

1.4.2 过程管理中的PDCA循环

过程管理中的PDCA循环，其含义是：

P——策划。根据顾客要求和组织的方针，为实现结果建立必要的目标和过程。

D——实施。实施过程。

C——检查。根据方针、目标和产品要求，对过程和产品进行监视和测量，并报告结果。

A——处置。采取措施，以持续改进过程业绩。

1.5 八项质量管理原则

八项质量管理原则是质量管理的理论基础，是建立、实施、保持和改进组织质量管理体系必须遵循的原则。

八项质量管理原则是：

1）以顾客为关注焦点。

2）领导作用。

3）全员参与。

4）过程方法。

5）管理的系统方法。

6）持续改进。

7）基于事实的决策方法。

8）与供方互利的关系。

1.5.1 以顾客为关注焦点

标准中指出："组织依存于顾客。因此，组织应当理解顾客当前和未来的需求，满足顾客要求并争取超越顾客期望。"

顾客既指组织外部的消费者、购物者、最终使用者、零售商、受益者和采购方，也指组织内部的生产、服务和活动中接受前一过程输出的部门、岗位和个人。

顾客是每个组织存在的基础，组织应把顾客的要求放在第一位。

实施"以顾客为关注焦点"的原则，组织应采取以下措施：

1）调查、识别并理解顾客的要求和期望。

2）确保组织的各项目标，包括质量目标能直接体现顾客的需求和期望。

3）确保在整个组织内沟通顾客的需求和期望。

4）测量顾客的满意程度并根据结果采取相应的活动或措施。

5）处理好与顾客的关系，力求顾客满意。

6）兼顾顾客与其他相关方之间的利益。

1.5.2 领导作用

标准中指出："领导者应确立与组织的方针相一致的目标。他们应当创造并保持良好的内部环境，使员工能充分参与实现组织的目标。"

组织的领导者，即最高管理者，是"在最高层指挥和控制组织的一个人或一组人。"

领导者要做许多事情，其中的关键是在组织内营造一个良好的环境，在组织的所有层次上建立共同的价值、目标、信念、公平公正和伦理道德观念。

实施"领导作用"的原则，组织最高管理者应采取下列措施：

1）考虑所有相关的需求和期望。相关方包括：顾客、所有者、员工、供方、当地社区乃至整个社会。

2）为本组织的未来描绘清晰的远景。

3）确定富有挑战性的目标。

4）在组织各级创造并坚持一种共同的价值观，并树立职业道德榜样，形成企业精神和企业文化。

5）创造一个宽松、和谐的环境，建立信任，消除顾虑。

6）为员工提供所需的资源和培训，并赋予其职责范围内的自主权。

7）评估员工的能力和业绩，采取激励机制，鼓励创新。

8）提倡公开、诚恳的交流和沟通。

9）实施为达到目标所需的发展战略。

1.5.3 全员参与

标准中指出："各级人员都是组织之本，只有他们的充分参与，才能使他们为组织的利益发挥其才干。"

全体员工是组织的重要资源之一，只有全体员工的充分参与，组织才能良好地运作。

实施"全员参与"原则，应采取下列措施：

1）对员工进行职业道德的教育，使每个员工了解其自身贡献的重要性及其在组织中的角色。

2）使员工能够识别影响其工作业绩的制约条件。如果制约条件属于自己的知识和技能水平，则应努力学习或实践，突破这些制约条件。

3）让员工有一定的自主权，并承担解决问题的责任。

4）使每个员工根据各自的目标评估其业绩状况。

5）启发员工积极寻找机会来提高自己的能力、知识和经验。

6）使员工自由地分享知识和经验，使先进的知识和经验成为共同的财富。

7）使员工畅所欲言。

1.5.4 过程方法

标准中指出："将活动和相关的资源作为过程进行管理，可以更高效地得到期望的结果。"

过程具有以下特点：

1）过程含有三要素：输入、输出和活动。

2）在一个组织内，过程通常是经过策划，并在受控条件下进行的。

3）过程应是增值的，不增值的过程是没有意义的。

4）过程包含一个或多个将输入转化为输出的活动。通常一个过程的输出直接成为下一个过程的输入，但有时多个过程之间形成比较复杂的过程网络。

5）PDCA 循环适用于所有过程。

系统地识别和管理组织所应用的过程，特别是这些过程之间的相互作用，就是"过程方法"。实施"过程方法"，组织应采取下列措施：

① 为了取得预期的结果，系统地识别所有的活动。

② 明确管理活动的职责和权限。

③ 分析和测量关键活动的能力。

④ 识别组织职能内部和职能之间关键活动的联系和接口。

⑤ 注意能改进组织的活动的各种因素，诸如资源、方法、材料等。

⑥ 评估各种活动对顾客、供方和其他利益相关方带来的风险、后果和影响。

1.5.5 管理的系统方法

标准中指出："将相互关联的过程作为系统加以识别、理解和管理，有助于组织提高实现目标的有效性和效率。"

1. 过程方法和系统方法的区别

过程方法管理的是一组活动，系统方法管理的是一组过程。

过程方法旨在高效率地达到过程目标，系统方法旨在达到组织的目标。

系统方法通过优化和协调运作过程，实现组织的优化。

2. 管理的系统方法的理解

系统，就是“相互关联或相互作用的一组要素”。

在质量管理中采用系统方法，就是要把质量管理体系作为一个大系统，对组成质量管理体系的各个过程加以识别、理解和管理，以实现质量方针和质量目标。

管理的系统方法包含下列几个基本思想：

1）整体性思想。

2）层次化思想。管理者要识别系统的层次，分清主次，在不同的层次间明确相应的职权及活动。

3）目的性思想。组织应明确管理工作中的目标，要将目标系统化、定量化并制订各子系统的分目标，要确保全面协调地实现系统的目标。

4）环境适应性思想。

要实施“管理的系统方法”原则，组织应采取下列措施：

① 建立一个以过程方法为主体的质量管理体系。

② 明确质量管理过程的顺序和相互作用，使这些过程相互协调。

③ 控制并协调质量管理体系的各过程的运作。

④ 明确职责和权限，减少或消除由于职能交叉和职责不清导致的障碍。

⑤ 确保过程运作所需的资源。

⑥ 设定目标，并确定体系中的特殊活动如何运作。

⑦ 测量、评估并持续改进体系。

1.5.6　持续改进

标准中指出：“持续改进总体业绩应当是组织的永恒目标。”

持续改进是组织的永恒目标之一。组织必须建立持续改进的机制，使组织能适应外界环境的变化要求，提高组织的竞争力。

持续改进是增加满足要求的能力的循环活动。持续改进的对象可以是质量管理体系、过程、产品等。持续改进可作为过程进行管理，管理中应重点关注改进的目标及改进的有效性和效率。

实施“持续改进”的原则，组织应采取下列措施：

1）使持续改进成为一种制度。

2）为员工提供有关持续改进的方法和手段的培训。

3）将产品、过程和体系的持续改进作为组织内每个成员的目标。

4）建立目标以指导、测量、追踪持续改进。

5）承认改进的结果，并对改进有功的员工通报表扬和奖励。

1.5.7 基于事实的决策方法

标准中指出:"有效决策是建立在数据和信息分析的基础上。"

所谓决策就是针对预定目标，在一定约束条件下，从诸方案中选出最佳的一个付诸实施。

正确的决策需要领导者用科学的态度，以事实或正确的信息为基础，通过合乎逻辑的分析，作出正确的决断。盲目的决策或只凭个人的主观意愿的决策是绝对不可取的。

实施"基于事实的决策方法"的原则，组织应采取下列措施:

1）明确规定收集信息的种类、渠道和职责。

2）确保数据和信息的准确性和可靠性。

3）让数据和信息需要者能得到数据和信息。

4）使用有效的方法，对数据和信息进行分析。

5）基于事实分析，权衡经验与直觉，作出决策并采取措施。

1.5.8 与供方互利的关系

标准中指出:"组织与供方相互依存，互利的关系可增强双方创造价值的能力。"

在专业化和协作日益发展、供应链日趋复杂的今天，与供方的关系影响到组织对市场的快速反应能力。因此，对供方不能只讲控制，不讲合作互利。特别是关键供方，需要建立互利关系。这对组织和供方双方都是有利的。

实施"与供方互利的关系"的原则，组织应采取下列主要措施:

1）在权衡短期利益与长期利益的基础上，确立与供方的关系。

2）与供方或合作伙伴共享专门技术和资源。

3）识别和选择关键供方。

4）建立清晰和开放的沟通渠道。

5）确定联合开发和改进活动。

6）激发、鼓励和承认供方的改进及其成果。

1.6 质量管理体系术语

1.6.1 ISO 9000 标准中的术语

ISO 9000:2005《质量管理体系 基础和术语》标准共给出了 84 个术语，根据内容逻辑关系可分为十类，其构成情况见表 1-1。

表 1-1 ISO 9000 标准术语构成

类别	类别名称	术语数	核心术语	术语名称
一	有关质量的术语	6	质量	质量、要求、等级、顾客满意、能力、能力
二	有关管理的术语	15	体系	体系（系统）、管理体系、质量管理体系、质量方针、质量目标、管理、最高管理者、质量管理、质量策划、质量控制、质量保证、质量改进、有效性、持续改进、效率
三	有关组织的术语	8	组织	组织、组织结构、基础设施、工作环境、顾客、供方、相关方、合同
四	有关过程和产品的术语	5	过程、产品	过程、产品、项目、设计与开发、程序
五	有关特性的术语	4	特性	特性、质量特性、可信性、可追溯性
六	有关合格（符合）的术语	13	合格	合格（符合）、不合格（不符合）、缺陷、预防措施、纠正措施、纠正、偏离许可、让步、放行、返修、返工、降级、报废
七	有关文件的术语	6	文件	信息、文件、规范、质量手册、质量计划、记录
八	有关检查的术语	7	检验	客观证据、检验、试验、验证、确认、鉴定过程、评审
九	有关审核的术语	14	审核	审核、审核方案、审核准则、审核证据、审核发现、审核结论、审核委托方、受审核方、审核员、审核组、技术专家、审核计划、审核范围、能力
十	有关测量过程质量管理的术语	6	测量管理体系	测量管理体系、测量控制过程、计量确认、测量设备、计量特性、计量职能
	合计	84		

1.6.2 几个重要的术语

1. 质量

(1) 定义

质量：一组固有特性满足要求的程度。

注1：术语“质量”可使用形容词，如：差、好或优秀来修饰。

注2：“固有的”（其反义是“赋予的”）就是指在某事或某物中本来就有的，尤其是那种永久的特性。

（2）理解要点

1）质量不仅是产品的质量，也包括过程的质量，体系的质量。对于过程而言，过程的能力，过程的稳定性、可靠性、先进性和工艺水平等反映其质量水平。对于质量管理体系而言，实现质量方针、目标的能力、管理的协调等反映其质量水平。

2）要求可以是明示的、通常隐含的或必须履行的需求和期望。

3）固有特性就是指在某事或某物中本来就有的，尤其是那种永久的特性。赋予的特性（如产品价格）并非是产品、体系或过程的固有特性。

4）要求具有相对性（不同顾客或相关方具有不同的要求）和时间性，是动态的，因此应定期对质量进行评审。

2. 质量管理体系

（1）定义

质量管理体系：在质量方面指挥和控制组织的管理体系。

（2）理解要点

1）质量管理体系是建立质量方针和质量目标，并为实现这些目标的一组相互关联的或相互作用的要素的集合。

2）质量管理体系把影响质量的技术、管理、人员和资源等因素都综合在一起，形成一个有机的整体。

3）构成质量管理体系的各个过程以及每一过程所必须开展的活动都可以看作为组成质量管理体系的要素。

3. 质量方针

（1）定义

质量方针：由组织的最高管理者正式提出的该组织总的质量宗旨和方向。

注1：通常质量方针与组织的总方针相一致并为制定质量目标提供框架。

注2：本标准中提出的质量管理原则可以作为制定质量方针的基础。

（2）理解要点

1）质量方针由组织的最高管理者正式发布。

2）质量方针与组织的总方针相一致。

3）质量方针是宏观的，但不能空洞无内容。质量方针应能为质量目标的建立、评审提供方向、途径。

4. 质量目标

（1）定义

质量目标：在质量方面所追求的目的。

注1：质量目标通常依据组织的质量方针制定。

注2：通常对组织的相关职能和层次分别规定质量目标。

（2）理解要点

1）质量目标的内容应符合质量方针所规定的框架。

2）质量目标应是可以测量的。

3）质量目标应展开到有关的职能部门及层次上。至于展开到哪一层次，应以能传达到相关人员并能转化为各自的工作任务为度，不一定要展开到每个岗位。

5. 质量控制　质量保证

（1）定义

> 质量控制：质量管理的一部分，致力于满足质量要求。
>
> 质量保证：质量管理的一部分，致力于提供质量要求会得到满足的信任。

（2）理解要点

二者的区别与联系：质量控制是为了达到规定的质量要求而开展的一系列的活动。而质量保证是提供客观证据证实已经达到规定的质量要求的各项活动。

组织必须有效地实施质量控制，在此基础上才能提供质量保证。

6. 质量计划　质量策划

（1）定义

> 质量计划：对特定的项目、产品、过程或合同，规定由谁及何时应使用哪些程序和相关资源的文件。
>
> 注 1：这些程序通常包括所涉及的那些质量管理过程和产品实现过程。
>
> 注 2：通常，质量计划引用质量手册的部分内容或程序文件。
>
> 注 3：质量计划通常是质量策划的结果之一。

> 质量策划：质量管理的一部分，致力于制定质量目标并规定必要的运行过程和相关资源以实现质量目标。
>
> 注：编制质量计划可以是质量策划的一部分。

（2）理解要点

二者的区别和联系：

1）质量策划是活动，质量计划是文件。

2）质量策划的结果应形成文件，可以是质量计划，也可以是其他管理文件。

3）质量计划将特定的项目、产品、过程或合同与现有的质量管理体系联系起来，起到了应有的桥梁作用。

第2章 ISO/TS 16949:2009 标准的理解

2.1 标准的应用范围、术语和定义（标准条款：1、2、3）

1. 标准条文

前言（略）

引言（略）

1　范围

1.1　总则

本标准为有下列需求的组织规定了质量管理体系要求：

a）需要证实其有能力稳定地提供满足顾客和适用的法律法规要求的产品；

b）通过体系的有效应用，包括体系持续改进的过程以及保证符合顾客与适用的法律法规要求，旨在增强顾客满意。

注1：在本标准中，术语“产品”仅适用于

——预期提供给顾客或顾客所要求的产品。

——产品实现过程所产生的任何预期输出。

注2：法律法规要求可称作法定要求。

本标准与 ISO 9001:2008 相结合，规定了质量管理体系要求，用于汽车相关产品的设计和开发、生产；相关时，也适用于安装和服务。

本标准适用于组织进行顾客规定的生产件和/或维修零件制造的现场。

支持职能，无论其在现场或在外部（如设计中心，公司总部及分销中心），由于它们对现场起支持性作用而构成现场审核的一部分，但不能单独获得本标准的认证。

本标准可适用于整个汽车供应链。

1.2 应用

本标准规定的所有要求是通用的，旨在适用于各种类型、不同规模和提供不同产品的组织。

当本标准的任何要求由于组织及其产品的特点而不适用时，可以考虑对其进行删减。

如果进行了删减，而且这些删减仅限于本标准第 7 章的要求，同时不影响组织提供满足顾客和适用法律法规要求的产品的能力或责任，方可声称符合本标准。

本标准仅允许在组织没有产品设计和开发责任的情况下删减与 7.3 有关的内容。

不允许删减制造过程的设计。

2 规范性引用文件

下列标准中的条款通过本标准的引用而成为本标准的条款。凡是注日期的引用文件，其随后所有的修改单（不包括勘误的内容）或修订版均不适用于本标准。然而，鼓励根据本标准达成协议的各方研究是否可采用这些文件的最新版本。凡是不注日期的引用文件，其最新版本适用于本标准。

ISO 9000:2005 质量管理体系 基础和术语。

3 术语和定义

本标准采用 ISO 9000 中的术语和定义。

本标准中所出现的术语“产品”，也可指“服务”。

3.1 汽车行业的术语和定义

本文件采用 ISO 9000:2005 和以下给出的术语和定义。

3.1.1 控制计划 control plan

对控制产品所要求的系统和过程的形成文件的描述（见标准附录 A）。

3.1.2 有设计责任的组织 design responsible organization

有权建立新的产品规范，或对现有的产品规范进行更改的组织。

注：本责任包括在顾客规定的应用范围内对设计性能的试验和验证。

3.1.3 防错 error proofing

为防止不合格产品的制造而进行的产品和制造过程的设计和开发。

3.1.4 实验室 laboratory

进行检验、试验或校准的设施，其范围包括但不限于化学、金相、尺寸、物理、电性能或可靠性试验。

3.1.5 实验室范围 laboratory scope

受控文件，包括：

——实验室有资格进行的特定试验、评定和校准；

——用来进行上述活动的设备清单；

——进行上述活动的方法和标准清单。

3.1.6 制造 manufacturing

以下制作或加工过程:

——生产材料;

——生产或维修零件;

——装配;

——热处理、焊接、喷漆、电镀和其他表面处理。

3.1.7 预见性维护 predictive maintenance

基于过程数据,通过预测可能的失效模式以避免维护性问题的活动。

3.1.8 预防性维护 preventive maintenance

为消除设备失效和生产的计划外中断的原因而策划的措施,作为制造过程设计的一项输出。

3.1.9 附加运费 premium freight

在合同约定的交付之外发生的附加成本或费用。

注:可因方法、数量、计划外或延迟交付等导致。

3.1.10 外部场所 remote location

支持现场且不存在生产过程的场所。

3.1.11 现场 site

发生增值的制造过程的场所。

3.1.12 特殊特性 special characteristic

可能影响产品的安全性或法规符合性、配合、功能、性能或其后续过程的产品特性或制造过程参数。

2. 理解要点

(1)使用 ISO/TS 16949 标准的目的

通过使用 ISO/TS 16949 标准,可实现两个目的:

1)能够证实本组织有能力稳定地提供满足顾客和适用的法律法规要求的产品。

2)通过质量管理体系的有效应用(包括持续改进和保证符合顾客与适用的法律法规的要求),使顾客满意。

(2)ISO/TS 16949 标准的应用范围

1)本标准适用于汽车供应链内所有厂家,特指那些能成为整车厂配套的一级、二级、三级等供应商。组织的顾客尽管不是整车厂,但只要按“顾客的顾客”能溯源到某整车厂,即组织的产品最终是被整车厂装在了新出厂的新车上,就算是在汽车供应链里。

汽车:包括轿车、中型客车、大客车、公交车,载货的微型汽车、中型货车、大货车以及摩托车。不包括工业用（叉车）、农业用（小货轮）、建筑业用（工程车）、矿业、林业等用车。

生产件：汽车上的有关产品，如汽车上所有零部件，大到发动机、变速箱，小到螺栓、气门芯，也包括油漆、润滑油及电子产品等。

维修件：包括汽车上的易损件，如轮胎；还包括维护/维修件，如专用清洗剂、千斤顶等。必须是专供整车厂用于新车出厂的配置，不包括维修市场的配件，除非整车厂特别指定专卖。

2）本标准适用于具有以下制造现场组织的认证：

——生产材料。生产用原材料，如圆钢、钢板、型钢，塑料粒子、油漆等。

——生产件或维修件。包括螺栓、螺母等标准件。

——装配。

——热处理、焊接、喷漆、电镀或其他表面处理。这些过程对于顾客来说往往叫外包过程。

3）没有制造现场的任何汽车范围，都不能独立认证，如维修点、汽车专卖店等。

4）组织的支持场所，如外部设计中心，是不能独立进行审核而获得认证证书的。有制造现场的组织，如果存在支持的场所，如外部设计中心，就必须进行审核，因为设计责任是不能外包的。

（3）ISO/TS 16949 标准允许的删减

1）ISO/TS 16949 标准仅允许在组织没有产品设计和开发责任的情况下删减与 7.3 有关的内容，其他条款不能删减。例如，某公司自建厂以来，虽未发生过顾客财产，但也不能删减 7.5.4 顾客财产的要求。

2）一个按 ISO/TS 16949 实施质量管理体系的组织，若不进行产品设计，则可删减 7.3 中产品设计和开发的内容。例如，生产标准件的制造厂，所有的产品图样和技术要求组织自己不需确定，而是按顾客指定的国家标准进行生产制造的，产品设计和开发就可删减；但组织通过什么样的生产工艺过程把产品制造出来，要由组织的设计人员自行确定，因此制造过程设计是不能删减的。又如，组织提供的产品所用的图样全部是来自顾客的设计，则组织不存在设计和开发，产品设计和开发就可删减；同样制造过程由组织自己确定，不能删减制造过程设计。

3）无论产品设计是谁进行的，如果组织有权更改原设计要求，则表明组织有产品设计责任，设计和开发是不能删减的。

4）按顾客的产品功能和性能要求，组织进行设计和开发，则组织有产品设计责任，不能删减产品的设计和开发。

5）按顾客提供的产品样品实物，组织进行设计和开发，则组织有产品设计责任，不能删减产品的设计和开发。

(4) ISO/TS 16949 标准删减的声明和认可

删减的范围及其理由，要在质量手册中阐明。有合同要求时，删减由双方商定并在合同中予以规定。组织在申请质量管理体系认证时，删减应得到认证机构的认可。

(5) 术语和定义

ISO/TS 16949 标准采用 ISO 9000 中的术语和定义，同时又在标准中对汽车行业的术语和定义进行了规定。

下面对几个不易理解的术语进行解释。

1) 防错。为防止差错而制造出不合格品，在产品设计和制造过程设计时而采用的手段和方法。有了防错技术，即使想做错都很难。例如，某个插头，只能插进唯一的孔位，其他孔位都插不进去。

2) 预见性维护。通过对制造过程的监视所得到的数据，如对控制图监控中得到的数据变化进行分析，预见可能将会发生的设备失效模式而进行的维护活动。

3) 预防性维护。为防止设备可能的失效而进行的有计划的维护活动，以保持设备正常的能力。

4) 附加运费。如将公路运输改变成空运所产生的费用。

5) 外部场所。生产过程以外的场所，但与生产过程有某些支持或联系。例如，外部储存库房。

6) 特殊特性。ISO/TS 16949 中所讲的“特殊特性”相当于一般质量管理书籍中所讲的“关键特性”、“重要特性”。

① 特殊特性：可能影响产品的安全性或法规符合性、配合、功能、性能或其后续过程的产品特性或制造过程参数。

②产品特性分级的定义。

a) 关键特性：如果超出规定的界限就会导致人的生命和财产的损失或使产品丧失功能。

b) 重要特性：如果超出规定的界限就会导致产品功能失误或降低原有的使用功能。

c) 次要特性：即使超出规定的界限，对产品的使用性能也不会产生影响或只产生轻微的影响。

一般所说的特殊特性包括关键特性和重要特性。

③过程特性分级的定义。过程特性是指影响产品特性的制造过程参数，一般分为：

a) 关键特性：这种特性在工序中可能偶尔存在着偏离公差的重大波动，并且将产生难以令人接受的长期的、过高的平均不合格品率或次品率。

b）重要特性：这种特性在工序中可能偶尔存在着偏离公差的波动，并且将产生较低的长期不合格品率或次品率。

c）次要特性：这种特性在工序中可能偶尔存在着偏离公差的波动，但不会产生长期不合格品率或次品率。

一般所说的特殊特性包括关键特性和重要特性。

2.2 质量管理体系（标准条款：4）

2.2.1 总要求（标准条款：4.1）

1. 标准条文

4 质量管理体系

4.1 总要求

组织应按本标准的要求建立质量管理体系，形成文件，加以实施和保持，并持续改进其有效性。

组织应：

a）确定质量管理体系所需的过程及其在组织中的应用（见 1.2）；

b）确定这些过程的顺序和相互作用；

c）确定为确保这些过程的有效运作和控制所需的准则和方法；

d）确保可以获得必要的资源和信息，以支持这些过程的运作和监视；

e）监视、测量（适用时）和分析这些过程；

f）实施必要的措施，以实现对这些过程所策划的结果和对这些过程的持续改进。

组织应按本标准的要求管理这些过程。

针对组织所选择的任何影响产品符合要求的外包过程，组织应确保对其实施控制。对此类外包过程控制的类型和程度应在质量管理体系中加以规定。

注 1：上述质量管理体系所需的过程包括与管理活动、资源提供、产品实现和测量、分析和改进有关的过程。

注 2：外包过程是经组织识别为质量管理体系所需的，但选择由组织的外部方实施的过程。

注 3：确保对外包过程的控制并不免除组织满足顾客和法律法规要求的责任。对外包过程控制的类型和程度可受下列因素影响：

a）外包过程对组织提供满足要求的产品的能力的潜在影响；

b）对外包过程控制的分担程度；

c）通过应用 7.4 条款实现所需控制的能力。

4.1.1 总要求——补充

确保对外包过程的控制不应免除组织对符合所有顾客要求的责任。

注：见 7.4.1 和 7.4.1.3。

2. 理解要点

该条文是对组织建立、实施和保持质量管理体系的总体性要求。这些要求包括以下内容。

(1) 建立文件化的质量管理体系，并坚持持续改进

组织应根据其自身的特点，按照ISO/TS 16949的要求建立、实施并保持文件化的质量管理体系，并坚持持续改进，确保质量管理体系的充分性、适宜性和有效性。

(2) 运用过程方法管理质量管理体系

PDCA（策划—实施—检查—处置）过程方法管理的内容包括：

1）识别、确定过程［P1：4.1 a）条款］。根据顾客和法规要求，就所供产品，识别、确定并表述为实现质量目标所需的过程。

过程可以指从识别顾客的需求，到顾客满意的评价的大过程。也可以指每一具体的质量活动的子过程，如采购控制过程、设计开发过程、产品检测过程等。

制造业通常的主要过程及其大概流程为：

市场需求调查→接受合同或订单→产品设计开发→采购→生产制造→测量与监控→交付→服务。

如果质量管理体系的某些过程是由外部组织提供的，则组织也应识别、确定这些过程，并对这些过程进行控制。

对分包过程，按标准7.4条款和实现过程中其他与该分包过程有关的条款予以控制。

2）确定过程的顺序和相互作用［P2：4.1 b）条款］。确定并描述各过程的输入、转换和输出，以及过程之间的接口及输入、输出关系。

3）制订过程运行和控制的准则与方法［P3：4.1 c）条款］。准则是指“言论、行动等所依据的原则”。方法是指“关于解决思想、说话、行动等问题的门路、程序等”。准则为过程是否有效运作提供了评估依据。方法为过程的有效运行提供了保证。组织应根据各个过程的需要制订相应的准则和方法。具体应考虑以下几个方面：

① 每个过程预期和非预期的结果的特性是什么？

② 用于监视、测量和分析的准则是什么？

③ 如何将这些准则和方法结合到组织的质量管理体系策划和产品实现过程中？

④ 经济结果（如成本、时间、浪费等）如何？

⑤ 有哪些适宜的收集数据的方法？

4）确保充足的信息和资源，以支持过程的运行和控制［D：4.1 d）条款］。

资源是过程运作不可缺少的条件。最高管理者应承诺提供资源，各管理层应保证得到适宜的资源。信息是过程有效运作和监控不可缺少的要素，信息要及时、准确、完整和适用。要做好信息的收集、处理、传递、分析、反馈等管理。

5）监视、测量、分析过程的有效性［C：4.1 e）条款］。

6）针对监控、分析的结果，采取必要的措施以实现策划的结果和达到持续改进［A：4.1 f）条款］。

（3）确保对外包过程进行控制

组织对外包过程负有满足顾客要求的责任。

（4）ISO/TS 16949 对质量管理体系过程的划分

分为顾客导向过程、支持过程和管理过程。

1）顾客导向过程（Customer Oriented Process，简称 COP）：指通过输入和输出直接与外部顾客联系的过程。如：顾客产品要求、订单、投诉等过程。COP 多存在于 ISO/TS 16949 标准条款 7、条款 8.2 中。

IATF（国际汽车特别工作组）推荐用章鱼图（见图 2-1）识别组织里的顾客导向过程。圆圈内表示组织内部，圆圈外表示组织外部顾客，识别出的顾客导向过程的输入和输出构成了章鱼的脚。

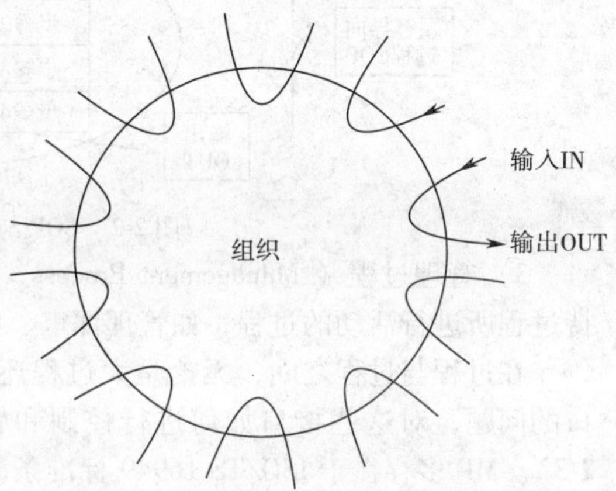

图 2-1　识别顾客导向过程的章鱼图

IATF 推荐的 10 个顾客导向过程（COP）如下：

——市场分析/顾客要求；

——招投标/标书；

——订单/申请单；

——产品和过程设计；

——产品和过程验证/确认；

——产品生产；

——交付；

——付款；

——保修/服务；

——售后/顾客反馈。

2）支持过程（Support Process，简称为 SP）：指支持顾客导向过程的过程，如采购、生产、培训、文件控制等过程。

顾客导向过程（COP）作为组织的输入（IN），为保证将输入转化为输出（OUT），在组织内部建立起子过程，即步骤1、步骤2、步骤3、步骤4，我们称之为支持过程（见图2-2）。支持过程（SP）支持COP的实现，是一个增值的过程。SP多存在于ISO/TS 16949标准条款4、条款6、条款7、条款8中。

支持过程（SP）还可以分为若干个子过程。

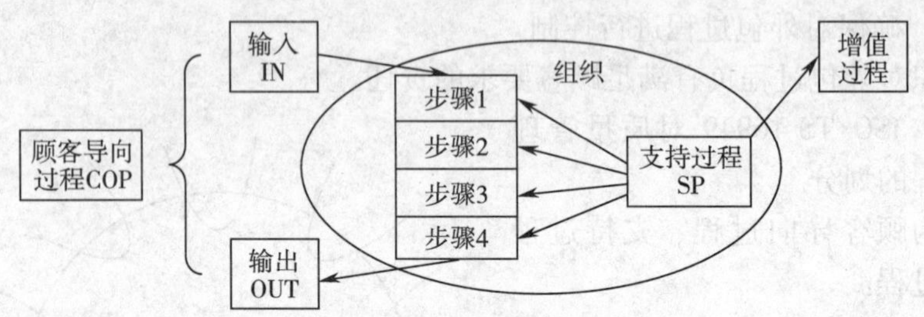

图2-2 COP与SP的关系

3）管理过程（Management Process，简称MP）：为管理顾客导向过程和支持过程所进行活动的过程，如管理评审、内部沟通等过程。

在过程与过程之间，无论是大过程还是子过程相互之间，都存在着一个接口的问题，对这些接口如何进行控制和管理，就需要有一个管理过程（见图2-3）。MP多存在于ISO/TS 16949标准条款5中。

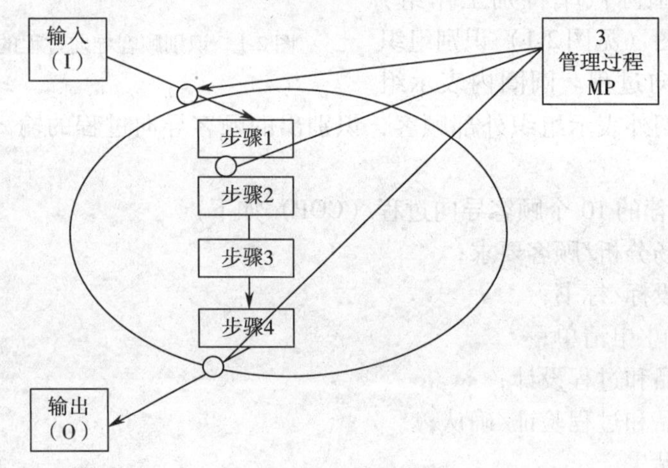

图2-3 管理过程

（5）过程之间的关系

过程之间的关系可用流程图来表示。

（6）单一过程的分析

IATF推荐用乌龟图（见图2-4）进行单一过程的分析。图2-5是一个产品设计与开发过程乌龟图。

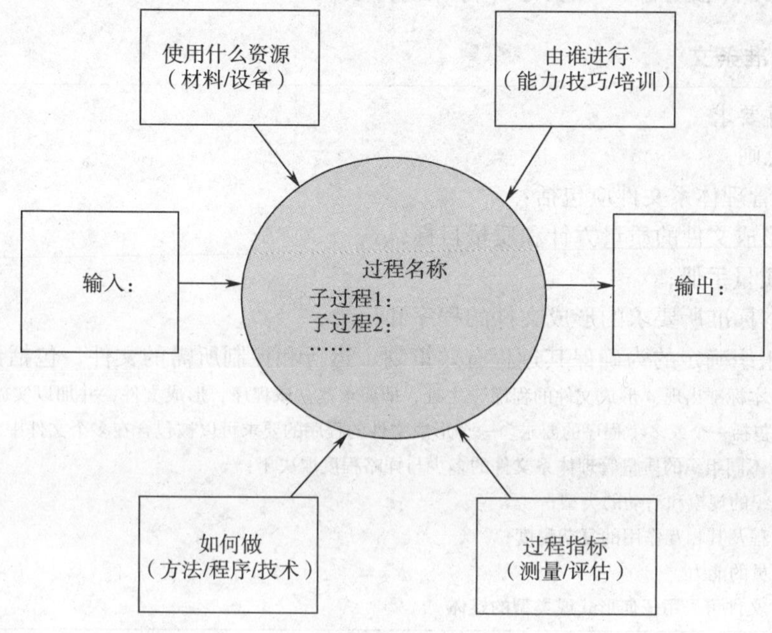

图 2-4　乌龟图

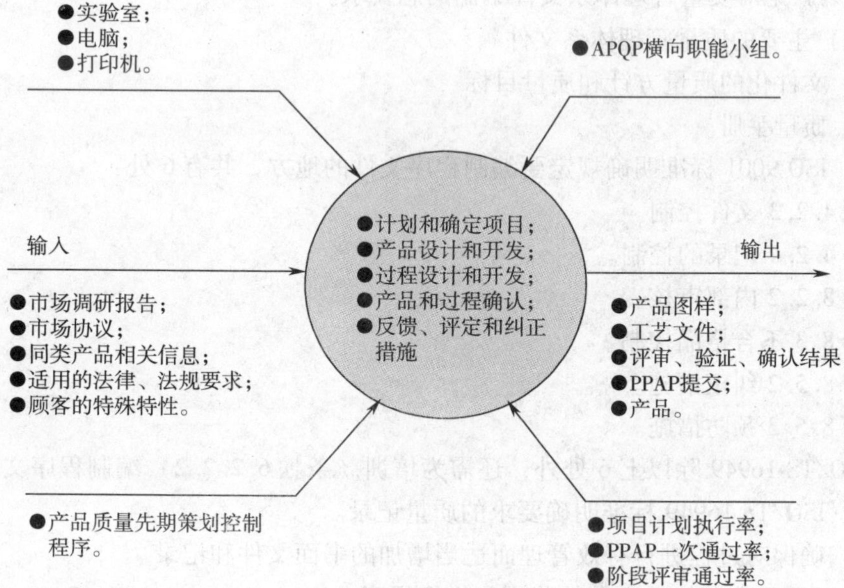

图 2-5　设计与开发过程乌龟图

2.2.2 文件要求——总则（标准条款：4.2—4.2.1）

1. 标准条文

4.2 文件要求

4.2.1 总则

质量管理体系文件应包括：

a）形成文件的质量方针和质量目标；

b）质量手册；

c）本标准所要求的形成文件的程序和记录；

d）组织确定的为确保其过程有效策划、运行和控制所需的文件，包括记录。

注1：本标准出现“形成文件的程序”之处，即要求建立该程序，形成文件，并加以实施和保持。一个文件可包括一个或多个程序的要求。一个形成文件的程序的要求可以被包含在多个文件中。

注2：不同组织的质量管理体系文件的多少与详略程度取决于：

a）组织的规模和活动的类型；

b）过程及其相互作用的复杂程度；

c）人员的能力。

注3：文件可采用任何形式或类型的媒体。

2. 理解要点

该条款是对质量管理体系文件编制的总要求。

（1）主要的质量管理体系文件

1）文件化的质量方针和质量目标。

2）质量手册。

3）ISO 9001 标准明确规定要编制程序文件的地方，共有6处：

① 4.2.3 文件控制。

② 4.2.4 记录的控制。

③ 8.2.2 内部审核。

④ 8.3 不合格品控制。

⑤ 8.5.2 纠正措施。

⑥ 8.5.3 预防措施。

ISO/TS 16949 除以上6处外，还需为培训（条款6.2.2.2）编制程序文件。

4）ISO/TS 16949 标准明确要求的质量记录。

5）确保对过程进行有效管理而适当增加的书面文件和记录。

（2）质量管理体系文件的范围和详细程度

质量管理体系文件的范围和详细程度取决于组织的类型（诸如工厂、服务行业等）、规模，工作的复杂程度，采用的工作方法，以及开展这项活动人员的水平、能力、技巧和培训。

质量管理体系文件应具有可操作性和可检查性。

（3）文件的存在形式

文件可存在于任何媒体，可以是纸张、照片、样品、磁盘等形式。

2.2.3 质量手册（标准条款：4.2.2）

1. 标准条文

4.2.2 质量手册 组织应编制和保持质量手册，质量手册包括： a）质量管理体系的范围，包括任何删减的细节和正当的理由（见 1.2）； b）为质量管理体系编制的形成文件的程序或对其引用； c）质量管理体系过程之间的相互作用的表述。

2. 理解要点

（1）质量手册的作用

1）对组织内部而言，质量手册是实施质量管理的纲领性文件，是实施质量管理体系的依据。

2）对组织外部而言，质量手册是证实组织质量管理体系符合 ISO/TS 16949 标准要求的证据。

从上可以看出：质量手册适用于质量管理和质量保证两种目的。

（2）质量手册的内容

质量手册是阐明组织的质量方针并描述其质量管理体系的文件，质量手册至少包含以下内容。

1）质量管理体系的范围。

① 质量手册的内容要覆盖 ISO 9001（或 ISO/TS 16949）的要求，如有删减，则应明确说明并陈述理由。

对于实施 ISO/TS 16949 的企业，删减仅限于 ISO/TS 16949 中第 7.3 章的要求，见本书 2.1 节。

② 质量手册应就覆盖的产品范围作出说明。

③ 质量手册应就覆盖的部门作出说明。如后勤部门、会计部门可以不在质量管理体系的范围内。

2）文件化的程序或引用程序文件。

3）对质量管理体系中各过程之间的相互作用进行描述。

（3）质量手册的控制

按 ISO 9001（或 ISO/TS 16949）中 4.2.3 文件控制的要求，对质量手册的批准、修订、发放进行控制。

2.2.4 文件控制（标准条款：4.2.3）

1. 标准条文

4.2.3 文件控制

质量管理体系所要求的文件应予以控制。记录是一种特殊类型的文件，应依据4.2.4 的要求进行控制。

应编制形成文件的程序，以规定以下方面所需的控制：

a）文件发布前得到批准，以确保文件是充分与适宜的；

b）必要时对文件进行评审与更新，并再次批准；

c）确保文件的更改和现行修订状态得到识别；

d）确保在使用处可获得有关版本的适用文件；

e）确保文件保持清晰、易于识别；

f）确保组织所确定的策划和运行质量管理体系所需的外来文件得到识别，并控制其分发；

g）防止作废文件的非预期使用，若因任何原因而保留作废文件时，对这些文件进行适当的标识。

4.2.3.1 工程规范

组织应有一个过程，以保证按顾客要求的时间安排及时评审、发放和实施所有顾客工程标准/规范及其更改。及时评审应当尽快进行，不应超过两个工作周。

组织应保存每项更改在生产中实施日期的记录。实施应包括对文件的更新。

注：当设计记录引用这些规范影响生产件批准过程的文件（例如，控制计划、FMEAs 等）时，这些标准/规范的更改要求对顾客的生产件批准记录进行更新。

2. 理解要点

（1）文件控制的目的

确保各场所获得并使用正确、有效的适用文件，防止因文件的差错，对质量产生不利影响。

注：质量记录作为一种特殊形式的文件，按 ISO/TS 16949 的 4.2.4 条款的要求进行控制。

（2）文件控制的范围

这里的文件是指与质量管理体系有关的所有文件，包括组织内部形成的文件以及从外部获得的文件。

应对直接影响产品或服务质量，以及直接影响体系运行的文件进行控制。至于那些仅用作参考的文件、书籍、资料，虽应妥善保管，但不必纳入质量管理体系的文件控制范围。

（3）文件的分类

1）内部文件。

① 体系文件：质量手册、程序文件、质量计划、通用的管理性指导书等。

② 职能部门的管理性文件：如营销、采购、服务、培训等各项管理活动的规定，管理作业指导书。

③ 技术性文件：如设计图样、技术规范、采购文件、检验和试验文件、工艺文件、设备文件等。

④ 收集和报告数据或信息的表格。

2）外来文件。

① 国际/国家/行业/地方标准、法律法规。

② 顾客提供的图样及要求。

③ 顾客、有关机构指定使用的表格，如报关用表格等。

（4）文件控制的要求

建立和实施文件控制程序，确保以下内容：

1）文件发布前，由授权人员对文件的适宜性进行审查和批准。审查是保证文件的正确性，批准意味着从行政上赞同文件的实施。

2）对使用中的文件适时评审，以保持文件的适宜性。对使用中文件的评审一般定期进行，如在每年的管理评审前进行，也可根据需要适时进行。

3）必要时更改文件并再批准。质量管理体系文件更改必须有规定的申请、更改、审批手续。非文件更改部门负责人不得以任何借口自行更改任何文件。

4）识别文件的现行修订状态。修订状态可直接在被更改的文件上标识，也可通过控制清单（如标准目录、图样目录、文件目录等）进行标识。

5）需要使用文件的场合，都能得到并使用相应文件的有效版本。

6）文件清晰，易于识别和检索。为使文件清晰易懂，便于识别和检索，应就文件的编号，文件的编写要求，文件的格式，文件的归档、编目、发放、回收等作出适当规定。通常情况下，文件的总目录应表明文件的修订状态、编制时间；文件的发放清单应表明文件分发日期、分发编号、发往的场所等。

7）识别外来文件的适应性，并控制其分发。应就外来文件的收集、审查、批准、归档、编目、标识、发放、使用、评审、更新、补充和作废等作出规定，以保持外来文件的适应性。应该建立一个渠道（如参加标准化协会等），以便及时收集到文件的最新版本或修改信息。

8）防止使用作废文件。为了防止使用作废文件，应及时将作废或失效文件从使用场所撤回。对于为特殊目的而保留的任何作废文件，都必须进行标识。

（5）文件控制实施的要点

1）对文件进行分类，并规定各类文件的主管部门和配合部门。

2）文件控制程序应对文件控制的管理方法作出详细规定。

① 内部文件的控制包括：文件的取号、编写、审批、归档、标识、发放、使用、借阅、更改、作废、评审以及保密控制等。

② 外来文件的控制包括：收集、审查、批准、归档、发放、使用、评审、更新、补充和作废等。

3）将文件分为“受控文件（受到更改控制的文件）”和“非受控文件”两类。

“受控文件”参照下列方法控制：

① 做受控标记，例如加盖“受控”图章或其他自定的方式。

② 每个文件有唯一的分发编号。

③ 规定各类文件的发放范围及其审批人，发放后有记录。

④ 受控文件都应有修改记录单，供使用人参照。

⑤ 为便于撤换更改页，文件用活页夹装订较好。

⑥ 文件可以以旧换新，分发编号不变。应规定旧文件的处理办法。

⑦ 文件丢失后应有作废声明，并对补发办法作出规定。补发文件使用新的分发编号。

⑧ 文件的版本以版本号、修订号来标识，小的修改只需变更修订号，经多次修订（0~5次）或大幅度修订后，需更换版本号。例如A/1中，A为版本号，1为修订号。

4）文件更改注意事项。

① 更改影响的评估。文件的更改可能对体系或产品带来影响。如是这样，则需在实施更改前评估更改对组织有关部门的影响，并通知有关部门。应注意相关文件的更改。

② 更改时间的安排。更改实施的关键是时间的安排。设计更改的实施应考虑到更改前库存的所有配件、材料（包括采购途中的材料）的利用。

③ 更改的标识与记录。更改的标识应能确保追溯至更改的依据。更改原因的记录应保存。

(6) 顾客工程规范的管理

1）建立满足顾客要求的评审、发放、实施顾客工程标准/规范及其更改的过程，该过程包括接收、登记、组织评审、落实实施、反馈等。

2）应在两周内（10个工作日）对接到的顾客工程标准/规范进行评审。

3）记录更改的实际实施日期。

4）应考虑到对相关文件的更新，如特殊特性、FMEA、控制计划、作业指导书等。

5）若引用的顾客工程标准/规范影响到了生产件批准文件，则应对顾客的生产件批准记录进行更新。

2.2.5 记录控制（标准条款：4.2.4）

1. 标准条文

> 4.2.4 记录控制
>
> 为符合要求和质量管理体系有效运行提供证据而建立的记录，应予以控制。
>
> 组织应编制形成文件的程序，以规定记录的标识、贮存、保护、检索、保存和处置所需的控制。
>
> 记录应保持清晰、易于识别和检索。
>
> 注 1：上述“处置”包括废弃。
>
> 注 2：“记录”也包括顾客指定的记录。
>
> 4.2.4.1 记录保存
>
> 记录控制应满足法规和顾客的要求。

2. 理解要点

（1）记录的概念

阐明所取得的结果或提供所完成活动的证据的文件称为记录。

证明产品符合性与质量管理体系有效运行的证据性文件被称为质量记录。

表格不是记录，表格是规定性文件，当表格填写了内容后，变为证据性文件，则称为记录。

（2）记录的设置

设置记录的要求来自：

1）ISO 9001（或 ISO/TS 16949）标准要求。

2）程序文件、质量计划及其他文件规定。

3）特定证实、改进验证、追溯的要求。

4）顾客等相关方要求。

记录编制时，要目的明确、功能健全、项目全面、填写简便、格式规范、整理方便。

（3）质量记录的作用

1）使要求得到满足，为质量管理体系有效进行提供客观证据。

2）为有追溯性的场合提供证实。

3）为采取纠正和预防措施提供客观证据。

（4）质量记录的范围

1）质量记录包括组织内部的，也有来自供应商、客户及其他相关方（如海关）的。

2）在标准中凡是有“见 4.2.4”的注释处则一定要有记录。

3）ISO/TS 16949 标准中有 31 处要求保持记录。

4）除控制 ISO 9001（或 ISO/TS 16949）标准规定的记录外，还应对根据需要增加的一些记录进行控制。

（5）质量记录的表现形式

质量记录以表格、文件的形式表现较多，也包括磁带、磁盘、照片等，后面几种形式的控制容易忽略，应引起注意。

（6）质量记录的要求

质量记录应真实、准确、清晰，容易辨认。质量记录不得随意涂改，即使笔误必须更改时，也只能是画线更改并在画线处签署更改者的姓名。

（7）质量记录的管理

应制订质量记录控制的文件化程序，程序中应就质量记录的标识、储存、保护、检索、保存期限和处理作出规定。

1）质量记录的标识。如名称标识、部门标识、编号标识、分类标识、重要程度标识、时间标识等。标识的繁简程度，视具体情况而定。记录标识的目的是便于检索，唯一可追溯。凡能达到该目的的方法均可算为标识。

2）质量记录的储存。储存的环境应能防潮、防火，防蛀等，应便于存取和检索。

3）质量记录的保护。为了保护质量记录，使其不丢失和损坏，应就质量记录的收集、传递、归档、保管作出规定。例如：

① 规定质量记录收集的渠道，收集的时间间隔，如日报、月报、季报、年报等。

② 质量记录的发放人员应要求收件人在原件背后签字，这样便于查询哪些部门收到了质量记录。

③ 质量记录按流水号依次排列存放。

④ 归档、保管方式应便于存取和查阅，为此应做好记录的分类、编目工作，等等。

4）质量记录的检索。应规定质量记录可以查阅的范围（必要时，规定保密级别）、人员和手续，以防止无关人员查阅、非法调用、更换，等等。

5）质量记录的保存期限。应规定质量记录的保存期限。规定质量记录的保存期限时应考虑下列因素：

① 法律、法规及产品责任的有关要求。

② 合同要求。

③ 产品的寿命周期/责任期/保修（质）期/有效期。

④ 设备报废时间。

⑤ 人员在职时间。

⑥ 有效的追溯期。

⑦ 认证审核周期，等等。

6）质量记录的处理。对过了保存期的质量记录，应规定销毁的审批手续和执行方法，以免造成无法挽回的损失。

（8）记录保存的特别要求

1）记录控制要满足法规和顾客的要求。

2）生产件批准文件、工装记录、采购订单的保存时间必须是零件在现行生产和服务中规定的产品有效期限再加上一个日历年。

3）质量性能记录（控制图、检验和试验结果）必须保存至下一个日历年。

4）内审、管理评审记录必须保存 3 年。

5）有政府强制性要求时，应按照政府规定的强制性要求期限保存。

2.3 管理职责（标准条款：5）

2.3.1 管理承诺（标准条款：5.1）

1. 标准条文

5 管理职责

5.1 管理承诺

最高管理者应通过以下活动，对建立、实施质量管理体系并持续改进其有效性的承诺提供证据：

a）向组织传达满足顾客和法律法规要求的重要性；

b）制定质量方针；

c）确保质量目标的制定；

d）进行管理评审；

e）确保资源的获得。

5.1.1 过程有效性

最高管理者应评审产品实现过程和支持过程，以确保它们的有效性和效率。

2. 理解要点

（1）最高管理者的职责

组织的最高管理者应承诺建立和实施质量管理体系，并通过持续的改进，使质量管理体系不断地发展和完善。

这些承诺至少要通过以下 5 项活动予以证实：

1）组织的最高管理者应采取所有的必要措施（包括培训、会议、墙报宣传、文件等方式），确保有关满足客户、法律、法规要求的重要性为组织各级人员所理解并在工作中严格遵守。

2）以书面方式确定质量方针。

3）以书面方式确定质量目标。

4）定期进行管理评审，确保质量体系的适宜性、有效性和充分性。

5）为了使质量体系有效进行，满足顾客的需要和期望，组织的管理者应针对每一项质量活动确定资源要求并提供充分的资源。资源包括经过培训的人员、资金、设施、设备、技术、方法、工作环境、信息等。

（2）过程效率的管理

在管理评审、日常总结会议等活动中，最高管理者以及各区域的负责人应对产品实现过程和支持过程进行评审以确保并提高过程的有效性和效率。

2.3.2 以顾客为关注焦点（标准条款：5.2）

1. 标准条文

5.2　以顾客为关注焦点 　　最高管理者应以增强顾客满意为目标，确保顾客的要求得到确定并予以满足（见 7.2.1 和 8.2.1）。

2. 理解要点

（1）"顾客满意"的定义

顾客满意是指"顾客对其要求已被满足的程度的感受"。顾客满意是组织质量管理活动的宗旨，是所有质量工作的目标。

（2）最高管理者应确保使顾客满意

最高管理者应以提高顾客满意的程度为目标，为此，应做到以下两点。

1）最高管理者应树立"以顾客为关注焦点"的管理理念。

2）最高管理者应就"识别顾客需求"到"使顾客满意"的过程，作出总体原则的安排。

① 识别顾客的要求和期望。通过市场调查、预测以及与顾客的直接沟通等方式，确切掌握顾客的要求，并以文件的形式记录下来。

② 将顾客的需求和期望转化为组织内运行的明确要求。要求包括产品要求、过程要求和质量管理体系要求等。

③ 使转化后的要求得到满足。组织通过实施质量管理体系，使转化后的要求得到满足，从而实现提高顾客满意的目标。

（3）实施本条款的注意事项

1）本条款所指的顾客要求不是顾客的所有要求，而是由标准条款 7.2.1 明确的与顾客需求的产品有关的四个方面的要求。

2）对顾客的满意程度应按标准条款 8.2.1 的要求进行测量和监视。

3）在有关最高管理者的职责和权限的文件中，应就上述要求作出规定。

4）“质量手册”中，应对识别、确定顾客要求的方式，实现这些要求的基本运作以及如何确定顾客是否满意，作出相应的描述。

2.3.3　质量方针（标准条款：5.3）

1. 标准条文

> 5.3　质量方针
>
> 最高管理者应确保质量方针：
>
> a）与组织的宗旨相适应；
>
> b）包括对满足要求和持续改进质量管理体系有效性的承诺；
>
> c）提供制定和评审质量目标的框架；
>
> d）在组织内得到沟通和理解；
>
> e）在持续适宜性方面得到评审。

2. 理解要点

（1）质量方针的定义

由组织的最高管理者正式发布的该组织总的质量宗旨和方向。

（2）质量方针内容上的要求

八项质量管理原则是制订质量方针的基础。最高管理者应制订质量方针，质量方针在内容上应做到“一个适应，两个承诺，一个框架”。

1）与组织的宗旨相适应（一个适应）。组织的宗旨是组织发展的方向，可包括所有管理活动的总目标，如质量、环境、财务、职业卫生与安全等。质量方针内容的实现有助于组织的宗旨的实现。

2）对满足要求和持续改进质量管理体系的有效性作出承诺（两个承诺）。质量方针中必须作出满足要求的承诺。要求可由不同的相关方提出，包括明显的、通常隐含的或必须履行的需求或期望。在众多相关方要求中，满足顾客要求的承诺必须反映出来。质量方针中必须作出持续改进质量管理体系有效性的承诺。

3）提供制订和评审质量目标的框架（一个框架）。质量方针是宏观的，但不能空洞无内容。质量方针应能为质量目标的建立、评审提供方向、途径。质量目标是质量方针展开的具体化内容，质量目标应与质量方针相对应，并依据质量方针逐层展开、分解。

（3）质量方针实施上的要求

1）质量方针是组织在较长时期内的经营活动和质量工作的指导原则，组织应依质量方针制订具体的质量目标。

2）最高管理者应采取措施（培训、会议、告示宣传等），确保使质量方针在组织内交流，并确保各级人员都能理解质量方针。

3）为确保质量方针的适宜性，应定期对其进行评审（一般在管理评审时进行）。组织应就质量方针的制订、实施、评审作出规定。必要时对质量方针进行修正，以适应环境的变化。

2.3.4 策划——质量目标（标准条款：5.4—5.4.1）

1. 标准条文

5.4 策划

5.4.1 质量目标

最高管理者应确保在组织的相关职能和层次上建立质量目标，质量目标包括满足产品要求所需的内容［见7.1a)］。质量目标应是可测量的，并与质量方针保持一致。

5.4.1.1 质量目标——补充

最高管理者应确定质量目标及测量要求，并应包含在经营计划中，用于质量方针的展开。

注：质量目标应当体现顾客期望并在规定的时间内是可实现的。

2. 理解要点

（1）质量目标的要求

1）质量目标应建立在质量方针的基础上，应在质量方针给定的框架内展开。质量目标可根据方针的要求或改进的要求进行调整。

2）质量目标应是可测量的。

3）质量目标的内容包括：

① 产品要求。

② 满足产品要求所需的内容，可涉及满足产品要求所需的资源、过程、文件和活动等。

4）质量目标应展开到有关的职能部门及层次上。至于展开到哪一层次，应以能传达到相关人员并能转化为各自的工作任务为度，不一定要展开到每个岗位。一般用矩阵图和系统图等方法建立一个具有严密逻辑结构的质量目标系统。

（2）质量目标的管理

1）应对质量目标进行大力宣传，通过培训、文件、板报、张贴等方式传达到全体员工。

2）应适时对质量目标进行测量，确保质量目标与质量方针保持一致。针对影响质量目标达成的原因，采取改进措施。

3）不断对质量目标进行适宜性评审，必要时进行更新、修改。

（3）实施 5.4.1 条款的几个注意事项

1）质量目标是质量管理体系策划的目的和依据之一。通过质量管理体系的策划，质量目标的实现得到具体的落实。

2）制订质量目标时，应考虑其可操作性和可评审性。

3）质量目标可以是定性的，也可以是定量的。

① 定性目标。定性目标应包括目标项目、期限二要素。例如：到 2010 年组织应通过 ISO/TS 16949 质量管理体系认证。

② 定量目标。定量目标应包括目标项目、目标值、期限三要素。例如：到 2009 年产品一次交验合格率达到 99%。

4）从问题点寻找质量目标。

（4）ISO/TS 16949 对质量目标的补充要求

1）要确定质量目标及其测量方法。

2）经营计划中要包括质量目标。

3）最高管理者应通过质量目标贯彻质量方针。

2.3.5　质量管理体系策划（标准条款：5.4.2）

1. 标准条文

5.4.2　质量管理体系策划

最高管理者应确保：

a）对质量管理体系进行策划，以满足质量目标以及 4.1 的要求。

b）在对质量管理体系的变更进行策划和实施时，保持质量管理体系的完整性。

2. 理解要点

（1）质量策划的定义

策划的定义：策划是围绕设定的目标，确定相应的过程、过程的活动、相关的资源以实现目标的活动。

质量策划的定义：质量策划是质量管理的一部分，致力于制订质量目标并规定必要的运行过程和相关资源以实现质量目标。

（2）质量管理体系策划的任务

进行质量管理体系的策划，以实现 ISO 9001（或 ISO/TS 16949）的条款 4.1 的总要求和质量目标。

（3）质量管理体系策划的时机

质量管理体系策划一般在下列情况下进行：

1）建立质量管理体系。

2）改进或更新现有的质量管理体系。

3）为满足新的要求，调整、充实现存的质量管理体系。

4）管理体系一体化。与组织的其他管理体系，如环境管理体系相融合时，对质量管理体系的调整。

（4）策划的要求

1）策划结果应确保质量管理体系总要求（见标准条款4.1）的实现。

2）策划的内容是标准条款4.1所提出的各项活动。

3）策划要围绕质量目标及质量目标的实现进行。质量目标是策划的依据之一。

4）策划的结果应形成适于操作的文件。

5）当对质量管理体系进行更改策划时，应确保质量管理体系在更改前、更改中的和更改后均能始终适合其当时所处的环境，应确保质量管理体系的完整性。

2.3.6 职责、权限与沟通——职责和权限（标准条款：5.5—5.5.1）

1. 标准条文

5.5 职责、权限与沟通

5.5.1 职责和权限

最高管理者应确保组织内的职责、权限得到规定和沟通。

5.5.1.1 质量职责

应立即把不符合要求的产品或过程通报给负有纠正措施职责和权限的管理者。

负责产品要求符合性的人员，应有权停止生产，以纠正质量问题。

所有班次的生产作业都应安排负责保证产品要求符合性的人员，或指定其代理人员。

2. 理解要点

最高管理者应确保如下内容。

（1）职责和权限的确定

1）应将组织内的部门设置及各部门的职责、权限及相互关系以文件的形式加以规定。

2）应将部门内的岗位设置及各岗位的职责、权限和相互关系以文件的形式加以规定。

（2）职责和权限的沟通

用适当的方式，如通过培训、制订文件等方式，让每位员工明白自己的职责、权限以及与其他部门（岗位）的关系，以保证全体员工各司其职，相互配合，有效地开展各项活动，为质量的提高作出贡献。

（3）质量职责

1）发现不符合要求的产品或过程时，应能保证做到第一时间通报给负有纠正措施职权的人员。

2）负责产品质量（产品要求符合性）的员工，有权下令停止生产，以解决质量问题。

3）所有班次的生产作业都应安排有保证产品质量（产品要求符合性）的人员。比如，在检验员不能跟班作业时，要安排代班人员负责产品质量。

2.3.7 管理者代表（标准条款 5.5.2）

1. 标准条文

5.5.2 管理者代表

最高管理者应指定一名本组织的管理者，无论该成员在其他方面的职责如何，应具有以下方面的职责和权限：

a）确保质量管理体系所需的过程得到建立、实施和保持；

b）向最高管理者报告质量管理体系的业绩和任何改进的需求；

c）确保在整个组织内提高满足顾客要求的意识。

注：管理者代表的职责可包括与质量管理体系有关事宜的外部联络。

5.5.2.1 顾客代表

最高管理者应指定人员，赋予其职责和权限，以确保顾客的要求得到体现，包括特殊特性的选择、制定质量目标和相关的培训、纠正和预防措施、产品设计和开发。

2. 理解要点

（1）管理者代表的任命

组织的最高管理者从管理层成员（通常为中高层人员）中指定一名管理者代表，书面明确其职责和权限。

需要提醒的是，指定管理者代表并不是为了减轻或转移最高管理者的质量职责，而是减少最高管理者有关质量管理体系的大量事务性工作，强化最高管理者对质量管理体系的推动。

（2）管理者代表可专职也可兼职

管理者代表可以是专职的，也可以是兼职的。如果管理者代表兼任其他职责，则这些职责不应与管理者代表的职责发生利益冲突。

（3）管理者代表的职责和权限

1）确保质量管理体系的过程得到建立、实施和保持。

2）向最高管理者报告质量管理体系的业绩以及质量管理体系需要改进的情况。

3）提高组织以顾客为关注焦点的意识。

4）就质量管理体系的有关事宜与外部各方面进行联络。如：组织对供方质量管理体系的评价、与认证机构的联络，等等。

（4）设置顾客代表

1）要设置顾客代表并赋予其职责和权限。

2）顾客代表应参与以下方面的工作，以确保顾客的要求得到体现：

① 选择产品或过程的特殊特性。

② 制订质量目标。

③ 相关的培训工作。

④ 纠正和预防措施。

⑤ 产品设计和开发。

2.3.8 内部沟通（标准条款：5.5.3）

1. 标准条文

> 5.5.3 内部沟通
>
> 最高管理者应确保在组织内建立适当的沟通过程，并确保对质量管理体系的有效性进行沟通。

2. 理解要点

（1）沟通的目的

沟通的目的在于使相关人员获得所需的信息，以达到相互了解，相互信任，共同参与的目的。

沟通是指信息在发出者与接受者之间传送的过程。沟通可以是单向的，也可以是双向的，多向的。

（2）沟通的内容

沟通的内容为质量管理体系的有效性。

（3）沟通的手段

沟通可采用多种手段，如简报、会议布告、内部刊物、备忘录、电子媒体、声像和口头交流等。

（4）沟通的五大环节

沟通的五大环节是发送者、被传送的信息、用于携带信息的媒介、接受者、接受者对信息的反映。

（5）沟通的管理

最高管理者应确保沟通过程的建立并有效运作，应对沟通的过程与要求作出适当的规定，并形成文件。

2.3.9 管理评审（标准条款：5.6）

1. 标准条文

5.6 管理评审

5.6.1 总则

最高管理者应按策划的时间间隔评审质量管理体系，以确保其持续的适宜性、充分性和有效性。评审应包括评价质量管理体系改进的机会和变更的需要，包括质量方针和质量目标。

应保持管理评审的记录（见4.2.4）。

5.6.1.1 质量管理体系业绩

作为持续改进过程的一个必不可少的部分，这些评审应包括对质量管理体系的所有要求及其业绩趋势的评审。

对质量目标进行监视及对不良质量成本定期报告和评价应是管理评审的一部分内容。

5.6.2 评审输入

管理评审的输入应包括以下方面的信息：

a）审核结果；

b）顾客反馈；

c）过程的业绩和产品的符合性；

d）预防和纠正措施的状况；

e）以往管理评审的跟踪措施；

f）可能影响质量管理体系的变更；

g）改进的建议。

5.6.2.1 评审输入——补充

管理评审输入应包括实际的和潜在的外部失效及其对质量、安全或环境的影响分析。

5.6.3 评审输出

管理评审的输出应包括与以下方面有关的任何决定和措施：

a）质量管理体系及其过程有效性的改进；

b）与顾客要求有关的产品的改进；

c）资源需求。

2. 理解要点

（1）管理评审的目的

1）确保质量方针、质量目标和质量管理体系的持续适宜性、充分性、有效性。

2）识别改进的机会，确定变更的需要。

（2）管理评审的对象

质量方针、质量目标、质量管理体系。

（3）管理评审的内容

1）质量方针是否适宜？实现程度如何？是否被全体员工所理解和贯彻？质量目标是否能够达到、是否适宜？

2）组织结构、管理职能是否合适和协调？过程及其相应文件是否需要修正？

3）内、外部质量审核，纠正和预防措施实施效果（包括前次管理评审决议事项的实施情况），过程控制情况，产品质量状况等各方面的信息。

4）顾客的满意情况，顾客的需求、期望及投诉。

5）质量管理体系适应环境变化的应变能力。

6）资源（人员、资金、设施、设备、技术、方法、工作环境等）是否配置得当？能否满足实现质量方针和质量目标的要求？

7）应就质量管理体系的所有要求，包括所有部门、过程的业绩趋势进行评审。

8）目标的监视情况，不良质量成本的定期报告和评价情况应作为管理评审的内容。

9）改进的需要。

（4）管理评审的实施者

应由最高管理者组织实施管理评审。

（5）管理评审的输入

1）内、外部质量审核结果。

2）顾客的反馈：顾客满意的测量情况；与顾客沟通的结果，包括顾客的需求、期望及投诉。

3）过程业绩及产品的符合性：过程测量及监控的结果，包括过程实现目标的状况、产品的质量状况。

4）纠正和预防措施的实施情况。

5）以往管理评审的跟踪措施的落实情况和效果评价。

6）可能引起质量管理体系变化的企业内部和外部环境。

7）改进的建议。改进的建议指相关方特别是组织内员工改进产品、过程和体系的建议。

8）交付过程中或在顾客处实际发生的不合格、潜在的不合格，以及这些不合格对质量、环境、安全的影响也应成为管理评审输入的内容。

（6）管理评审的时机

定期进行管理评审，每年进行一次是适宜的。发生下列情况之一时，应适时进行管理评审：

1）新的质量管理体系进入正式运行时。

2）在第三方认证前。

3）企业内、外部环境发生较大变化时。如组织结构、产品结构有重大调整，资源有重大改变，标准、法律法规发生变更等。

4）最高管理者认为必要时，如发生重大质量事故时。

（7）管理评审的方法

管理评审由最高管理者负责。

管理评审一般以会议的形式进行。会议由最高管理者主持，相关部门负责人参加，与会者就评审输入的内容进行比较和评价。

（8）管理评审的输出

管理评审的输出应写入管理评审报告。管理评审报告的内容有以下几项。

1）评审目的。

2）评审时间。

3）评审内容。

4）组织人与参与人员名单。

5）质量方针、质量目标的适宜性、充分性和有效性的评价结论以及进一步提高的要求。

6）质量管理体系适宜性、充分性和有效性的结论。

7）质量管理体系文件是否需要修订的结论。

8）以下三个方面的措施和行动。

① 质量管理体系及其过程效率的改进。

② 与顾客要求有关的产品改进。

③ 资源需求。

（9）管理评审的后续管理

对管理评审结论中的纠正措施进行跟踪验证，验证的结果应记录并上报最高管理者。

（10）记录

管理评审的结果应予以记录并保存。如管理评审计划、各种输入报告、管理评审报告、纠正措施及其验证报告表等。

2.4 资源管理（标准条款：6）

2.4.1 资源提供（标准条款：6.1）

1. 标准条文

6 资源管理

6.1 资源提供

组织应确定并提供以下方面所需的资源：

a）实施、保持质量管理体系并持续改进其有效性；

b）通过满足顾客要求，提升顾客满意度。

2. 理解要点

（1）资源的含义

资源包括人员、资金、设施、设备、技术、方法、工作环境、信息等。

（2）提供资源的目的

组织应确定并提供所需的资源，以保证：

1）实施、保持质量管理体系并持续提高其效率。

2）满足顾客的要求，提高顾客的满意程度。

（3）确定和提供资源的职责

确定和提供资源主要是最高管理者的职责，但也是整个组织的职责。

（4）提供资源的途径

1）应适当规定提供资源的途径。

2）在各层次的质量策划中，应识别和确定资源的需要并做好配置计划。

3）在管理评审的输出中，应包括资源需求的措施和行动，等等。

2.4.2 人力资源（标准条款：6.2）

1. 标准条文

6.2 人力资源

6.2.1 总则

基于适当的教育、培训、技能和经验，从事影响产品与要求的符合性工作的人员应是能够胜任的。

注：在质量管理体系中承担任何任务的人员都可能直接或间接地影响产品与要求的符合性。

6.2.2 能力、意识和培训

组织应：

a）确定从事影响产品与要求的符合性工作的人员所必要的能力；

b）适用时，提供培训或采取其他措施以获得所需的能力；

c）评价所采取措施的有效性；

d）确保员工认识到所从事活动的相关性和重要性，以及如何为实现质量目标作出贡献。

e）保持教育、培训、技能和经验的适当记录（见 4. 2. 4）。

6. 2. 2. 1 产品设计技能

组织应确保具有产品设计责任的人员有达到设计要求的能力，且熟练掌握适用的工具和技术。

组织应识别适用的工具和技术。

6. 2. 2. 2 培训

组织应建立并保持形成文件的程序，识别培训需求并使所有从事影响产品质量活动的人员具备能力。承担特定任务的人员应具备要求的资格，在满足顾客要求方面给予特别的关注。

注 1：本要求适用于组织内各层次中影响质量的所有员工。

注 2：顾客特殊要求的一个例子：数字型数字数据的应用。

6. 2. 2. 3 岗位培训

对影响产品要求符合性的岗位，组织应对新上岗或调整工作的人员提供岗位培训，包括合同工和代理工作人员。应将不符合质量要求给顾客带来的后果告知对质量有影响的工作人员。

6. 2. 2. 4 员工激励和授权

组织应有一个激励员工实现质量目标、开展持续改进和建立促进创新环境的过程。该过程应包括在整个组织内提高质量和技术的意识。

组织应有一个过程，以测量员工对于所从事活动的相关性和重要性，以及如何为实现质量目标作出贡献［（见 6. 2. 2 d)］的认知程度。

2. 理解要点

（1）人员能力的基本要求

组织中从事影响产品质量活动的人员应具有承担其职责的能力。这种能力是以教育程度、培训、技能和经验四个方面为基础的。

1）适当的教育程度，可理解为从事不同的质量工作所需的最低学历教育。

2）适当的培训，可理解为从事某一岗位工作之前需接受的培训，例如对内审员的培训要求。

3）适当的技能，可理解为从事某项质量工作应具备的专业技能，例如对锅炉压力容器行业的电焊工的培训要求。

4）适当的经验，指为了更有效地完成质量工作任务所需的工作经验。

组织应根据岗位职责的需要，就各岗位人员的能力提出具体的可评价的要求。这些要求应写在书面的任职条件中，作为人员招聘、上岗和转岗的依据。任职条件应随产品要求等因素的变化进行更新。

（2）保证人员能力的措施

1）识别人员的能力需求。根据任职条件、法律法规的要求、组织发展的需要，识别人员的能力需求。应保证从事影响产品质量活动的人员具备能力。

2）提供培训或采取其他措施使人员的能力满足需求。对不能满足能力要求的人员，可以提供培训以满足要求，也可采取其他措施，如将这些人员调离，换上能胜任的人员等。

3）评价所采取措施的有效性。采取的措施是否有效？主要看采取措施后，人员是否具备了所需的能力。通过对人员能力的度量，评价所采取措施的有效性。评价方式有考核、业绩评定、管理人员的评价、观察等。

（3）培训的实施

要建立文件化的培训程序，对培训进行控制。

1）确定培训需求。根据工作岗位对从业者的能力要求以及从业者本身的实际能力确定培训的需求。确定培训需求时，要关注顾客的特定要求。培训与教育的目的是不同的。培训是使受训者获得目前工作上所需要的知识与技能，教育是使受教育者获得未来用到的知识。

2）制订培训计划。主管部门根据各部门提出的培训需求及组织对培训的基本要求，制订培训计划。培训计划包括培训项目、主要内容、主要负责人、培训日程安排（时间、地点）、培训方式、培训对象等。

3）实施培训。按培训计划实施培训，培训前要编写好教案，并通知相关人员。

4）培训后的考核。培训后要进行考核，考核内容有理论考核、实际操作技能考核等；考核形式有问答、问卷、技术演示等。

5）培训结果的处理。根据培训考核的结果发上岗证或重新培训。

（4）培训的内容

1）岗位技能培训。

2）质量意识培训。质量意识培训应做到：

① 使员工意识到自己工作的作用和意义，自己的工作对组织发展的重要性。

② 使员工意识到满足顾客要求的重要性。

③ 使员工意识到自己工作的相关性，自己从事的工作对其他工作及产品质量的影响。

④ 使员工知道应用什么方法、应作出何种努力为实现质量目标作出贡献。

3）管理知识培训，等等。

（5）培训的对象

从事影响质量活动的人员，包括兼职、临时雇用、供方人员（必要时）。

（6）培训有效性的评价

1）对培训的有效性进行评价，确保经过培训的人员具备了所需的能力。

2）通过对经过培训人员能力变化的度量进行培训有效性的评价。

3）评价方式有以下几项：

① 培训后的考核，包括理论考核、实际操作考核等。

② 受培训者的自我评价。

③ 管理人员对受培训者的评价。

④ 受培训者的业绩评定。

⑤ 观察，等等。

（7）培训方式

培训方式有多种选择，内培、外培、实习、自学考试、学术交流等。

（8）特殊工作人员的资格认定

对从事特殊工作的人员要进行培训并做好资格认定。特殊工作人员（如焊工、电工、天车工、锅炉工、计量员、内审员等），应通过必要的培训，获得资格认定。

（9）产品设计技能

1）组织应识别产品设计所需要的工具和技术。

2）设计人员应掌握这些工具和技术。设计人员的能力应达到设计要求的能力。

（10）岗位培训

1）对新上岗、轮岗、临时聘用、代理工作人员应进行相应的岗位培训。

2）岗位培训应使员工知道不符合质量要求给顾客带来的后果。

（11）员工激励和授权

1）组织应有一个激励员工实现管理目标、开展持续改进和建立促进创新环境的过程。

2）激励过程应有助于员工提高质量和技术意识。可以通过绩效管理、合理化建议等工作激励员工。

3）应测量员工对于所从事活动的相关性和重要性，以及如何为实现目标作出贡献的认识程度。培训中应利用测量的结果。测量的方法包括：员工满意度调查等。

（12）记录保存

应保存每个员工的教育、培训、技能、经验和资格鉴定的记录。

2.4.3 基础设施（标准条款 6.3）

1. 标准条文

6.3 基础设施

组织应确定、提供并维护为达到产品符合要求所需的基础设施。适用时，基础设施包括：

a）建筑物、工作场所和相关的设施；

b）过程设备（硬件和软件）；

c）支持性服务（如运输、通讯或信息系统）。

6.3.1 工厂、设施和设备策划

组织应采用多方论证的方法（7.3.1.1）来制定工厂、设施和设备的计划。工厂的布局应优化材料的转移、搬运，以及对场地空间的增值使用，并应便于材料的同步流动。应制定并实施对现有操作的有效性进行评价和监视的方法。

注：这些要求应当关注精益制造原则以及与质量管理体系有效性的关联。

6.3.2 应急计划

组织应制定应急计划，以便在紧急情况下（如公用事业的供应中断、劳动力短缺，关键设备故障和售后退货等）满足顾客的要求。

2. 理解要点

（1）基础设施的概念

组织运行所必需的设施、设备和服务的体系。

（2）设施的内涵

本条款中的设施是指为实现产品的符合性所需要的设施。设施包括：

1）建筑物、工作场所及其相应配套设施（厂房、车间、仓库、办公室、试验室以及供水、供电、供气设施等）。

2）设备（设计工具、生产设备、检测设备、生产工具、硬件、软件等）。

3）支持性服务（运输、通讯设施、信息系统、售后维修网点等）。

（3）设施的识别、提供和维护

组织应根据产品的特点识别、提供并维护相应的设施。

1）在质量策划中，识别需补充或更新的设施并及时提供。

2）在管理评审中，应评价设施配置是否适当，如不适当，应及时的采取措施予以补充或更新。

3）在拟订改进措施时，根据需要，适时补充或更新设施。

4）对设施的提供途径作出规定。

5）对设施的维护保养作出适当的规定。

对设施进行维护保养，以保证设施始终能够满足实现产品符合性的要求。

（4）工厂、设施和设备策划

1）应对现有操作有效性进行评价和监视。评价和监视的结果作为设施、设备策划的输入。

2）应用多方论证的方法对工厂、设施和设备进行策划并制订实施计划。策划时应考虑精益生产的原则，减少不必要的浪费。

3）工厂的布局应有利于材料的转移、搬运以及对场地空间的增值使用。应便于材料的同步流动。

（5）应急计划

应制订并实施应急计划，以便在紧急情况下（如断水、断电、劳动力短缺、关键设备故障等）满足顾客要求。

2.4.4 工作环境（标准条款：6.4）

1. 标准条文

> 6.4 工作环境
>
> 组织应确定和管理为达到产品符合要求所需的工作环境。
>
> 注：术语“工作环境”是指工作时所处的条件，包括物理的、环境的和其他因素（如噪声、温度、湿度、照明或天气）。
>
> 6.4.1 与实现产品质量相关的人员安全
>
> 组织应强调产品安全性和方法，以最大程度地降低对员工造成的潜在风险，特别是在设计和开发过程、制造过程活动中。
>
> 6.4.2 生产现场的清洁
>
> 组织应保持生产现场处于与产品和制造过程的需求相协调的有序、清洁和维护的状态。

2. 理解要点

（1）工作环境的含义

工作环境是指“作业时所处的一组条件”，这些条件包括物理的、社会的、心理的和环境的因素，如以下各项：

1）热、振动、噪声、温度、湿度、污染、光、清洁度、空气流动等（物理因素）。

2）企业文化建设、制订安全规则和指南、工作方法、运用人体工效学、进行职业策划和开发等（人的因素）。

（2）控制工作环境的必要性

工作环境影响员工的能动性、满意程度、发展和表现，直接或间接地影响产品的质量，因此必须作好工作环境的识别与管理。

（3）工作环境的识别与管理

组织应根据产品特点识别并管理对产品质量有影响的工作环境因素。

1）在质量策划中，识别工作环境因素，就这些因素制订管理的要求并实施。

2）应结合组织的具体产品的要求和实现过程的流程，进行工作环境因素的识别。

3）在管理评审中，评价工作环境是否适当，如不适当，应及时地采取措施予以改善。

4）不合格品与顾客投诉的评审能为识别有待控制的环境因素提供信息。

5）在拟订改进措施时，根据需要，适时改进工作环境。

6）对工作环境的管理作出适当规定并实施，确保工作环境处于受控状态且始终能满足实现产品符合性的要求。

（4）与实现产品质量相关的人员安全

设计和开发过程、制造过程中，应强调产品的安全性。应有人员安全保护的方法。

（5）生产现场的清洁

生产现场应处于与产品相协调的有序、清洁和维护的状态。

1）有序——可理解为产品等码放整齐。

2）清洁——可理解为设备无脏污，地面无纸屑、杂物等。

3）维护——可理解为日常的维护活动所能达到的正常状态。

2.5 产品实现（标准条款：7）

2.5.1 产品实现的策划（标准条款：7.1）

1. 标准条文

7 产品实现

7.1 产品实现的策划

组织应策划和开发产品实现所需的过程。产品实现的策划应与质量管理体系其他过程的要求相一致（见 4.1）。

在对产品实现进行策划时，组织应确定以下方面的适当内容：

a）产品的质量目标和要求；

b）针对产品确定过程、文件和资源的需求；

c）产品所要求的验证、确认、监视、测量、检验和试验活动，以及产品接收准则；

d）为实现过程及其产品满足要求提供证据所需的记录（见4.2.4）。

策划的输出形式应适于组织的运作方式。

注1：对应用于特定产品、项目或合同的质量管理体系的过程（包括产品实现过程）和资源作出规定的文件可称之为质量计划。

注2：组织也可将7.3的要求应用于产品实现过程的开发。

注：有些顾客将项目管理或产品质量先期策划作为一种产品实现的方法。产品质量先期策划包含着防错和持续改进的概念，与找出错误不同，而且是基于多方论证的方法。

7.1.1 产品实现的策划——补充

作为质量计划的一部分，产品实现的策划应包括顾客要求和对其技术规范的引用。

7.1.2 接收准则

组织应规定接收准则，要求时，由顾客批准。

对于计数型数据抽样，接收水平应是零缺陷（见8.2.3.1）。

7.1.3 保密

组织应确保顾客委托的正在开发的产品、项目和有关产品信息的保密。

7.1.4 更改控制

组织应有一个对影响产品实现的更改进行控制并作出反应的过程。任何更改的影响，包括由任何供方引起的更改，都应进行评估，且应规定验证和确认的活动，以确保与顾客要求相一致。更改在实施前应予以确认。

对有专有权的设计，对外形、配合、功能（包括性能和/或耐久性）的影响应与顾客共同进行评审，以便所有的影响都能得到适当的评价。

当顾客要求时，还应满足附加的验证/标识要求，如对新产品引入的那些要求。

注1：任何影响顾客要求的产品实现的更改都要通知顾客，并征得顾客同意。

注2：以上要求适用于产品和制造过程更改。

2. 理解要点

（1）产品实现的策划内容

组织应策划和完善产品实现所必需的过程，并对这些过程进行管理和控制。产品实现的策划内容包括以下各项。

1）确定产品的要求和质量目标。产品的质量目标可用产品应达到的标准、规范、与客户签订的技术协议要求或其他重要的质量特性值来表征。

2）针对相应产品所需建立的过程、文件以及所需提供的资源。

3）确定应进行的验证、确认、监控、检查和试验活动，制订产品的接收准则。制订产品接收准则时应注意：

① 组织应规定接收准则。顾客有要求时，应得到顾客批准。

② 对于计数型数据抽样，接收水平应是零缺陷。

4）确定产品实现过程中所必需的质量记录（用来证实过程和产品的符合性）。

5）顾客要求和对其技术规范的引用应包括在产品实现的策划中。

（2）产品实现的策划的时机

1）一般情况下，企业已经策划了现有的产品实现过程。在企业推行 ISO/TS 16949 标准时，企业应按 ISO/TS 16949 标准的要求对现有产品的实现过程进行改进或更新，此时就应进行产品实现的策划工作。

2）当开发新产品或现有产品有大的变更时，组织应进行产品实现的策划工作。

（3）产品实现的策划的要求

1）策划的输出应以适合组织运作的方式表达，策划的输出一般要形成文件。

2）产品实现的策划应与质量管理体系其他过程的要求相一致。

3）可将标准条款 7.3 的要求应用于产品实现过程的开发。

（4）质量计划

1）质量计划的编制要求。质量计划是规定用于特定产品、项目或合同的质量管理体系过程（包括产品实现过程）和资源的文件。现有的质量管理体系文件是针对现有的产品编制的，当某一特定的合同、产品或项目的特定要求与现有产品不同时，就需要编制质量计划，将这些特定的合同、产品或项目的特定要求与现有的质量管理体系文件联系起来。

质量计划是质量管理体系文件的补充，它通常引用质量手册中的有关内容，采用或参照已有的程序文件、作业指导书，再对特殊性的要求作出规定。

2）质量计划的管理。质量计划是质量管理体系文件的一部分，应按文件控制要求对质量计划进行管理。考虑到质量计划的时效性，可以将质量计划中的一部分文件（进度安排之类的文件）纳入质量记录控制的范畴。

（5）保密

1）组织应对顾客委托的产品、项目和有关产品信息进行保密。

2）产品资料的查阅、发放应保证不泄密。

（6）更改控制

1）组织应有一个对影响产品实现的更改（包括由供应商引起的更改）进行控制并作出反应的过程。更改包括产品更改（设计更改）和过程更改（工程更改/工艺更改）。

2）任何更改的影响，都应进行评估（如对更改进行 FMEA 分析）。并规定验证和确认活动（如进行试验和提交样件经顾客确认），以确保与顾客要求相一致。

3）更改在实施前应得到了确认。

4）对有专有权的设计，在实施变更前，应与顾客共同进行评审，评审更改对产品外形、配合、功能（包括性能/耐久性）的影响。

5）当顾客有要求时，组织应有能力满足顾客附加的验证/标识要求。

6）任何影响顾客要求的变更，应通知顾客，并且得到顾客的认可（除非顾客放弃）。

2.5.2 与顾客有关的过程（标准条款：7.2）

1. 标准条文

7.2 与顾客有关的过程

7.2.1 与产品有关的要求的确定

组织应确定：

a）顾客规定的要求，包括对交付及交付后活动的要求；

b）顾客虽然没有明示，但规定的用途或已知的预期用途所必需的要求；

c）适用于产品的法律法规要求；

d）组织认为必要的任何附加要求。

注：交付后活动包括诸如担保条件下的措施、合同规定的维护服务、附加服务（回收或最终处置）等。

注1：交付后活动包括作为顾客合同或采购订单一部分所提供的任何售后产品服务。

注2：此要求包括再利用、对环境的影响以及根据组织对产品和制造过程所掌握知识的结果所识别的特性（见7.3.2.3）。

注3：条款c）的符合性包括所有适用的政府、安全和环境法规，适用于材料的获取，储存、搬运、再利用、销毁或废弃。

7.2.1.1 顾客指定的特殊特性

组织应证实在特殊特性的指定、形成文件和控制方面符合顾客的要求。

7.2.2 与产品有关的要求的评审

组织应评审与产品有关的要求。评审应在组织向顾客作出提供产品的承诺之前进行（如提交标书、接受合同或订单及接收合同或订单的更改），并应确保：

a）产品要求得到规定；

b）与以前表述不一致的合同或订单的要求已得到解决；

c）组织有能力满足规定的要求。

评审结果及评审所引起的措施的记录应予以保持（见4.2.4）。

若顾客提供的要求没有形成文件，组织在接受顾客要求前应对顾客要求进行确认。

若产品要求发生变更，组织应确保相关文件得到修改，并确保相关人员知道已变更的要求。

注：在某些情况中，如网上销售，对每一个订单进行正式的评审可能是不实际的，取而代之对有关的产品信息，如产品目录、产品广告内容等进行评审。

7.2.2.1 与产品有关的要求的评审—补充

对7.2.2中正式评审（见注）要求的放弃应得到顾客授权。

7.2.2.2 组织制造可行性

组织应在合同评审过程中，对所涉及产品的制造可行性进行研究、确认并形成文件，包括进行风险分析。

7.2.3 顾客沟通

组织应对以下有关方面确定并实施与顾客沟通的有效安排：

a）产品信息；

b）问询、合同或订单的处理，包括对其修改；

c）顾客反馈，包括顾客抱怨。

7.2.3.1 顾客沟通——补充

组织应有能力按顾客规定的语言和方式（如计算机辅助设计数据、电子数据交换等）沟通必要的信息，包括数据。

2. 理解要点

（1）与产品有关的要求的确定

1）产品要求的内容。

① 顾客明确规定的要求。既有产品本身的质量要求，也包括交付、交付后活动的要求，如安装、包装、运输、维修、培训等。

明示的产品要求可以是书面的，也可以是非书面的。书面的如招标书、合同、订单等，非书面的如电话订购。非书面的要求一般应转化为书面的形式加以体现。

② 顾客没有明确规定，但预期或规定用途所必要的产品要求，如在中国销售的汽车，转向盘一定在左边。

这类要求也称“通常隐含的要求”，是指组织、顾客和其他相关方的惯例或一般作法。这类需求或期望一般来说是不言而喻的。

③ 与产品有关的法律法规的要求，如产品的安全性，环保要求等。

④ 组织自己确定的附加要求，如组织在说明书、书面承诺等文件中明确的责任义务。

产品的要求要形成相关文件，如合同、服务承诺、广告、产品目录等。

2）确定产品要求的方法。

① 市场调查。

② 查阅法律法规文件。

③ 合同评审。

④ 与客户的交流。

⑤ 对自身能力的评估，等等。

3）顾客指定的特殊特性的控制。

① 组织在特殊特性的指定、形成文件和控制方面应符合顾客的要求。

② 顾客指定及组织确定的特殊特性应体现在下列文件中：DFMEA、PFMEA、控制计划、作业指导书、工艺流程图等。

特殊特性的定义见本书2.1节。

（2）与产品有关的要求的评审

1）评审对象。评审对象为产品的要求。

2）评审的时机。在向客户做出提供产品的承诺之前进行，如在投标、接收合同或订单、接收合同或订单的修改以及广告公开发布之前进行。

3）评审的内容。

① 确保产品的各项要求（包括规格、数量、交货期、交货地点、价格结算方式等）得到规定。

② 确保与以前表述不一致的合同或订单要求得到解决。在与顾客的多次洽谈中，顾客的要求可能表述得不一致，通过评审，确保表述不一致的条款已得到解决。

③ 如果顾客没有以文件的形式提出要求，组织应确保通过评审，顾客的要求得到确认。对于口头订单，组织应记录在案并复读给顾客听，得到其肯定，或将记录传真给顾客，由其书面确认。

④ 确定组织有无能力满足规定的要求。

4）评审结果的处理。评审结果可能会导致不同的活动，如：不接受顾客的要求，此时应婉转告之顾客缘由；接受要求但需设计或对特定产品实施策划；除此之外，还可能有其他的活动，无论哪一种活动均伴有后续措施（如库存现货交付时，营销部向仓库发出出货通知书）。整个评审结果与评审引发的措施均需记录。

5）评审的要求。

① 评审的结果及评审所引发的措施应予以记录并保存。

② 组织应确保产品的要求被正确、完整地传达给有关的职能部门。

③ 在合同评审过程中，组织应进行产品制造的可行性和风险性分析，并将分析形成文件。

6）产品要求变更的控制。产品要求变更时，应确保相关文件（合同、产品标准、技术与工艺规范等）得到修改，确保与变更相关的人员知道已变更的要求。产品要求变更时的处理要注意：

① 顾客提出更改时，组织宜请顾客出具书面凭证，并评审。

② 组织提出更改时，应根据需要通知顾客，得到顾客确认（如签字确认）后执行。对已实现的部分产品，应与客户协商，妥善处理。

7）评审的方式。评审的方式多种多样，如传递会签评审、会议评审、审查批准等，视公司具体情况而定。

（3）与顾客的沟通

1）沟通的内容。沟通是组织与顾客之间的双向行为，组织应做好售前（提供产品之前）、售中（提供产品）、售后（提供产品之后）的沟通，沟通的内容包括：

① 产品的信息。

② 问询、合同或订单的处理，包括其修订。

③ 顾客的反馈，包括其抱怨、投诉。

2）沟通的目的。使组织与顾客之间建立良好的联系，相互了解、相互信任，防止并及时解决可能出现的差错和误解。

3）沟通的管理。

① 对沟通的方式、渠道、内容、要求、内部协调，结果的处理、利用等进行适当的规定，形成文件并实施。

② 组织应有能力按顾客规定的语言和方式沟通必要的信息。

2.5.3 设计和开发（标准条款：7.3）

1. 标准条款

7.3 设计和开发

注：7.3要求包括对产品和制造过程的设计和开发，且关注于防错，而不是找出错误。

7.3.1 设计和开发策划

组织应对产品的设计和开发进行策划和控制。

在进行设计和开发策划时，组织应确定：

a）设计和开发阶段；

b）适合于每个设计和开发阶段的评审、验证和确认活动；

c）设计和开发的职责和权限。

组织应对参与设计和开发的不同小组之间的接口进行管理，以确保有效的沟通，并明确职责分工。

根据设计和开发的进展，在适当时，策划的输出应予以更新。

注：设计和开发评审、验证和确认具有不同的目的。根据产品和组织的具体情况，可以单独或任意组合的形式进行并记录。

7.3.1.1 多方论证方法

组织采用多方论证方法进行产品实现的准备工作，包括：

——特殊特性的开发/最终确定和监视；

——潜在失效模式及后果分析（FMEAs）的开发和评审，包括采取降低潜在风险的措施；

——控制计划的开发和评审。

注：多方论证方法通常包括组织的设计、制造、工程、质量、生产和其他适当的人员。

7.3.2 设计和开发输入

应确定与产品要求有关的输入，并保持记录（见4.2.4）。这些输入应包括：

a）功能和性能要求；

b）适用的法律、法规要求；

c）适用时，以前类似设计提供的信息；

d）设计和开发所必需的其他要求。

应对设计和开发输入进行评审，以确保其充分性与适宜性。要求应完整、清楚，并且不能自相矛盾。

注：此要求中包括特殊特性（见7.2.1.1）。

7.3.2.1 产品设计输入

组织应识别产品设计输入要求，形成文件并进行评审，包括：

——顾客的要求（合同评审）如特殊特性（见7.3.2.3）、标识、可追溯性和包装；

——信息的利用：组织应有一个过程，将从以往设计项目、竞争对手分析、供方反馈、内部输入、外部数据及其他相关来源获取的信息推广应用于当前或未来有相似性质的项目；

——产品质量、寿命、可靠性、耐久性、可维修性、时间性和成本的目标。

7.3.2.2 制造过程设计输入

组织应识别制造过程设计输入要求，形成文件并进行评审，包括：

——产品设计输出数据；

——生产率、过程能力及成本的目标；

——顾客要求（若存在）；

——以往的开发经验。

注：制造过程设计包括采用防错方法，其程度与问题的重要性和所存在风险的程度相适应。

7.3.2.3 特殊特性

组织应确定特殊特性［见7.3.3 d)］，并且

——在控制计划中包括所有的特殊特性；

——与顾客规定的定义和符号相符合；

——对过程控制文件，包括图样、FMEAs、控制计划及作业指导书，用顾客的

特殊性符号或组织的等效符号或说明来加以标识，以包括对特殊特性有影响的那些过程步骤。

注：特殊特性可包括产品特性和过程参数。

7.3.3 设计和开发输出

设计和开发输出的方式应适合于针对设计和开发的输入进行验证，并应在放行前得到批准。

设计和开发输出应：

a）满足设计和开发输入的要求；

b）给采购、生产和服务提供适当的信息；

c）包含或引用产品接收准则；

d）规定对产品的安全和正常使用所必需的产品特性。

注：生产和服务提供的信息可能包括产品防护的细节。

7.3.3.1 产品设计输出——补充

产品设计输出应以能够对照产品设计输入要求进行验证和确认的形式来表示。产品设计输出应包括：

——设计 FMEA，可靠性结果；

——产品特殊特性和规范；

——适当时，产品防错；

——产品定义，包括图样或数字数据；

——产品设计评审结果；

——适用时，诊断指南。

7.3.3.2 制造过程设计输出

制造过程设计输出应以能够对照制造过程设计输入要求进行验证和确认的形式来表示。制造过程设计输出应包括：

——规范和图样；

——制造过程流程图/布局；

——制造过程 FMEAs；

——控制计划（见 7.5.1.1）；

——作业指导书；

——过程批准接收准则；

——有关质量、可靠性、可维修性及可测量性的数据；

——适当时，防错活动的结果；

——产品/制造过程不合格的及时发现和反馈方法。

7.3.4 设计和开发评审

在适宜的阶段，应依据所策划的安排（见 7.3.1）对设计和开发进行系统的评审，以便于：

a）评价设计和开发的结果满足要求的能力；

b）识别任何问题并提出必要的措施。

评审的参加者应包括与所评审的设计和开发阶段有关的职能的代表。评审结果及任何必要措施的记录应予以保持（见4.2.4）。

注：这些评审通常与设计阶段相协调，包括制造过程的设计和开发。

7.3.4.1 监视

应对设计和开发特定阶段的测量加以规定、分析，并对汇总结果进行报告，作为管理评审的输入。

注：这些测量包括质量风险、成本、提前期、关键路径及其他适宜的方面。

7.3.5 设计和开发验证

为确保设计和开发输出满足输入的要求，应依据所策划的安排（见7.3.1）对设计和开发进行验证。验证结果及任何必要措施的记录应予以保持（见4.2.4）。

7.3.6 设计和开发确认

为确保产品能够满足规定的使用要求或已知的预期用途的要求，应依据所策划的安排（见7.3.1）对设计和开发进行确认。只要可行，确认应在产品交付或实施之前完成。确认结果及任何必要措施的记录应予以保持（见4.2.4）。

注1：确认过程通常包括对类似产品外部报告的分析。

注2：上述7.3.5和7.3.6的要求适用于产品和制造过程。

7.3.6.1 设计和开发确认——补充

应按顾客的要求（包括项目时间进度）进行设计和开发确认。

7.3.6.2 样件计划

当顾客要求时，组织应制定样件计划和控制计划。只要可能，组织就应使用与正式生产中相同的供方、工装和制造过程。

应当监视所有的性能试验活动，以便及时完成并符合要求。

当这些服务被外包时，组织应对外包服务负责，包括提供技术指导。

7.3.6.3 产品批准过程

组织应符合由顾客承认的产品和制造过程的批准程序。

注：产品批准应当在制造过程验证之后进行。

该产品和制造过程的批准程序也应适用于供方。

7.3.7 设计和开发更改的控制

应识别设计和开发的更改，并保持记录。在适当时，应对设计和开发的更改进行评审、验证和确认，并在实施前得到批准。设计和开发更改的评审应包括评价更改对产品组成部分和已交付产品的影响。

更改评审结果及任何必要措施的记录应予以保持（见4.2.4）。

注：设计和开发更改包括产品项目生命周期内的所有更改（见7.1.4）。

2. 理解要点

（1）设计和开发策划

1）设计和开发策划的内容。

① 确定设计和开发过程的阶段。根据产品的类型、复杂程度、开发方式，明确划分设计和开发的阶段。设计和开发包括产品的设计和开发、制造过程的设计和开发。

硬件产品的设计和开发阶段一般包括：方案设计、初步设计、详细设计、设计定型、生产定型等阶段。

企业应制订产品的设计和开发的程序，对各阶段的工作内容和要求做出规定。

② 确定适合各阶段的设计评审、验证和确认活动。根据产品和组织的具体情况，设计和开发评审、验证和确认可以单独或任意组合的形式进行。

③ 确定每项活动的职责和权限。明确各项活动的职责和权限，并采取措施让参与设计开发的有关部门、人员都了解他们在整个设计和开发工作中的职责和权限。

④ 接口管理。设计和开发工作涉及很多部门，应对这些部门的接口进行管理，使得这些部门能够有效沟通和联络。接口通常包括职责、权限关系的接口和相互间传递的信息的接口及其运行关系。接口的管理包括：明确职责，确定沟通的方式和要求等。

2）设计和开发策划的输出。设计和开发策划的输出应形成文件。随着设计和开发的进展，对设计策划输出中的不适宜内容应适时修改。对生产型企业而言，设计和开发策划的输出是产品的设计和开发计划。对服务型企业而言，设计和开发策划的输出是项目的设计和开发计划。

3）多方论证方法

组织应用多方论证方法进行产品实现的准备工作（包括设计和开发的策划工作），包括以下内容：

1）特殊特性的开发或最终确认和监视。

2）FMEAs 的开发和评审，包括采取降低潜在风险的措施。

3）控制计划的开发和评审。

多方论证方法是指进行某项工作时，应邀请相关部门的人员参加，而不是一意孤行。

（2）设计和开发输入

1）确定设计和开发输入的意义。为设计和开发活动提供必需的信息。组织正确地确定与产品有关的设计和开发输入是保证设计和开发质量的必要前提，也是评审、验证、确认设计和开发输出的依据。设计和开发的输入信息主要来自于与产品要求有关的评审活动的结果。

2）设计和开发输入的内容。

① 产品的功能和性能要求。功能是指产品所发挥的作用，如 DVD 的声音，图像等。性能是指产品所具有的性质，如电性能、机械性能等。

② 相关的法律和法规的要求。

③ 过去类似设计的有关信息。

④ 设计和开发所必需的其他基本要求。如顾客没有说明的要求，公共惯例要求，组织的附加要求，安全、包装、运输、储存和维护等要求。

3）设计输入的来源。

① 市场调查。

② 合同或协议，等等。

4）设计输入的体现形式。设计输入通常以“产品要求说明书”或“设计任务书”的形式体现。

5）设计输入的评审。组织应评审设计输入文件中各项要求的适宜性和充分性，评审其是否已清楚、全面地说明了产品的质量要求，评审这些要求在技术上的可行性和经济上的合理性。评审中发现不完善的、含糊或矛盾的要求应与提出者共同解决。

6）产品设计输入的要求（ISO/TS 16949 增加的要求）。

① 产品设计输入应形成文件，并进行评审。

② 产品设计输入文件应包括：

a. 顾客的要求，如特殊特性、标识、可追溯性和包装要求。

b. 从有关信息中获得的设计输入要求，如竞争对手分析、供方反馈等。

c. 产品的质量、寿命、可靠性、耐久性、可维修性、时间性和成本的目标。

7）制造过程设计输入的要求（ISO/TS 16949 增加的要求）。

① 制造过程设计的输入应形成文件并经过评审。

② 制造过程设计输入应包括：

a. 产品设计的输出结果。

b. 生产率、节拍、过程能力（Cpk、Ppk）及制造成本的目标。

c. 顾客的要求。

d. 以往的开发经验。

③ 在设计输入中应有运用防错技术的要求。

8）特殊特性的要求（ISO/TS 16949 增加的要求）。

① 组织的设计文件中应确定特殊特性。

② 应做到：

a. 在控制计划中包含所有的特殊特性。

b. 用来标识特殊特性的符号与顾客规定的定义和符号相符合。如顾客没有规定符号，组织应自己作出规定。

c. 在过程控制文件中，包括图样、FMEAs、控制计划及作业指导书上，用顾客的特殊特性符号或组织的等效符号或说明对特殊特性进行标识。

（3）设计和开发的输出

1）设计和开发输出的形式。设计和开发的输出应以能够针对设计和开发的输入进行验证的方式形成文件。设计和开发输出的形式多种多样，如机电产品设计输出一般是图样、技术文件。设计和开发输出的形式应考虑下一步的使用者。组织应根据产品特点，对设计和开发输出的形式作出专门规定或在设计和开发的策划中规定。

2）设计和开发输出文件的完整性。设计和开发过程中每一个阶段结束时都应有该阶段所要求的输出文件，输出文件的多与少，视产品的特点而定。

组织应根据产品的特点，对产品图样及设计文件的完整性作出规定。

ISO/TS 16949 对设计输出的完整性有下列要求。

① 组织的产品设计输出应至少包括以下几项：

a. 设计 FMEA，可靠性结果。

b. 产品特殊特性和规范。

c. 适当时，产品的防错，如唯一的装配方式设计。

d. 产品定义，包括图样和数字化资料。

e. 产品设计评审的结果。

f. 适用时，产品的诊断指南，如用户使用说明书等。

② 制造过程设计输出。制造过程设计输出应以能够对照设计输入进行验证和确认的方式提出。制造过程设计输出至少应包括以下几项：

a. 工艺规范和图样。

b. 制造过程流程图或布局（工艺布置图）。

c. 制造过程 FMEA。

d. 控制计划，控制计划是质量计划的主要组成部分。

e. 作业指导书，如工艺卡、操作要领书、标准操作卡等，用于指导工人生产。

f. 过程批准接收准则，如 Cpk、Ppk 等。

g. 有关质量、可靠性、可维修性及可测量性的数据，以便能进行检验和试验。

h. 适当时，防错活动的结果，如带有防错功能的专用工装和检具。

i. 产品/制造过程不符合的及时发现和反馈方法。

3）设计和开发输出文件的内容要求。

① 满足设计输入的各项要求（即设计和开发输入的每项要求均已实施并有结果，且结果与要求可以比较和分析，可以提供设计和开发输入与设计和开发输出对照表）。

② 为采购、生产、服务提供适当的信息，这些信息包括产品的特性规范、工艺规范（作业过程规范）、采购规范、检验规范、服务规范等。

③ 应包含或引用产品的接收准则。

④ 规定并标出对安全、生产、正常使用至关重要的产品特性。如机电产品，在图样上用分级标志将重要的质量特性标识出来；药品使用说明书中，对药品的禁忌做醒目的说明。

4）所有设计输出文件都应在发布之前予以批准。

（4）设计和开发评审

设计和开发评审是指在设计的适当阶段，对该阶段设计活动的适宜性（设计和开发结果对企业内外部资源的适宜性）、充分性（设计和开发结果满足设计输入要求的充分性）、有效性（设计和开发结果达到设计目标的程度）和效率进行的系统性评价活动，以确保该阶段的活动满足设计和开发输入的要求或阶段性要求。

1）设计评审的目的。

① 评价现有的设计和开发是否有能力满足设计和开发输入的要求。

② 找出存在的问题并提出解决办法。

2）设计评审的对象。设计评审的对象为阶段性的设计和开发结果，也包括与该结果相关的内容，通常为文件形式。

3）设计评审的时机及内容。设计评审可以在设计过程的任何阶段进行，通常在已取得阶段性的结果之后，也可在总的设计和开发活动完成之时。组织应在设计和开发策划的输出文件中规定在什么阶段进行设计评审。评审的次数应视具体的产品而定。

设计评审的内容因产品的类别不同、评审的阶段不同而不同。组织应对设计评审的内容作出专门的规定或在设计和开发的策划中规定。

4）参与评审的人员。参与评审的人员应包括与所评审的设计和开发阶段有关的职能部门的代表。包括开发人员、营销人员、产品制造及提供服务的人员，必要时，邀请客户、供应商代表参加。

组织应对参加设计评审人员的职责作出规定。

5）设计评审的方法。

① 传阅会签评审。

② 会议评审等。

6）设计和开发评审的要求。

① 按设计和开发策划的计划安排进行。

② 必要时，考虑在计划外的适当阶段进行评审。

③ 应将评审的结果及任何必要的措施记录下来。

7）设计和开发监视。

① 应规定在设计的特定阶段对设计进行测量。应对测量结果进行分析、汇总。汇总结果应报告给有关人员或部门，应作为管理评审的输入。

② 设计测量/监控的对象包括质量风险、成本、设计制造周期、关键路径、设计目标、进度及其他必要的方面。

（5）设计和开发验证

1）设计和开发验证的概念。通过提供对设计和开发阶段性的成果进行变换方法计算，或与类似结果对比、试验或实验，或发布前的评审等结果的客观证据，确定设计和开发输入所给出的规定要求已得到满足的认定活动。

2）设计和开发验证的目的。设计验证的目的是通过认定和提供客观证据，证明设计输出是否满足设计输入的要求。

3）验证的对象。验证的对象是设计和开发过程中的结果，可以是图样、文件、样机、样件。

4）设计和开发验证的时机。设计和开发验证的时机为设计的适当阶段，通常是在产品的某一组成部分（涉及重大的产品特性）或整个产品已完成时。组织应在设计和开发策划的输出文件中规定在什么阶段进行设计和开发验证，由谁进行验证。

5）设计和开发验证的方法。组织应对设计和开发验证的方法作出专门的规定或在设计和开发的策划中规定。验证的方法包括下述方法的一种或几种的组合：

① 对发放前的文件进行评审。

② 试验和演示，包括模拟试验、样机试验、模型试验等。电子、机械产品的设计验证一般采取产品型式试验的方式进行，通过试验结果证实设计输出满足设计输入的要求。

③ 用其他的方法来计算。

④ 与已证实的类似设计进行比较。

6）验证的人员。通常由设计和开发人员来完成验证，有时可能会有其他辅助人员参加。

7）设计和开发验证的要求。

① 按设计和开发策划的计划安排进行。

② 应将验证的结果及任何必要的措施记录下来。

（6）设计和开发确认

1）设计和开发确认的概念。通过提供设计和开发的最终产品或样品能够满足特定的预期用途或应用要求的客观证据，如最终产品或样品的应用测试报告，对设计和开发的最终产品或样品已经满足特定预期用途或应用要求的认定活动。

2）设计确认的目的。通过检查和提供客观证据，确保产品能够满足预期的或规定的使用要求。

3）确认的对象。通常是最终产品，也可能是过程中的产品，也可能是模拟的样品、样件等。

4）确认的时机及要求。

① 通常，设计确认应在交付给顾客之前、实施生产之前、或提供服务之前完成。

② 产品完成前，也可能需要进行阶段性确认。

③ 针对所确定的预期或规定的使用要求进行有针对性的确认。

④ 设计确认通常是将最终产品在规定的实际使用条件或模拟使用条件下进行。

⑤ 如果无法或很难在最终阶段对某些特性进行确认，则需要在产品开发的早期阶段进行确认。

⑥ 在某些情况下，只能通过在产品的最初使用阶段对其以观察的方式进行设计确认。

⑦ 一般情况下，确认有客户参与。确认的时机通常会在产品的设计和开发策划阶段予以规定。

⑧ 应按照顾客要求（包括项目时间进度）进行确认。

5）确认的参加人员。确认的参加人员有设计和开发人员、营销人员，不一定必须有顾客参加（例如自行设计的产品），但必须明确产品规定的用途或已知的预期用途。如顾客有要求则应有顾客参与。

6）确认的方法。组织应对设计和开发确认的方法作出专门的规定或在设计和开发的策划中规定。确认的方法有下面几种，组织根据具体情况进行选择。

① 用户试用/验收。

② 产品的型式试验、产品的鉴定。

③ 模型和模拟试验。

④ 用户参加的评审（如审批方案设计、会审设计图样等）。

7）设计和开发确认的要求。

① 按设计和开发策划的计划安排进行。

② 应将确认的结果及任何必要的措施记录下来。

8）样件计划。

① 当顾客要求时，组织应制订样件计划（样件生产计划）和控制计划（质

量控制计划）。

② 样件制造时，应尽可能使用与正式生产中相同的供方、工装和制造过程。

③ 应对所有的性能试验活动进行监视，以便及时完成并符合要求。当这些试验外包时，组织应对外包服务负责，包括提供技术指导。

9）产品批准过程。

① 产品批准过程应符合由顾客承认的产品和制造过程的批准程序。关于产品批准过程，可参见美国汽车工业行动集团（AIAG）的《生产件批准程序》手册。

② 组织应考虑将顾客的产品和制造过程批准程序用在对其供方的管理上。

（7）设计评审、验证、确认的区别与联系

从上面的论述中，我们不难发现，设计评审、验证、确认是有区别的（目的、对象、时机、方法均有区别），但必须指出的是，它们之间有关联，甚至有重叠。表2-1总结了设计评审、验证、确认的区别，图2-6表明了设计评审、验证、确认的关系。

根据产品和组织的具体情况，设计和开发评审、验证及确认可以单独或以任意组合的形式进行。

表2-1 设计评审、验证、确认的区别

	设计评审	设计验证	设计确认
目的	评价设计结果满足要求的能力	证实设计输出满足输入的要求	证实产品满足特定的预期用途或应用已得到满足
对象	阶段的设计结果	设计输出文件、图样、样品等	通常是向顾客提供的产品
时机	在设计适当阶段	当形成设计输出时	只要可行，应在产品交付或产品和服务实施之前
方式	会议/传阅	试验、计算、对比、文件发布前的评审	试用、模拟

（8）设计更改的控制

1）引起设计更改的原因。

① 在后续阶段发现了前一阶段发生的遗漏或错误。

② 所设计的产品难以制造、检验、维护等。

③ 应供应商、组织内部、客户的要求进行改进。

④ 产品的功能或性能需改进。

⑤ 有关健康、安全、使用方面的法规要求发生了变化。

⑥ 设计评审、验证、确认后，就存在问题进行改进。

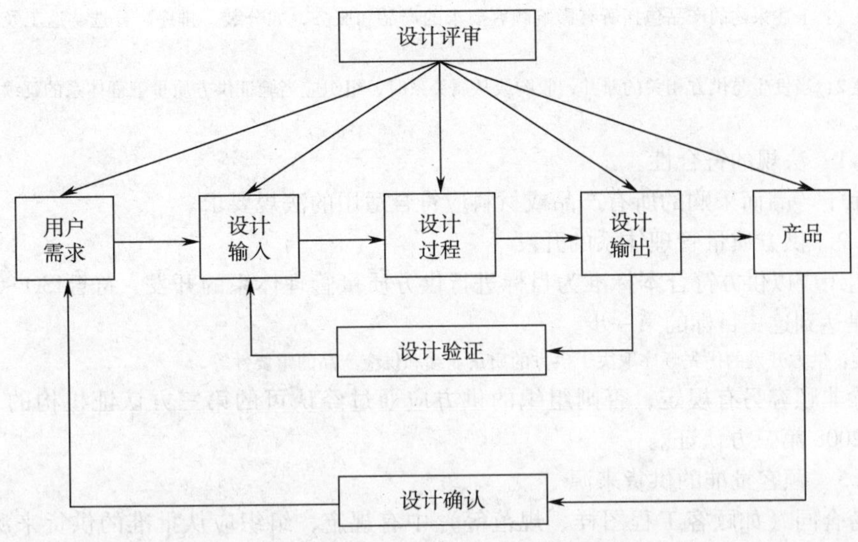

图 2-6　设计评审、设计验证、设计确认关系简图

⑦ 纠正和预防措施要求改进，等等。

2）设计更改控制的内容。

① 识别：确定更改的需要及可行性。

② 记录确定下来的更改：记录中包括更改的原因，更改的内容等。

③ 适当的评审、验证和确认：对更改应进行适当的评审，评审包括评价更改对已交付产品及其组成部分的影响。一般只在更改对产品影响程度较大时，才需对更改进行验证和确认。

④ 批准：更改经批准后才能实施。

⑤ 记录：对更改的评审结果和任何必要的措施应予以记录并保存。

2.5.4　采购（标准条款：7.4）

1. 标准条文

> 7.4　采购
>
> 7.4.1　采购过程
>
> 组织应确保采购的产品符合规定的采购要求。对供方及采购的产品控制的类型和程度应取决于采购的产品对随后的产品实现或最终产品的影响。
>
> 组织应根据供方按组织的要求提供产品的能力评价和选择供方。应制定选择、评价和重新评价的准则。评价结果及评价所引起的任何必要措施的记录应予以保持（见 4.2.4）。

注1：上述采购的产品包括所有影响顾客要求的产品和服务，如分装、排序、分选、返工及校准服务。

注2：当发生与供方相关的兼并、收购或从属关系时，组织应当验证供方质量管理体系的延续性和有效性。

7.4.1.1 法规的符合性

用于产品而采购的所有产品或材料应符合适用的法规要求。

7.4.1.2 供方质量管理体系的开发

组织应以供方符合本标准为目标进行供方质量管理体系的开发。符合ISO 9001:2008 是达到这一目标的第一步。

注：供方开发的优先顺序取决于供方的质量业绩和供应产品的重要性等。

除非顾客另有规定，否则组织的供方应通过经认可的第三方认证机构的 ISO 9001:2008 第三方认证。

7.4.1.3 顾客批准的供货来源

若合同（如顾客工程图样、规范等）中有规定，组织应从批准的供货来源采购产品、材料或服务。

采用顾客指定的供货来源，包括工具/量具的供方，不能免除组织确保采购的产品质量的责任。

7.4.2 采购信息

采购信息应表述拟采购产品，适当时包括：

a）产品、程序、过程和设备的批准要求；

b）人员资格的要求；

c）质量管理体系的要求。

在与供方沟通前，组织应确保所规定的采购要求是充分与适宜的。

7.4.3 采购产品的验证

组织应确定并实施检验或其他必要的活动，以确保采购的产品满足规定的采购要求。

当组织或其顾客拟在供方的现场实施验证时，组织应在采购信息中对拟验证的安排和产品放行的方法作出规定。

7.4.3.1 进货产品的质量

组织应有一个采用以下一种或多种方法保证采购产品（见 7.4.3）质量的过程：

——组织接收统计数据，并对其进行评价；

——进货检验和/或试验，如根据业绩的抽样；

——结合可接受的已交付产品的质量记录，对供方现场进行第二方或第三方评定或审核；

——由指定的实验室进行的零件评价；

——与顾客达成一致的其他方法。

7.4.3.2 对供方的监视

供方业绩应通过以下指标进行监视：

——交付产品的质量；

——顾客生产中断包括外部退货；

——按计划交付的业绩（包括附加运费情况）；

——关于质量或交付问题异常情况的顾客通知。

组织应促进供方对其制造过程业绩的监视。

2. 理解要点

（1）采购的内涵

采购不仅指采购原材料、元器件、外协件，以下项目都应列入采购的范畴：

1）分包或外委的服务或产品加工。

2）对外委托产品设计。

3）委外检验。

4）计量器具的委外校准。

5）委托交付产品（为组织提供的运输服务）等。

（2）采购过程的管理

1）采购物资的分类。根据采购物资对随后的产品实现或对最终产品的影响程度，对其进行分类。采购物资一般分为三类：

① 重要物资：直接影响最终产品的使用或安全性能，可能导致顾客投诉的物资。

② 一般物资：不影响使用性能或即使稍有影响但可采取措施予以弥补的物资。

③ 辅助物资：包装材料及在生产过程中起辅助作用的物资。

2）规定采购活动控制的方式和程度。采购物资的类别不同，采购活动控制的方式和程度也不同，组织应对各类控制方式和程度做出规定。

对重要物资，在选择评定时，一般要进行书面调查、现场能力评估、样品测试、小批量试用。而对一般物资，则只需进行书面调查、样品测试即可。

对重要物资，可能要求供应商随发运的货物提交控制记录，而对一般物资，无此需要。

对重要物资，可能要求供应商进行 100% 检查，而一般物资只需进行批次抽检。

在进料的抽样检查方案中，重要物资的合格质量水平——AQL 值小一些，一般物资的 AQL 值大一些，等等。

3）评价和选择供应商（供方）。组织应对供应商满足组织要求的能力进行评价，根据评价结果，选择合格的供应商。组织应对选择供应商时的评价准则与方式予以规定。

4）供应商的再评价。一般是定期地对供应商进行再评价，应制订定期评价供应商的准则、方法并实施。定期评价的主要内容包括：

① 供货的质量。

② 供货的准时性。

③ 处理问题的情况。

④ 服务态度、配合性等。

企业可根据评价的结果，对供应商进行分级管理，分级管理的中心思想是将评价量化（打分数），而后按得分高低列出供应商的等级，择优选取等级高的供应商。

5）管理采购活动形成的相关记录。供应商评价的结果及评价所引发的任何必要措施应予以记录，并按质量记录控制的要求管理这些记录。

6）法规的符合性。组织应确保所采购的产品或材料符合生产和销售国家的法律法规要求。

7）供方质量管理体系的开发。

① 组织的供方应通过ISO 9001。

② 组织选择供方时，应考虑要求供方实施ISO/TS 16949标准。应考虑以此为目标。

8）顾客批准的供货来源。当组织从顾客指定的供方处采购时，组织应对采购的产品负责。

（3）采购信息

1）采购文件的内容。采购信息反映在采购文件中，采购文件包括以下几项。

① 采购产品的信息。产品的名称、类别、型号、规格、价格、数量、交货期、交付方式、付款方式等。

② 重要产品或较特殊产品的质量要求、验收要求。这些要求一般包含在各类标准、规范、技术图样等文件中，这样，这些标准、规范、技术图样就成了采购文件的一部分。

③ 适当时，采购文件还应包括以下内容：

a. 对供方的产品、程序、过程和设备提出的认可批准要求。

b. 对供方的人员提出的资格签订要求。

c. 对供方的质量体系提出的要求。

2）采购文件的形式。

① 采购单。

② 合同。

③ 招标书。

④ 图样、技术规范、标准。

⑤ 质量保证协议书（包括解决争端的方法）等。

以上文件可单独使用或相互配合使用。

3）采购文件的发放。采购文件发放前，应对所规定的要求是否充分与适宜进行审批。审批包括：会议评审、会签评审和批准等方式。

4）对采购文件的控制应注意以下几点：

① 采购要求是否明确、正确。

② 有关验收检验的安排和方法是否已规定，是否正确。

③ 有关产品包装、运输、交付方式、标识等是否已规定。

④ 有关验证安排是否已规定。

⑤ 有关申请索赔和解决争端的方法是否已予以规定等。

（4）采购产品的验证

为确保采购产品符合要求，组织应对这些产品进行检验或实施其他必要的验证活动，组织应对这些活动进行规定并实施。

1）验证的方式。

① 检验。

② 查阅合格的证明文件。

③ 测量。

④ 观察，等等。

2）验证实施的主体与场所。

① 由组织在组织的场所实施验证。

② 由顾客在组织的场所实施验证。

③ 由组织在供方的场所实施验证。

④ 由顾客在供方的场所实施验证。

对于第③、④种情况（即组织或其顾客在供方的场所对所采购的产品进行验证），组织应在采购文件中规定：验证的计划安排、产品的放行方法。

注意，不管顾客有否对供应商的产品进行验证，组织都必须始终保证从供方处得到的产品符合顾客的要求。

（5）进货产品质量的控制

对进货产品的质量应采取以下一种或多种方法进行控制：

① 组织对进货质量进行统计分析，并对结果进行评价，作为对进货产品质量调整控制方法的依据。

② 可根据供方的业绩对进货抽样，进行检验和/或试验。

③ 结合可接受的已交付产品的质量记录，对供方现场进行第二方或第三方评定或审核。

④ 由指定的实验室进行的零件评价。

⑤ 与顾客达成一致的其他方法。

(6) 对供方的监视

① 通过对供方业绩以下指标的监视，来实现对供方的监视：

a. 交付产品的质量，如 PPM。

b. 由于供方的原因导致顾客中断使用及使用中退回。

c. 按计划交付的业绩（包括附加运费情况的记录，如改变运输方式、退货等）。

d. 由于供方的原因，导致就质量和交付问题异常情况通知顾客的记录。

② 组织应促进供方对其过程业绩进行监视。如初次运行质量结果、前期时间的缩短、运行时间的优化、可视化管理的实施等。

2.5.5 生产和服务提供——生产和服务提供的控制（标准条款：7.5—7.5.1）

1. 标准条文

7.5 生产和服务提供

7.5.1 生产和服务提供的控制

组织应策划并在受控条件下进行生产和服务提供。适用时，受控条件应包括：

a）获得表述产品特性的信息；

b）必要时，获得作业指导书；

c）使用适宜的设备；

d）获得和使用监视和测量设备；

e）实施监视和测量；

f）产品放行、交付和交付后活动的实施。

7.5.1.1 控制计划

组织应：

——针对所提供的产品在系统、子系统、部件和/或材料层次上制订控制计划（见附录A），包括散装材料及零件的生产过程；

——在试生产和生产阶段都有考虑设计 FMEA 和制造过程 FMEA 输出的控制计划。

控制计划应：

——列出用于制造过程控制的方法；

——包括对由顾客和组织确定的特殊特性（见 7.3.2.3）所采取的控制进行监视的方法；

——如果有，包括顾客要求的信息；

——在过程变得不稳定或从统计的角度不具备能力时，启动规定的反应计划（见 8.2.3.1）。

当任何影响产品、制造过程、测量、物流、供货来源或 FMEA 的更改发生时，应重新评审和更新控制计划（见 7.1.4）。

注：评审或更新后的控制计划可能要有顾客批准。

7.5.1.2 作业指导书

组织应为所有负责影响产品质量的过程操作人员提供形成文件的作业指导书。这些指导书应在工作岗位易于得到。

这些指导书应来自于诸如质量计划、控制计划及产品实现过程。

7.5.1.3 作业准备的验证

无论何时进行作业准备，如作业的初次运行、材料的更换，均应进行作业准备的验证。

作业准备人员应能得到作业指导书。适用时，组织应使用统计方法进行验证。

注：推荐采用末件比较的方法。

7.5.1.4 预防性和预见性维护

组织应识别关键过程设备，为机器/设备的维护提供资源，并建立有效的、有计划的全面预防性维护系统。这个系统至少应包括：

——有计划的维护活动；

——设备、工装和量具的包装和防护；

——可得到关键生产设备的零配件；

——将维护目标形成文件并予以评价和改进。

组织应使用预见性维护方法，以持续改进生产设备的有效性和效率。

7.5.1.5 生产工装的管理

组织应为工装和量具的设计、制造和验证活动提供资源。

组织应建立并实施生产工装的管理系统，包括：

——维护和修理的设施与人员；

——储存和修复；

——工装准备；

——易损工装的更换计划；

——工装设计修改的文件，包括工程更改等级；

——工装的修改和文件的修订；

——工装标识，明确其状态，诸如在用、修理或废弃。

如果其中任何一项工作被外包，组织应实施监视这些活动的系统。

注：此要求也适用于车辆维修零件的工装。

7.5.1.6 生产计划

应有满足顾客要求的生产计划，例如由信息系统支持的“准时”计划，该信息系统允许在过程的关键阶段获得生产信息并且是订单驱动的。

7.5.1.7 服务信息反馈

应建立并保持与制造、工程和设计部门沟通服务问题的过程。

7.5.1.8 与顾客的服务协议

当与顾客达成服务协议时，组织应验证以下项目的有效性：

——组织的任何一个服务中心；

——任何专用工具或测量设备；

——服务人员的培训。

2. 理解要点

（1）生产和服务提供过程的识别与策划

产品的类型不同，其生产和服务提供的过程也不同，因此组织必须首先识别本组织的生产和服务提供的过程，并对这些过程进行策划。

生产和服务提供过程的识别与策划的内容已包含在 ISO 9001（或 ISO/TS 16949）标准之 7.1 条款中。

生产和服务提供的过程包括产品的形成、放行、交付和适用的交付后活动。

（2）生产和服务提供的控制内容

1）获得表述产品特性的信息。只有获得产品质量特性的信息，生产和服务人员才会明白自己应该做什么，应该达到什么要求。因此应规定信息的来源、获得信息的途径。信息的来源有：产品实现的策划的输出（标准条款 7.1）、设计和开发的输出（标准条款 7.3.3）、产品要求评审的输出（标准条款 7.2.2）等。

如果图样、产品标准、工艺规程、作业指导书、服务规范等文件以及样板、图片中包含产品质量特性的信息，应向生产和服务人员提供这些文件、图片和样板。

2）编制必要的作业指导书并提供给生产和服务人员。如果没有作业指导书就可能影响产品或服务的质量时，则必须编制并使用作业指导书。

3）配置适当的设备并对设备进行维护以保持其运行能力。应对设备的提供、维护保养作出规定。

4）配备合适的监视和测量设备。为了控制过程参数和产品特性，需配置合适的监视和测量设备。监视和测量设备的控制见 ISO 9001（或 ISO/TS 16949）

之7.6条款。

5）实施监视和测量活动。监视和测量活动包括以下内容。

① 对过程的监视和测量：包括过程参数、过程进度的测量和监控等。尤其要注意对关键过程、特殊过程的测量和监控。

② 对产品的监视和测量：包括产品质量特性值的测量和监控等。

③ 对工作环境的监视和测量：包括安全、文明生产等各方面的管理。

④ 对人员的控制，等等。

6）对产品的放行、交付、交付后的活动作出规定并实施。

① 只有检验合格或验证满足要求的产品才能放行和交付。

② 应规定向顾客交付产品的方式，保质保量地按时向顾客提交产品。对交付中的各种中间环节（如托运、运输、装卸），应通过签订合同、投保等方式，明确保护产品质量的责任。

③ 交付后的活动通常以售后服务的形式出现。应对售后服务的要求作出规定。

（3）控制计划

1）组织应针对所提供的产品在系统、子系统、部件和/或材料层次上制订控制计划。控制计划应包括散装材料及零件的生产过程，应包括从进货至出厂的全过程。

2）组织应有考虑了DFMEA和PFMEA的试生产控制计划和生产控制计划。

3）控制计划应包括：

① 制造过程的控制方法。

② 对特殊特性所采取的控制进行监视的方法。

③ 顾客要求的信息（如果有）。

④ 反应计划。

4）在过程变得不稳定或从统计的角度不具备能力时，应启动规定的反应计划。

5）反应计划应包括遏制输出/百分之百检验及随后采取的纠正措施。

6）当任何影响产品、制造过程、测量、物流、供货来源或FMEA的更改发生时，应重新评审和更新控制计划。

7）顾客有要求时，更新后的控制计划应得到顾客批准。

（4）作业指导书

1）组织应为所有能影响产品质量的过程操作人员提供形成文件的作业指导书。

2）在工作岗位上应容易得到作业指导书。

3）作业指导书应来自于诸如质量计划、控制计划及产品实现过程的策划。

（5）作业准备的验证

1）在作业的初次运行、材料更换、作业更改、生产过长停顿等情况下应进行作业准备，应对作业准备的状况进行验证。

2）作业准备人员应得到作业指导书。

3）组织应规定使用何种方法进行作业准备的验证（末件比较或统计方法）。

（6）预防性和预见性维护

1）组织应识别了关键过程的设备。

2）组织应建立有效的、有计划的全面预防性维护系统。这个系统应至少包括：

① 有计划的维护活动。

② 设备、工装和量具的包装和防护。

③ 备件的管理。

④ 将维护目标（设备完好率、设备总效率）形成文件，并予以评价和改进。

3）组织应采用预见性维护方法，保证有的放矢地进行维护活动，提高设备维护的效率。预防性和预见性维护的区别见本书2.1节。

（7）生产工装的管理

组织应建立和实施生产工装的管理系统，应为工装和量具的设计、制造和验证活动提供资源，这个体系应包括：

1）建造工装维护和修理的设施并确保配备适宜的人员。

2）工装的储存、失效工装的修复。

3）控制工装的准备，包括工装的设计、制造和验证。

4）制订易损工装的更换计划，确保易损工装配件的可提供性，以防止影响产品质量和生产中断。

5）控制工装设计的更改并保存更改文件，包括工装更改等级。

6）控制工装的修改，防止因修改不当而导致的不合格。顾客有要求时，应通知顾客。在进行工装的修改时应对有关文件进行修订。

7）对工装进行标识以防止误用导致不合格。标识应明确工装的状态，诸如在用、修理、或废弃。

8）如其中任何一项工作被外包，组织应对外包进行监视。

（8）生产计划

1）组织应制订满足顾客要求的、准时的、由订单驱动的生产计划。

2）应建立支持生产计划的信息系统，这个系统能在生产过程的关键阶段提供生产信息。

3）组织的生产计划应满足顾客的要求。

(9) 服务信息反馈

为使组织了解其外部产生的不合格，组织应建立并保存一个信息沟通过程，使组织在服务过程中获得的外部信息能够与组织内部的制造、工程和设计部门进行沟通，以确保采取有效的措施。

(10) 与顾客的服务协议

当与顾客达成服务协议时，组织应验证以下项目的有效性：

1) 组织的任何一个服务中心。

2) 任何专用工具或测量设备。

3) 服务人员的培训。

2.5.6 生产和服务提供过程的确认（标准条款：7.5.2）

1. 标准条文

7.5.2　生产和服务提供过程的确认

当生产和服务提供的过程输出不能由后续的监视或测量加以验证，致使问题在产品投入使用后或服务已交付后才显现时，组织应对任何这样的过程实施确认。

确认应证实这些过程实现所策划的结果的能力。

组织应对这些过程作出安排，适用时包括：

a) 为过程的评审和批准所规定的准则；

b) 设备的认可和人员资格的鉴定；

c) 使用特定的方法和程序；

d) 记录的要求（见 4.2.4）；

e) 再确认。

7.5.2.1　生产和服务提供过程的确认——补充

7.5.2 的要求应适用于生产和服务提供的所有过程。

2. 理解要点

(1) 过程确认的对象

ISO 9001 过程确认的对象是特殊过程。

对实施 ISO/TS 16949 的企业，组织应对生产和服务提供的所有过程进行确认（不是仅仅只对特殊过程，标准条款 7.5.2 适用于生产和服务提供的所有过程）。

(2) 特殊过程的含义

过程的结果不能通过其后的测量或监控加以验证，或者过程结果的缺陷仅在后续的过程乃至在产品使用后或服务交付后才显露出来，或需实施破坏性测试才能获得证实的过程，称为“特殊过程”。特殊过程一般有下列几种情况：

1）过程的特性要在后续过程或使用时才能反映出来，如焊接有延迟裂缝现象。

2）过程的特性无法或不能经济地检测，或者只能做破坏性检测，如地下室防水工程，冰箱制作中的灌浆过程。

3）过程的结果不能通过后续的检验和试验测得，如灌注桩工程。

（3）常见的特殊过程

常见的特殊过程有：焊接、铸造、注塑、粘合、铆接、表面防护处理（电镀、磷化、喷丸、油漆等）、热处理等。

（4）过程确认的目的

证实过程的能力能够达到过程策划中预期的要求（如确定为需确认的过程，则应给出该过程的能力）。

（5）过程确认的内容

1）制订对过程进行评审和批准的准则。

过程评审和批准的准则中应考虑影响过程的各种因素（人、机、料、法、环境——4M1E），应对这些因素的控制要求作出规定。在过程确认实施时，应证实这些因素得到了控制。一般采用小批量试生产的方式对过程进行确认。

2）对设备进行认可，对人员进行资格鉴定。

3）操作人员按规定的作业方法和程序工作。过程实施前，应编制作业方法和程序，并报主管部门批准。操作人员必须按规定的作业方法和程序工作。

4）记录的要求。应规定实施过程需要什么记录。如设备认可记录、人员鉴定记录、过程认可记录、过程参数连续监视的记录等。这些记录应按质量记录控制的要求进行管理。

5）过程的再确认。当过程发生问题时或影响过程的因素发生变化时，应进行再确认。也可周期性地对过程进行再确认。

（6）特殊过程的日常管理

1）由具备资格的人员去进行。

2）对过程参数进行连续的监视和控制。

3）对影响过程质量的全部因素（人、机、料、法、环境——4M1E）进行控制。

2.5.7 标识和可追溯性（标准条款：7.5.3）

1. 标准条文

7.5.3 标识和可追溯性

适当时，组织应在产品实现的全过程中使用适宜的方法标识产品。

组织应在产品实现的全过程中，针对监视和测量要求识别产品的状态。

在有可追溯性要求的场合，组织应控制产品的唯一性标识，并保持记录（见4.2.4）。

注：在某些行业，技术状态管理是保持标识和可追溯性的一种方法。

注：在生产流程中产品所处的位置并不能表明其检验、试验状态，除非产品本身状态明显，如自动化生产流转过程中的材料。如果状态能清楚地识别、形成了文件且达到了预定的目的，也可以采用替代的方法。

7.5.3.1 标识和可追溯性——补充

以上7.5.3中的“适当时”不适用。

2. 理解要点

（1）标识的定义

标识是指识别产品特定特性或状态的标志/标记。这里的产品包括原材料、在制品、半成品和最终产品。

（2）标识的分类及区别

1）标识的分类。

① 产品标识（特性标识）。如名称、类别、规格、批号、日期号、投料号、工作令号、操作者代码等。

② 产品检测状态标识。检测状态一般分为以下四种：

a. 有待检测。

b. 经检测合格。

c. 经检测不合格。

d. 经检测后待决定。

③ 产品过程状态标识。产品可能处于待加工、已加工、正在加工中等状态。

2）各类标识的区别。见表2-2。

表2-2 产品标识与检测状态标识的区别

项目	产品标识（特性标识）	检测状态标识
目的	防止不同类型的产品混淆，必要时可追溯	防止不同检测状态的产品混淆，防止错用不合格品
标识的可变性	产品实现过程中保持不变，是唯一性标识	产品实现过程中，检测状态变化，标识也相应变化
必要性	产品实现过程中，必要时才标识（比如产品易混淆、有可追溯性要求的场合） 注意：在ISO/TS 16949中，要求在生产和服务的全过程对产品进行标识，而不再提适当时	凡经检测的产品，按规定做好标识

（3）标识的方式

1）产品标识（特性标识）的方式。

① 标签/标记（颜色等）。

② 挂牌、印章。

③ 随同产品一同运输的带有产品标识的载体，如包装袋。

④ 规定产品所处的区域。

⑤ 批号（出厂编号）、条形码、投料批号、零件上打记号。

⑥ 流程卡，作业单。

⑦ 随服务一起提供的文件、记录，等等。

2）检测状态标识的方式。

① 标签/标牌。

② 采用记录的方式进行标识（土建施工中常用）。

③ 标记（颜色标记等）。

④ 印章。

⑤ 流转单/流程卡（跟随产品）。

⑥ 区域划分。

⑦ 容器区分（如红色箱只装不合格品），等等。

（4）标识的管理

最好编制一份文件，对产品实现各阶段的产品标识、检测状态标识的方法，以及标识的转移、记录、控制要求作出规定，并严格按规定实施。

（5）产品的可追溯性

1）可追溯性的定义。可追溯性：追溯所考虑对象的历史、应用情况或所处场所的能力。

2）产品可追溯性的管理。

① 明确可追溯性要求。实现可追溯性可能会增加成本，但是出于合同要求、法规要求或组织自身质量控制的考虑，组织应明确规定需追溯的产品、追溯的起点和终点、追溯的范围与程度、标识及记录的方式。追溯程度可以是分段追溯或全过程追溯、单个追溯或批次追溯、组织追溯或人员追溯等。

② 采用唯一性标识。为使产品具有可追溯性，应采用唯一性标识来识别产品的个体或批次。

③ 记录唯一性的标识。通过记录可以了解到产品过程条件、人员状态等，一旦发现问题，可以迅速查明原因，采取相应的措施。

④ 建立专门的控制系统。一般由品质管理部负责建立和实施可追溯性管理网络，以实现对产品的可追溯性进行控制。

2.5.8 顾客财产（标准条款：7.5.4）

1. 标准条款文

> 7.5.4 顾客财产
>
> 组织应爱护在组织控制下或组织使用的顾客财产。组织应识别、验证、保护和维护供其使用或构成产品一部分的顾客财产。若顾客财产发生丢失、损坏或发现不适用的情况时，组织应报告顾客，并保持记录（见4.2.4）。
>
> 注：顾客财产可包括知识产权和个人信息。
>
> 注：此条款包括顾客所有的可重复使用的包装。
>
> 7.5.4.1 顾客所有的生产工装
>
> 顾客所有的工具以及制造、试验、检验工装和设备应予以永久性标记，以使每一工装设备的权属关系清晰可见并可以确定。

2. 理解要点

（1）顾客财产的定义

顾客财产是指顾客所拥有的，为满足合同要求向组织提供的产品、设施、财物和信息资料等。

使用“顾客的财产”这个概念，表明这种产品的所有权属于顾客，只是提供给组织使用或代为保管，而不是顾客指定组织使用的产品。

（2）顾客财产的范围

1）顾客提供的原材料，零部件、包装材料。

2）顾客提供的加工或监测设备、工艺装备、运输工具、软件。

3）顾客的知识产权，包括顾客提供的专利、商标使用权、图样、样品、技术规范等文件。

4）代顾客提供的服务，如将顾客的财产运到第三方。

5）超级市场中顾客寄存的物品。

6）建筑业中，顾客提供的参与辅助施工的工人。

7）顾客提供的用于维修、维护或升级的产品。

8）相片冲印业中，顾客提供给冲印店的胶卷。

9）物业管理中业主委托保管的车辆。

10）顾客所有的可重复使用的包装，等等。

（3）顾客财产的管理

1）签订合同，明确责任。必要时，就顾客的财产，组织应与顾客之间签订明确的合同协议，以明确双方的责任。

2）专门标识，防止误用。组织最好对顾客财产进行专门的标识，以防止误用或不恰当的处置。组织可参照ISO 9001（或 ISO/TS 16949）之 7.5.3 条款

（标识和可追溯性）的内容进行管理。

3）接收时进行验证。

① 组织在接收顾客的财产时应进行验证，验证内容包括产品类型、数量、运输中的损坏或丢失情况，必要时安排检验以确定其质量状况。可参照 ISO 9001（或 ISO/TS 16949）之 8.2.4 条款（产品的监视和测量）的规定进行管理。

② 如顾客提供的是服务，组织应确认服务的适用性并作好记录。

4）保护和维护顾客的财产。保护和维护的内容可包括：

① 提供适当的储存条件，规定储存期限，在储存期间定期检查以防损坏。

② 对顾客的财产专管专用，与组织自行采购的产品隔离存放。

③ 对顾客提供的设备进行必要的定期维护和校准，等等。

可参照 ISO 9001（或 ISO/TS 16949）之 7.5.5 条款（产品防护）的内容进行管理。

5）记录并报告顾客财产的丢失、损坏或不适用的情况。

① 若顾客的财产发生丢失、损坏或不适用的情况，应加以记录并及时通报顾客。

② 最好规定专门的方法处置不适用的顾客财产。

（4）顾客所有的生产工装的管理

1）对于顾客所有的设备、量具和工装，应进行永久性标记，以使所属关系清晰可见并可以确定。

2）应对顾客所有的生产工装进行维护。

2.5.9 产品防护（标准条款：7.5.5）

1. 标准条文

7.5.5 产品防护

组织应在内部处理和交付到预定的地点期间对产品提供防护，以保持与要求的符合性。适用时，这种防护应包括标识、搬运、包装、储存和保护。

防护也应适用于产品的组成部分。

7.5.5.1 储存和库存

应按策划的适宜的时间间隔检查库存品状况，以便及时发现变质情况。

组织应使用一种库存管理系统，以优化库存周转期，确保货物周转，如“先进先出”（FIFO）。应以对待不合格品的类似方法控制过期产品。

2. 理解要点

（1）产品防护的目的

保护产品质量的符合性。产品包括：原材料，外购件，在制品，半成品，成品。

（2）产品防护的内容

1）标识。建立并保持适当的防护标识，标识有以下几种：

① 收发货标识。

② 储存期/保质期标识。

③ 小心轻放标识。

④ 请勿倒置标识。

⑤ 易损、防淋、防压标识。

⑥ 堆码标识。

⑦ 食品的生产日期和有效期。

⑧ 高速公路上的限速标识。

⑨ 易燃易爆品的标识。

⑩ 高级时装上的洗涤符号（如“不可手拧”等符号），等等。

注意：此处“标识”是指防护标识，请注意与ISO 9001（或ISO/TS 16949）之7.5.3条款（标识和可追溯性）中“标识”的区别。

2）搬运。采取防止产品损坏或变质的搬运方式和设备，可包括以下各项。

① 编制必要的搬运作业指导书。

② 使用与产品特性相适应的容器、固定装置、避震装置和运输工具等，对搬运工具进行适当的维护保养。

③ 做好搬运中的防护工作：防止磕碰、防震、防碎、防雨、防晒、防丢失等。

④ 选择合理的搬运路线，尽量缩短搬运距离。

⑤ 完善搬运过程质量、安全防护，如固定、捆扎、隔离、押运等。

⑥ 搬运中，注意保护产品标识，防止丢掉或被擦掉。

⑦ 对搬运人员进行必要的培训，以熟悉搬运要求。

3）包装。对产品进行适当的包装，为此需考虑以下内容：

① 根据产品的特点、储存及运输中的情况进行包装设计，确定包装规范。

② 选用合适的包装材料，包装材料不能对产品产生不良影响。

③ 对包装过程进行控制，编制适当的包装作业指导书等。

④ 在产品的外包装上，标出运输中的注意事项。

⑤ 包装箱外应有按技术条件规定的标识，箱内有必要的文件，如包装清单、检验合格证等。

4）储存。

① 提供安全、可靠的储存区域、场所和设施，储存条件（如通风、防潮、控温、采光、清洁等）符合产品要求，防止储存期间产品变质或损坏。

② 做好防锈、防潮、防变质、防腐蚀、防失效、防虫蛀、防鼠咬、防老化、防破碎、防火、防盗、防水等工作。

③ 对储存品作好适当的标识、隔离，防止产品误用。

④ 有特殊储存条件的，应做特别的保管，如有防毒要求的物资应隔离存放。

⑤ 制订入库、保管、出库的管理规定，如检查合格的产品才可入库，定期盘点，储存记录完整准确，账、卡、物相符等。

⑥ 制订必要的监控制度，如规定储存期限，实行先进先出的原则，定期检查等。

5）保护。采取保护措施，包括适当的隔离、分类存放、维护等，使产品不变质、损坏、丢失或错用等，如以下保护措施：

① 对有保质期的产品，应注意储存时间控制。

② 对易生锈的产品，采取防锈处理。

③ 规定堆层高度，防止底层产品被压坏。

④ 易碎器皿搬运时加防震措施。

⑤ 相似物品隔离存放。

⑥ 对交付中的各种中间环节（如托运、运输、装卸），通过签订合同、投保等方式，明确保护产品的质量责任，等等。

（3）ISO/TS 16949 关于储存和库存的附加要求

1）组织应按策划的适宜的时间间隔检查库存品状况。

2）组织建立的库存管理系统应保证在确保交付的情况下，优化库存周转期以使其库存量最低。

3）组织应以对待不合格的类似方法控制过期产品（超过了保质期或保存期限的产品）。

2.5.10 监视和测量设备的控制（标准条款：7.6）

1. 标准条文

7.6 监视和测量设备的控制

组织应确定需实施的监控和测量以及所需的监控和测量设备，为产品符合确定的要求提供证据。组织应建立过程，以确保监视和测量活动可行并以与监视和测量的要求相一致的方式实施。

当有必要确保结果有效的场合时，测量设备应：

a）对照能溯源到国际或国家标准的测量标准，按照规定的时间间隔或在使用前进行校准和（或）验证。当不存在上述标准时，应记录校准或检定的依据(见 4.2.4)；

b）必要时进行调整或再调整；

c）能够识别，以确定其校准状态；

d）防止可能使测量结果失效的调整；

e）在搬运、维护和储存期间防止损坏或失效；

此外，当发现设备不符合要求时，组织应对以往测量结果的有效性进行评价和记录。组织应对该设备和任何受影响的产品采取适当的措施。

校准和验证结果的记录应予以保持（见4.2.4）。

当计算机软件用于规定要求的监视和测量时，应确认其满足预期用途的能力。确认应在初次使用前进行，并在必要时予以重新确认。

注：确认计算机软件满足预期用途能力的典型方法包括验证和保持其适用性的配置管理（技术状态管理）。

注：可追溯到设备校准记录的编号或其他标识满足要求c）的意图。

7.6.1　测量系统分析

为分析每种测量和试验设备系统得出的结果中出现的变差，应进行统计研究。此要求应适用于控制计划中提及的测量系统。所用的分析方法及接受准则应符合顾客关于测量系统分析的参考手册的要求。如果得到顾客的批准，也可使用其他分析方法和接受准则。

7.6.2　校准/验证记录

对所有量具、测量和试验设备（包括员工和顾客所有的设备）都应提供校准/验证活动的记录，用以提供符合确定的产品要求的证据。记录应包括：

——设备标识，包括校准设备所依据的测量标准；

——由工程更改所引发的修订；

——在校准/验证时获得的任何超出规范的读数；

——超出规范条件下影响的评估；

——在校准/验证后，有关符合规范的说明；

——在可疑产品或材料已发运的情况下，给顾客的通知。

7.6.3　实验室要求

7.6.3.1　内部实验室

组织的内部实验室设施应有一个确定的范围，包括进行要求的检验、试验或校准服务的能力。实验室范围应包括在质量管理体系文件中。实验室至少应规定实施以下方面的技术要求：

——实验室程序的充分性；

——实验室人员的能力；

——产品试验；

——正确地进行这些服务，可溯源到相关的过程标准（如ASTM、EN等）的能力；

——相关记录的评审；

注：按 ISO/IEC 17025 进行的认可可以用于证明组织内部实验室符合这一要求，但不是强制的。

7.6.3.2 外部实验室

组织用于检验、试验或校准服务的外部/商业/独立/的实验室设施应有一个确定的范围，包括进行要求的检验、试验或校准的能力，并且：

——应有证据表明外部实验室对顾客是可接受的；

——或实验室应依据 ISO/IEC 17025 或国家等效文件获得认可。

注 1：顾客的评定或顾客批准的第二方评定等方式可作为证明实验室满足 ISO/IEC 17025 或国家等效文件意图的证据。

注 2：对于某一设备，当没有具有资格的实验室时，校准服务可以由原设备制造厂家进行。这种情况下，组织应当确保上述 7.6.3.1 要求已得到满足。

2. 理解要点

（1）监视和测量设备的内涵

监视和测量设备是用于监测过程或产品质量特性，或用于监视过程参数或过程产品特性的各类检测手段的总称。仅起显示目的而无监测要求的装置不属监视和测量设备的范畴。监视和测量设备可以包括：

1）计量器具。

2）检测仪器。

3）仪表。

4）试验设备。

5）测量软件。

6）对比参照件。

7）银行自动取款机的摄像监视系统。

8）消防报警装置，等等。

（2）监视和测量设备的选择

识别测量和监控需求，据此配置适用的监视和测量设备（以下简称“监测设备”）。选择监测设备的原则为：

1）功能原则，监测设备的功能应与检测任务相适应。

2）准确度原则，根据所要求的测量准确度，选择高一级的监测设备。

3）经济原则。

4）先进性原则，避免购置即将淘汰的落后设备。

（3）监视和测量设备的首次校准和周期校准

对监视和测量设备进行使用前和周期性的校准或检定（即首次校准和周期校准）。

注意：因为软件不像硬件存在老化、磨损、飘移，所以对软件只进行使用前的确认或必要时的再确认，而无需周期确认。

1）对照能溯源到国家/国际基准的装置，则应校准计量器具。若不存在上述基准，则应记录校准的依据（组织自编的校准规程或供方提供的校准规程上面有对标准器和有关校准依据的说明）。

注意：当国家或国际无所需测量设备的校准标准时，组织应制订校准规程并按其校准或检定，并持续做记录。

2）校准的实施者。

① 一般送监测设备到国家授权机构校准。

② 如要进行自我校准，则必须具备下列条件：

a. 有自己的标准器，标准器需定期送检。

b. 具备校准资格的人员。

c. 有校准规程等。

3）无论是委外校准或自行校准，都应对校准结果做好记录，并按标准条款 4.2.4“质量记录控制”的要求进行控制。校准记录一般包括下列内容：

① 监测设备名称、制造厂、型号、出厂编号、额定特性及参数。

② 校准条件（环境温度，相对湿度等）。

③ 所用标准器的名称、型号和编号。

④ 校准依据的校准规程。

⑤ 校准日期。

⑥ 校准过程中所进行的每一次独立测量的结果。

⑦ 校准结论。

⑧ 校准员和校验员签字。

（4）监视和测量设备的合理使用和保护

1）根据需要，对监测设备进行调整和再调整，如万用表、数字式游标卡尺使用前要进行归零调整。调整时应遵守操作规程。

2）标识监测设备的校准状态。一般在监测设备上贴校准状态标签，让使用者了解监测设备的状态（合格、限制使用、停用等）和有效期限。因体积小或影响操作等原因而不宜贴标签的监测设备，其校准状态标签可贴在包装盒上或由其使用者妥善保管，但设备上要刻上编号，以便于追溯。

3）采取措施，防止调整时校准失效，如对操作人员进行资格确认，编制调整作业指导书，对校准点进行铅封等。

4）采取措施，防止监测设备在搬运、维护和储存时损坏或失效，如提供适宜的环境条件、采取防护措施等。

（5）监视和测量设备失准时的处理

一旦发现监测设备偏离校准状态（失准）时，应对以往检测结果的有效性进行评价并做好记录，并对设备和受影响的产品采取适当的措施。

1）对被检产品，并非一定要重新检测，但对其有效性必须评定。评定的追溯时间一般应计算到上次核准的时间。如评定认为应该对被检产品进行重检，则应按评定要求的范围追回被检产品进行重新监测。

2）对设备和受影响的产品采取的适当措施，包括：必要时，追回测量过的产品重新进行测量；对设备进行故障分析、修理并重新校准。

（6）实施标准 7.6 条款时还应注意的几点

1）在监测设备可能发生失准时，也应重新校准监测设备，如以下情况：

① 对设备的准确性产生怀疑时。

② 设备被拆卸或有所损坏时。

③ 设备修理后。

④ 精密的设备不宜搬运而经过搬动时，等等。

2）制订管理制度，对监测设备的购买、领用、发放、使用、校准、修理、封存、降级使用、报废等作出规定。

（7）测量系统分析（MSA）

1）控制计划中提及的测量系统都应进行 MSA。关于 MSA，可参见美国汽车工业行动集团（AIAG）的《测量系统分析》手册。

2）MSA 所使用的分析方法及接受准则应符合顾客的要求。

（8）ISO/TS 16949 对校准/验证记录的附加要求

所有的量具、测量和试验设备（包括员工和顾客所有的设备）都应提供校准/验证活动的记录，用以提供符合产品要求的证据，记录应包括以下内容：

1）设备标识，如果是自己校准，应包括校准设备所依据的测量标准。

2）由于制造工艺和产品更改对测量设备所引发的修订。

3）在校准/验证时获得的任何超出规范的读数。

4）对超出规范条件下（监测设备偏离校准状态）影响的评估。

5）校准/验证后，符合规范的说明。

6）在可疑产品或材料（可疑产品或材料是指监测设备偏离校准状态后测试的产品和材料）已发运的情况下，给顾客的通知。

（9）内部实验室要求

1）组织内部实验室设施应有一个确定的范围，应明确说明能进行哪些检验、试验或校准服务。

2）实验室应至少规定并实施了以下方面的技术要求：

① 实验室程序的充分性，程序的数量和描述的详略程度应确保实验过程的受控和试验结果的准确有效。

② 实验室人员的能力，其能力应基于教育背景和工作经历。

③ 对试验样品和试验过程进行控制，确保试验结果的准确有效和可追溯性。

④ 试验和校准应该依据国际和国家标准（可行时），并满足顾客的要求。应保证试验和校准结果可溯源到相关标准。

⑤ 有关实验结果应经有关人员评审签字。

3）如果组织通过了 ISO/IEC 17025《试验和校准实验室能力的通用要求》的认证，以上要求自然就得到满足了。但实施 ISO/TS 16949 的组织去实施 ISO/IEC 17025 认证并不是强制的。

（10）外部实验室要求

1）外委的试验/校准项目应包括在受委托的实验室范围内。

2）委托的实验室应具有进行外委试验/校准的能力，应满足下列任一条件：

① 应有证据表明外部实验室对顾客是可以接受的。

② 实验室应依据 ISO/IEC 17025 获得认可。

③ 顾客的评价或顾客批准的第二方评定等方式可作为证明实验室满足要求的证据。

3）对于某一设备，当没有具备资格的实验室时，校准服务可由原设备制造厂进行，此时组织应确保其是有相应能力的。

2.6 测量、分析和改进（标准条款：8）

2.6.1 总则（标准条款：8.1）

1. 标准条文

8 测量、分析和改进

8.1 总则

组织应策划并实施以下方面所需的监视、测量、分析和改进过程：

a）证实与产品要求的符合性；

b）确保质量管理体系的符合性；

c）持续改进质量管理体系的有效性。

这应包括对统计技术在内的适用方法及其应用程度的确定。

8.1.1 统计工具的确定

在质量先期策划中应确定每一过程适用的统计工具，并应包括在控制计划中。

8.1.2 基础统计概念知识

整个组织应理解和使用基础统计概念，如变差、控制（稳定性）、过程能力和过度调整。

2. 理解要点

（1）策划和实施监视、测量、分析和改进过程的意义

策划和实施监视、测量、分析和改进过程是为了确保：

1）产品的符合性。

2）质量管理体系的符合性。

3）持续改进质量管理体系的有效性和效率。

组织应对监视、测量、分析和改进过程（见 ISO 9001 或 ISO/TS 16949 标准之条款 8.2.1、条款 8.2.2、条款 8.2.3、条款 8.2.4、条款 8.4、条款 8.5.1、条款 8.5.2、条款 8.5.3）进行策划并实施。

注意，本条款的策划是质量管理体系策划的一部分，是 ISO 9001（或 ISO/TS 16949）之 5.4.2 条款所要求的质量管理体系策划的继续和深化。策划的程序可参考 5.4.2 的要求。

（2）策划和实施监视、测量、分析和改进过程的要点

1）策划时，应明确以下要点：

① 监视、测量、分析和改进活动的对象及应用程度。对象可以是产品、过程（过程实现策划结果的能力）、体系（体系的有效性）、顾客满意度等。

② 监视、测量、分析和改进活动的方法。方法包括统计技术。

③ 监视、测量、分析和改进活动的准则。

④ 监视、测量、分析和改进活动的地点（阶段）。

⑤ 监视、测量、分析和改进活动的频次。

⑥ 监视、测量、分析和改进活动的实施者。

⑦ 监视、测量、分析和改进活动需要的资源和装置。

⑧ 监视、测量、分析和改进活动需要的文件和记录。

⑨ 监视、测量、分析和改进活动结果的利用等。

2）策划的输出应形成文件（质量计划等）并严格实施。

（3）监视、测量、分析和改进过程与产品实现过程的关系

构成产品实现过程的各个过程需要监视；某些过程的结果需要测量；某些过程的运行需要分析，以便加以改进。这些活动需要根据组织的具体的实现过程来识别、确定。从这个意义上讲，监视、测量、分析和改进过程构成了实现过程的一组支持过程，也就是一种相互关联和相互作用的关系。

（4）常用的统计技术

1）常用的统计技术见表 2-3。

表 2-3 常用的统计技术

序号	工具和技术	应 用
1	调查表	系统地收集数据，以获取对问题的明确认识
		适用于非数字数据的工具和技术
2	分层图	将大量的有关某一主题的观点、意见或想法按组归类
3	水平对比法	把一个过程与那些公认的占领先地位的过程进行对比，以识别质量改进的机会
4	头脑风暴法	识别可能的问题解决办法和潜在的质量改进机会
5	因果图	◆ 分析和表达因果关系 ◆ 通过识别症状、分析原因、寻找措施，促进问题的解决
6	流程图	◆ 描述现有的过程 ◆ 设计新过程
7	树图	表示某一主题与其组成要素之间的关系
		适用于数字数据的工具和技术
8	控制图	◆ 诊断：评估过程的稳定性 ◆ 控制：决定某一过程何时需要调整及何时需要保持原有状态 ◆ 确认：确认某一过程的改进
9	直方图	◆ 显示数据波动的形态 ◆ 直观地传达有关过程情况的信息 ◆ 决定在何处集中力量进行改进
10	排列图	◆ 按重要性顺序显示每一项目对总体效果的作用 ◆ 排列改进的机会
11	散布图	◆ 发现和确认两组相关数据之间的关系 ◆ 确认两组相关数据之间预期的关系

2）统计技术使用的基本要求。

① 统计技术的应用应本着科学、适用、经济的原则。统计技术不是越复杂、越高级越好，组织应尽量选择有效、简单、实用的统计技术。

② 依据准确、真实的数据得出统计结果。

③ 对统计结果进行分析以找出主要的质量问题，为改进质量提供信息。

④ 对统计技术应用的有效性和效果进行监视、验证，以防止得出错误的结果，误导决策。

（5）统计工具的确定

1）组织应在质量先期策划中确定对每一过程适用的统计工具。

2）确定了的统计工具应包含在控制计划中。

（6）基础统计概念知识

组织应确保其有关人员理解和使用基础统计概念，如变差、控制（稳定性）、过程能力和过度调整，等等。

2.6.2 监视和测量——顾客满意（标准条款：8.2—8.2.1）

1. 标准条文

8.2 监视和测量

8.2.1 顾客满意

作为对质量管理体系业绩的一种测量，组织应监视顾客关于组织是否满足其要求的感受的相关信息，并确定获取和利用这种信息的方法。

注：监视顾客感受可以包括从诸如顾客满意调查、来自顾客的关于交付产品质量方面数据、用户意见调查、业务损失分析、顾客赞扬、担保索赔、经销商报告之类的来源获得输入。

注：对内部和外部顾客均应当加以考虑。

8.2.1.1 顾客满意——补充

顾客对组织的满意应通过对（产品）实现过程业绩的持续评价进行监视。业绩的指标应基于客观数据，包括但不局限于：

——交付零件的质量性能；

——顾客生产中断，包括外部退货；

——按计划交付的业绩（包括附加运费情况）；

——关于质量或交付问题的顾客通知。

组织应对制造过程的业绩进行监视，以证实其符合顾客对产品质量和过程效率的要求。

2. 理解要点

（1）顾客满意的概念

顾客满意是指顾客对其要求已被满足程度的感受。顾客满意的程度通常是随着顾客要求被满足的程度而增长的。

注意：ISO/TS 16949 所说的顾客包括内部和外部顾客，内部顾客指公司员工。

（2）顾客满意程度评价的意义

评价顾客满意程度是测量质量管理体系业绩的方法之一。顾客满意程度可以用来度量质量管理体系的有效性，也可以为实现改进提供信息。

（3）顾客满意程度的测量与监视

顾客会通过某种方式反映组织能否满足其要求。组织应对顾客反映的这些信息进行收集、整理、分析和利用。

1）明确要收集的顾客满意信息。组织首先要明确收集哪些与顾客满意程度有关的信息。与顾客满意程度有关的信息一般包括：

① 与产品要求符合性有关的信息。

② 与满足顾客的需求和期望有关的信息。

③ 与产品的价格和交付方面有关的信息，等等。

2）顾客满意信息来源。

① 顾客投诉。

② 与顾客的直接沟通。

③ 问卷与调查。

④ 专门团体、消费者组织报告。

⑤ 各种传媒报道。

⑥ 行业研究活动。

⑦ 已有的质量记录（如交付、售后服务记录），等等。

3）顾客满意信息的收集。应规定信息收集的部门、信息的载体（可以是传递信息的表格、报告等）、信息收集的渠道、信息收集的方法，确保信息传递的连续性。信息收集的方法有：问卷调查法、访问法、与顾客的直接沟通、聘请专业调查公司等。

4）顾客满意信息的整理与分析。应规定整理和分析顾客满意信息的方法，并建立起这些信息与质量管理体系业绩之间的关系。

运用统计技术时，应建立合适的数学模型和指标系统，并将这些顾客满意的有关指标与质量目标建立起联系，以利用统计分析的结果评价质量管理体系的有效性。

5）顾客满意信息的利用。通过对信息的整理和分析，得出顾客满意程度的定性（描述性）或定量（故障率、返修率、投诉率等）的结论，将这些结论与相应的质量管理体系业绩的指标（如质量目标）进行对照，用以评价质量管理体系的有效性，并找出其中的差距，采取改进措施。

（4）ISO/TS 16949 关于顾客满意的补充

1）顾客满意应通过对产品实现过程业绩的持续评价来体现。

2）业绩指标应至少包括以下几项。

① 交付零件的质量性能：指向顾客供货的质量状况，如供货 PPM。

② 顾客中断使用及使用中退回。

③ 交付计划的业绩（包括超额运费情况）：交付及时率，超额运费情况。

④ 与质量、交付有关的特殊情况给顾客的通知：给顾客通知的数量及顾客的反应情况。

3）组织应对制造过程的业绩进行监视，以证实其符合顾客对产品质量和过程效率的要求。

2.6.3 内部审核（标准条款：8.2.2）

1. 标准条文

8.2.2 内部审核

组织应按策划的时间间隔进行内部审核，以确定质量管理体系是否：

a）符合策划的安排（见7.1）、本标准的要求以及组织所确定的质量管理体系的要求；

b）得到有效实施与保持。

考虑拟审核的过程和区域的状况和重要性以及以往审核的结果，组织应对审核方案进行策划。应规定审核的准则、范围、频次和方法。审核员的选择和审核的实施应确保审核过程的客观性和公正性。审核员不应审核自己的工作。

应编制形成文件的程序，以规定审核的策划、实施以及形成记录和报告结果的职责和要求。

应保持审核及其结果的记录（见4.2.4）。

负责受审区域的管理者应确保及时采取必要的纠正和纠正措施，以消除所发现的不合格及其原因。跟踪活动应包括对所采取措施的验证和验证结果的报告（见8.5.2）。

注：作为指南，参见 ISO 19011 。

8.2.2.1 质量管理体系审核

组织应审核质量管理体系，以验证与本技术规范和任何附加的质量管理体系要求的符合性。

8.2.2.2 制造过程审核

组织应对每一个制造过程进行审核以确定其有效性。

8.2.2.3 产品审核

组织应以确定的频次，在生产和交付的适当阶段对其产品进行审核，以验证符合所有规定的要求，如产品尺寸、功能、包装和标签。

8.2.2.4 内部审核计划

内部审核应覆盖所有与质量管理有关的过程、活动和班次，且应按年度计划进行日程安排。

当内部/外部不符合或顾客抱怨发生时，应适当增加审核频次。

注：每类审核应该使用特定的检查表。

8.2.2.5 内审员资格

组织应具有有资格审核本标准要求的内部审核员（见6.2.2.2）。

2. 理解要点

见本书第2、3、4部分。

2.6.4　过程的监视和测量（标准条款：8.2.3）

1. 标准条文

8.2.3　过程的监视和测量

组织应采用适宜的方法对质量管理体系过程进行监视，并在适用时进行测量。这些方法应证实过程实现所策划的结果的能力。当未能达到所策划的结果时，应采取适当的纠正和纠正措施。

注：当确定适宜的方法时，建议组织就这些过程对产品要求的符合性和质量管理体系有效性的影响，考虑监视和测量的类型与程度。

8.2.3.1　制造过程的监视和测量

组织应对所有新的制造过程（包括装配和排序）进行过程研究，以验证其过程能力并为过程控制提供附加的输入。过程研究的结果应形成文件，适用时，包括生产、测量和试验方法的规范及维护指导书。这些文件应包括制造过程能力、可靠性、可维修性和可用性的目标及其接收准则。

组织应保持顾客零件批准过程要求中规定的制造过程能力或性能。组织应确保实施控制计划和过程流程图，包括符合规定的：

——测量技术；

——抽样计划；

——接收准则；

——当未满足接收准则时的反应计划。

应记录重要的过程事件，如更换工装、修理机器等。

组织应对统计能力不足或不稳定的特性启动控制计划中的反应计划，适当时，反应计划应包括对产品的限制和100%检验。为保证过程变得稳定和有能力，组织随后应完成明确进度和责任要求的纠正措施计划。要求时，此计划应与顾客共同评审并经顾客批准。

组织应保持过程更改生效日期的记录。

2. 理解要点

（1）过程监视和测量的目的

过程监视和测量的目的是为过程控制提供信息，以便及时采取措施，保持过程的能力。

过程能力：过程实现目标和要求的本领。

（2）过程监视和测量的实施

1）确定需要监视和测量的过程。应对质量管理体系所有的过程都进行监视，同时，根据管理的需要对特定的过程进行测量。在适当的位置设立测量点、监控点、见证点、巡回检查点、自动监测点和报警点等，实施对过程的测量和监控。

需要重点监视和测量的过程一般包括：特殊过程、产品功能的形成过程等。

2）确定监视和测量的项目及标准。监视和测量的项目应能表征过程能力。监视和测量的项目包括影响过程能力的各种因素，如人、机、料、法、环、测等。应为各种监视和测量的项目制订标准。

3）确定监视和测量的方法。方法应能够证实过程的能力满足策划的结果。方法有内部审核、工作检查、过程结果的有效性分析、观察、测量、验证、见证、检查、巡视、监督、记录分析等，应考虑使用适当的统计技术。方法可以是直接的，也可以是间接的，如通过顾客投诉监视设计过程。

4）确定监视和测量的频次。

5）确定监视和测量的实施者。

6）确定监视和测量活动所需的资源和装置。

7）确定监视和测量需要的文件和记录。

8）监视和测量结果的分析和利用。

对监视和测量结果进行分析，将分析的结论与设定的标准（策划的结果）进行比较，以评价过程的能力，如有差距，则应适时采取纠正和纠正措施。

（3）关于过程监视和测量程序文件编写的说明

对于服务业来说，标准中的“条款 8.2.3 过程的监视和测量”与“条款 8.2.4 产品的监视和测量”很难分开，因此可以在一个程序文件中规定两种内容的监视和测量要求，如“××服务过程检查程序”。

对生产型企业来说，“条款 8.2.3　过程的监视和测量”的内容一般都包含在各个过程的控制文件（程序文件、作业指导书等）之中，因此没有必要单独写一份“过程的监视和测量控制程序”。

在外审或内审时，一般是结合对质量管理体系有关过程的审核，来判断组织的质量管理体系是否符合 ISO 9001（或 ISO/TS 16949）中条款 8.2.3 的要求。

（4）过程的监视和测量与产品的监视和测量的联系与区别

过程的监视和测量与产品的监视和测量有比较紧密的关联关系，只有过程能力达到满足要求的条件，产品质量才有长期、稳定合格的保证。但是，不能将过程能力与产品的符合性要求完全等同，两者有本质的区别，详见表 2-4。

表 2-4　条款 8.2.3 与条款 8.2.4 的区别

项目	条款 8.2.3　过程的监视和测量	条款 8.2.4　产品的监视和测量
目的	监视和测量过程是否具备实现该过程的目标和满足相关要求的能力	监视和测量产品是否合格
范围	质量管理体系的全过程，但以产品实现过程为主	产品实现过程，以生产和服务提供过程为主

（续）

项目	条款 8.2.3 过程的监视和测量	条款 8.2.4 产品的监视和测量
对象	过程能力	产品（过程的结果）
依据	各过程的目标和要求，包括产品的质量目标	产品标准、规范或验收准则
内容	人、机、料、法、环、测等因素的综合评价	监视和测量产品特性是否符合规定要求
方法	管理评审、内部审核、顾客满意度调查、各种监督检查、测算过程能力指数 C_P 值或 C_{PK} 值、分析统计数据（体现规律和趋势）、产品检验和试验结果等	检验或试验以及监督检查等监视手段
结论	是否具备实现该过程的目标和要求的能力	产品合格或不合格

（5）制造过程的监视和测量（ISO/TS 16949）

1）组织应对所有新的制造过程进行过程研究（过程稳定性、过程能力的研究；测量过程的研究），以验证其过程能力，为过程控制提供附加的输入要求。

2）过程研究的结果应形成文件，包括作业指导书、检验指导书、维护指导书等。文件中应包括制造过程能力、可靠性、可维修性和可用性的目标及其接收准则。

3）组织应通过实施且符合控制计划、过程流程图、测量技术、抽样计划和当未满足接收准则时的反应计划来保持或超出 PPAP 批准时的过程能力或性能。

4）重大过程事件（更换工装、修理机器等）应有记录（可直接记录在控制图中）。

5）对不稳定的或过程能力不足的特性，组织应实施控制计划中的反应计划。反应计划应包含限制过程输出和100%的检查。为保证过程变得稳定和有能力，组织应进一步实施有明确进度和责任要求的纠正措施计划（顾客有要求时，该计划应与顾客共同评审并得到顾客批准）。

（6）过程更改控制要求（ISO/TS 16949）

当顾客要求的能力或性能改变时，控制计划应进行相应的更改。组织应保存过程更改生效日期的记录。

2.6.5 产品的监视和测量（标准条款：8.2.4）

1. 标准条款文

> 8.2.4 产品的监视和测量
>
> 组织应对产品的特性进行监视和测量，以验证产品要求已得到满足。这种监视和测量应依据所策划的安排（见7.1）在产品实现过程的适当阶段进行。应保持符合接收准则的证据。

记录应指明有权放行产品以交付给顾客的人员（见4.2.4）。

除非得到有关授权人员的批准，适用时得到顾客的批准，否则在策划的安排（见7.1）已圆满完成之前，不应向顾客放行产品和交付服务。

注：当选择产品参数以监视与规定的内部和外部要求的符合性时，组织应确定产品特性的类型，并得出：

——测量的类型；

——适当的测量方法；

——要求的能力和技术。

8.2.4.1 全尺寸检验和功能试验

应根据适用的顾客工程材料及性能标准，按控制计划的规定，对每一种产品进行全尺寸检验和功能验证。其结果应可供顾客评审。

注：全尺寸检验是对设计记录上显示的所有产品尺寸完整的测量。

8.2.4.2 外观项目

若组织生产的零件被顾客指定为“外观项目”，则组织应提供：

——适当的资源，包括评价用的照明；

——适当时，颜色、纹理、光泽、金属亮度、结构、鲜映性（DOI）的标准样品；

——外观标准样品及评价设备的维护和控制；

——对从事外观评价人员的能力和资格的验证。

2. 理解要点

（1）产品的监视和测量的目的

对产品的特性进行监视和测量，以验证产品的要求得到了满足。

注1：产品的类别有硬件、软件、流程性材料、服务或它们的组合。

注2：这里的产品包括购入的产品、产品实现过程中形成的产品、向客户提供的最终产品。

（2）产品的监视和测量的实施

1）确定监视和测量点。一般按购入、过程中和最终三个阶段设置测量和监控点。对于服务业，上述三个阶段的区别有时不是很清晰，组织应视具体情况设置监视和测量点。就监视和测量阶段而言，服务可能分为日检、周检、年检等监视和测量阶段。

2）确定监视和测量的产品特性项目及验收准则。验收准则应考虑合同、法律、法规、强制性标准的要求。

3）确定监视和测量的方法，应考虑使用适当的统计技术。

4）确定监视和测量的设备和工具。

5）确定监视和测量的频次。

6）确定监视和测量的实施者。

7）确定监视和测量需要的文件和记录。

8）监视和测量结果的处理。

根据验收准则判定产品的符合性，判断为合格的放行，不合格的执行不合格品控制程序（见标准条款8.3）。

（3）放行产品和交付服务的条件

只有规定的各阶段的监视和测量全部完成，监视和测量的结果符合规定的产品特性要求时，才能放行产品和交付服务。

如果有授权人员的批准（有合同规定时，必须有顾客的批准），放行产品和交付服务可以有特例。也就是说对产品规定的监视和测量未全部完成时，也可以放行产品和交付服务，但必须有授权人员的批准。应当注意的是，上述放行不得违反法律法规。

（4）产品的监视和测量的记录要求

监视和测量的记录（符合验收准则的证据）要真实、清楚，记录上应标明负责产品放行的授权责任者。应按质量记录控制的要求控制产品监视和测量的记录。

（5）全尺寸检验和功能试验

应按控制计划的规定，依据顾客的工程材料及性能标准对所有产品进行全尺寸检验及功能验证。全尺寸检验和功能试验的结果应能供顾客评审。除非顾客有要求，否则一般一年要进行一次全尺寸检验和功能试验。

（6）外观项目

1）在评价区内应有适当的照明。

2）应能得到所有适当的标准样件。

3）标准样件和评价设备应得到了充分的维护和控制。

4）对外观检验人员的资格应进行了验证。

2.6.6 不合格品控制（标准条款：8.3）

1. 标准条文

8.3 不合格品控制

组织应确保不符合产品要求的产品得到识别和控制，以防止其非预期的使用或交付。应编制形成文件的程序，以规定不合格品控制以及不合格品处置的有关职责和权限。

适用时，组织应通过下列一种或几种途径处置不合格品：

a）采取措施，消除发现的不合格；

b）经有关授权人员批准，适用时经顾客批准，让步使用、放行或接收不合格品；

c）采取措施，防止其原预期的使用或应用。

d）当在交付或开始使用后发现产品不合格时，组织应采取与不合格的影响或潜在影响的程度相适应的措施。

在不合格品得到纠正之后应对其再次进行验证，以证实符合要求。

应保持不合格的性质的记录以及随后所采取的任何措施的记录，包括所批准的让步的记录（见条款4.2.4）。

8.3.1 不合格品控制——补充

状态未经标识或可疑的产品，应归类为不合格品（见7.5.3）。

8.3.2 返工产品的控制

返工指导书，包括重新检验的要求，应易于被适当的人员得到并使用。

8.3.3 顾客通知

一旦发生不合格品被发运，应立即通知顾客。

8.3.4 顾客特许

无论何时，只要产品或制造过程与当前批准的不同，在继续生产之前，组织应获得顾客的让步或偏离许可。

组织应保持授权的期限或数量方面的记录。当授权期满时，组织还应确保符合原有的或替代的规范和要求。经授权的材料装运时，应在每一集装箱上作恰当的标识。

此规定同样适用于采购的产品。在提交给顾客前，组织应与供方就其提出的任何要求达成一致。

2. 理解要点

（1）几个重要的术语解释与理解

1）"不合格"与"缺陷"。

不合格：未满足要求。

注：要求是指明示的、通常隐含的或必须履行的需求或期望。

缺陷：未满足与预期或规定用途有关的要求。

注1：区分缺陷与不合格的概念是重要的，这是因为其中有法律内涵，特别是与产品责任问题有关。因此，术语"缺陷"应慎用。

注2：顾客希望的预期用途可能受供方信息的内容的影响，如所提供的操作或维护说明。

可以看出："缺陷"是一种特定范围内的"不合格"，往往涉及产品责任，有法律内涵，应当慎用。

2）"返修"与"返工"。

返修：为使不合格产品满足预期用途而对其所采取的措施。

注：返修包括对以前是合格的产品，为重新使用所采取的修复措施，如作为维修的一部分。

返工：为使不合格产品符合要求而对其所采取的措施。

注：返修与返工不同，返修可影响或改变不合格产品的某些部分。

经返工的产品可以成为合格品。返修品一定是不合格品，但能满足预期的使用。

3）“偏离许可”与“让步”。

偏离许可：产品实现前，偏离原规定要求的许可。

注：偏离许可通常是在限定的产品数量或期限内并针对特定的用途。

让步：对使用或放行不符合规定要求的产品的许可。

注：让步通常仅限于在商定的时间或数量内，对含有不合格特性的产品的交付。

一般而言，“偏离许可”是在产品生产前，允许其偏离原规定的许可；而“让步”是在产品生产后，对其中的不合格品的一种处理措施。

“偏离许可”、“让步”都是一次性的，并限定一定的数量和范围（时间期限）。“偏离许可”、“让步”的结果一定不能影响预期的使用目的。

4）“降级”与“报废”。

降级：为使不合格产品符合不同于原有的要求而对其等级的改变。

报废：为避免不合格产品原有的预期用途而对其所采取的措施。

示例：回收、销毁。

注：对不合格服务的情况，是通过终止服务来避免其使用。

（2）不合格品控制的目的

不合格品控制的目的：防止不合格品非预期的使用和交付。

（3）不合格品的控制

建立和保持不合格品控制的程序文件，对不合格品控制的过程和方法、不合格品处理的职责和权限作出规定。

1）识别不合格品。一旦发现不合格品，应及时作出标识以示与合格品的区别。可能时，对不合格品进行隔离。

2）记录不合格品的状况。应作好不合格品的状况记录，状况记录涉及时间、地点、批次、产品编号、缺陷描述、所用设备等。做好记录后，应及时向职能部门通报。

3）评审不合格品。评审不合格品，决定应作哪种处置，作出记录。不合格品评审的方式视组织的具体情况而定，有的组织只需品质管理部做出评审结论即可，而有的组织则由多个部门（技术、品管、生产、物控等部门）组成评审组进行。

4）实施所决定的处置方式。处置方式包括下列的一种或多种方式。

① 采取措施消除发现的不合格，如返工、报废、拒收、重新提供服务、更换已供产品等。

② 经授权人员批准（有合同规定时，必须得到顾客的批准），接受、放行、让步使用不合格品。

③ 用于原有目的以外的地方，如改作他用或降级使用。

注：降级的产品必须符合降低等级后的规定。

处置的结果应予以记录。

5）对纠正后的产品，如返工、返修后的产品，应进行再次验证，以证实符合规定的要求或满足预期的使用要求。

6）对在产品交付及投入使用后发现的不合格，企业应采取适当的措施加以解决，以消除不合格造成的影响或潜在的影响。措施包括调换、修理、赔偿、致歉、停止供货、追回、停用等。同时，还应采取纠正措施，防止问题的再发生。

7）对不合格的状况、评审结论、处置情况应予以记录，并按“条款 4.2.4 质量记录控制”的要求进行管理。

（4）不合格品控制的补充

状态未经标识或可疑的产品，应归类为不合格产品。

可疑产品：无标识或标识不清、仪器失准时的测量品、过程参数异常品、受外力作用时所生产的产品、已过保存期限的库存品。

（5）返工产品的控制

1）有关操作者在工作场所应易于得到并使用返工指导书。

2）将可见到返工痕迹的产品用于维修用途时，应得到顾客维修部门的批准。

（6）顾客通知

如果有不合格品被发运时，应立即通知顾客，并进行必要的追回工作。

（7）顾客特许

1）当产品或过程与现行批准的产品或过程不同时，组织应得到顾客的授权批准。

2）组织应保存顾客特许的产品授权（EAPAs）的期限和数量的记录。

3）当授权期满时，应确保符合原有的或替代的规范和要求。

4）被批准的材料装运时，应在每一个集装箱上都作适当的标识。

5）此要求也适用于供方。

2.6.7 数据分析（标准条款：8.4）

1. 标准条文

> 8.4 数据分析
>
> 组织应确定、收集和分析适当的数据，以证实质量管理体系的适宜性和有效性，并评价在何处可以持续改进质量管理体系的有效性。这应包括来自监视和测量的结果以及其他有关来源的数据。
>
> 数据分析应提供以下有关方面的信息：
>
> a）顾客满意（见 8.2.1）；
>
> b）与产品要求的符合性（见 8.2.4）；
>
> c）过程和产品的特性及趋势，包括采取预防措施的机会（见 8.2.3 和 8.2.4）；
>
> d）供方（见 7.4）。
>
> 8.4.1 数据的分析和使用
>
> 质量和运行业绩的趋势应与实现目标的进展进行比较，并形成措施以支持：
>
> ——确定迅速解决与顾客相关问题的优先顺序；
>
> ——确定与顾客相关的关键趋势和相互关系以支持状况评审、决策和长期策划；
>
> ——及时报告产品使用信息的信息系统。
>
> 注：应当将数据与竞争对手和/或适用的基准进行比较。

2. 理解要点

（1）数据分析的目的

1）证实质量管理体系的适宜性和有效性。

2）评估何处需要持续改进质量管理体系的有效性。

注：数据可以理解为能够客观地反映事实的资料和数字。

（2）数据分析的管理

1）确定要收集的数据。这些数据包括与顾客、产品、过程、体系有关的数据，如以下各项：

① 产品监视和测量记录。

② 不合格品记录。

③ 顾客投诉、售后维修记录。

④ 过程确认报告、过程监视和测量记录。

⑤ 服务报告（包括交付情况）。

⑥ 生产计划达成、生产效率的数据。

⑦ 供应商交货记录。

⑧ 顾客满意度评价记录、市场调查记录。

⑨ 审核报告、管理评审报告，等等。

2）数据的来源。

① 监视和测量的输出（见 ISO 9001（或 ISO/TS 16949）之条款 8.2.1 至条款 8.2.4）。

② 竞争对手。

③ 供方。

④ 相关过程记录（设计，采购等）。

⑤ 专业团体、行业主管部门及政府部门。

⑥ 媒体报道，等等。

3）数据的收集。应规定数据收集的部门、数据的载体（可以是传递数据的表格、报告等）、数据收集的渠道、数据收集的方法，确保数据传递的连续性。

数据收集的方法包括直接采用已有的质量记录，也可采用交谈、调查等方式。

4）数据的整理与分析。应规定由哪些部门对数据进行分类整理、分析，分析形成的结论文件应怎样汇总、传递。应规定整理和分析数据的方法，并建立起这些数据与组织的计划和目标的适当的关系，以评价组织的业绩并确定需改进的领域。

整理和分析数据时，应使用适当的统计技术。运用统计技术时，可考虑建立合适的数学模型和指标系统，并将这些指标与组织的计划和目标建立起联系。

5）数据分析结果的利用。

① 数据分析结果可用于确定以下内容：

a. 顾客满意程度。

b. 产品要求的符合性（产品的要求见 ISO 9001（或 ISO/TS 16949）之条款 7.2.1）。

c. 过程、产品的特性及其趋势，以及采取预防措施的时机。

d. 供方的供货情况。

② 将数据分析的结果与组织的计划和目标进行对照，以评价组织质量管理体系的业绩（运行、财务、市场等业绩）、有效性和效率，并确定改进的领域。

③ 利用数据分析的结果，确定问题的原因并采取有效的改进措施。

(3) 数据的分析和使用（ISO/TS 16949）

1）应将质量和运行业绩趋势与经营计划中所确定的目标进行比较，并根据比较结果形成措施以支持下列工作：

① 确定迅速解决与顾客相关问题的优先顺序。

② 确定与顾客相关的关键趋势和相互关系，以支持现状评审（如标准条款5.6.1.1 质量管理体系业绩评审）、决策和长期策划。

③ 及时报告产品使用信息的信息系统。

2）应将数据与竞争对手和/或适当的基准加以比较，以识别差距和支持目标改进。

3）数据的确定、收集和分析活动应支持经营计划的实施和管理目标的实现。

2.6.8 改进——持续改进（标准条款：8.5—8.5.1）

1. 标准条文

> 8.5 改进
>
> 8.5.1 持续改进
>
> 组织应利用质量方针、质量目标、审核结果、数据分析、纠正和预防措施以及管理评审，持续改进质量管理体系的有效性。
>
> 8.5.1.1 组织的持续改进
>
> 组织应确定一个持续改进的过程。
>
> 8.5.1.2 制造过程的改进
>
> 制造过程改进应持续地关注于产品特性及制造过程参数变差的控制和减少。
>
> 注1：在控制计划中将受控特性形成文件。
>
> 注2：持续改进是当制造过程有能力且稳定或当产品特性可预测且满足顾客要求时实施的。

2. 理解要点

(1) 术语解释

1）质量改进：质量管理的一部分，致力于增强满足质量要求的能力。

注：要求可以是有关任何方面的，如有效性、效率或可追溯性。

2）持续改进：增强满足要求的能力的循环活动。

注：制订改进目标和寻求改进机会的过程是一个持续过程，该过程使用审核发现和审核结论、数据分析、管理评审或其他方法，其结果通常导致纠正措施或预防措施。

3）有效性：完成策划的活动和达到策划结果的程度。

4）效率：达到的结果与所使用的资源之间的关系。

(2) 质量改进的目的

质量改进的目的是提高质量管理体系的有效性。

(3) 与质量管理体系持续改进有关的活动

在实施质量管理体系的持续改进时，应充分利用下列活动。

1) 建立质量方针和质量目标：质量方针和质量目标的建立，既有利于营造一个激励改进的氛围和环境，又能为改进活动提供准则及方向。质量方针应体现持续改进的内容，质量目标应为持续改进不断调整。

2) 审核与数据分析：利用审核与数据分析的结果，识别改进的领域。审核的结果应能证明有持续改进；数据分析应能提供有持续改进的证据并证明有持续改进的趋势。

3) 管理评审：通过评价质量管理体系变更的需要，识别其改进的机会，提出改进措施。管理评审的输出中应有持续改进的内容。

4) 纠正和预防措施：消除问题原因或潜在原因，防止出现不合格或类似不合格再次发生。应能证明纠正和预防措施的实施有助于质量管理体系的持续改进。

(4) 改进的分类

质量改进活动可以分为维持性的质量改进活动与突破性的质量改进活动。

1) 维持性的质量改进活动：指维持现有水平的质量改进活动。纠正措施、预防措施属于维持性的质量改进活动。

2) 突破性的质量改进活动：指突破现有水平的质量改进活动，如质量目标的调整、生产工艺的优化、产品的技术革新、提高材料的利用率、提高顾客满意度等。

各类质量改进活动的区别见表2-5。

表2-5 各类质量改进活动的区别

<table>
<tr><td rowspan="3">对比项目</td><td colspan="3">质量改进活动</td></tr>
<tr><td colspan="2">维持性的质量改进活动</td><td rowspan="2">突破性的质量改进活动</td></tr>
<tr><td>纠正措施</td><td>预防措施</td></tr>
<tr><td>类型</td><td>被动型</td><td>主动型</td><td>超越型</td></tr>
<tr><td>起点</td><td>现存的不合格</td><td>潜在的不合格</td><td>目前的合格水平</td></tr>
<tr><td>目的</td><td>消除现有的不合格原因，
防止再发生不合格</td><td>消除潜在的不合格原因，
防止不合格出现</td><td>超出目前质量水平</td></tr>
<tr><td>结果</td><td colspan="2">维持现有水平</td><td>突破原有水平</td></tr>
</table>

(5) 各类改进的管理

1) 维持性质量改进活动的管理。

参见“纠正措施”及“预防措施”的管理。

2）突破性质量改进活动的管理。

① 识别改进机会，确定改进项目。企业中应有专门的组织统筹、确定质量改进项目，任何成员均可参与发起质量改进项目。组织从收集到的内外部质量信息中，识别持续改进的机会并确定改进项目。质量信息包括有关问题和提高有效性、适应顾客新的需要和期望方面的信息，它包括全部质量记录记载的信息。

② 成立质量改进组织。应明确组织成员的职责、权限和接口关系，应指定负责人，明确由谁负责指导，由谁负责“诊断”等。

③ 制订质量改进计划。制订质量改进计划包括：改进项目、改进目标、过程步骤（完成期限）、责任分工、资源保障（人、财、物等）等。

④ 现状分析及原因调查。

⑤ 确定改进措施并实施。

⑥ 改进效果的验证和确认。

⑦ 改进成果的保持，再改进项目的确定。质量改进结果经确认后，需保持下来，把变革的成果纳入管理标准和技术标准中，包括对规范/操作/管理程序及方法进行更改，对有关人员进行教育和培训，确保这些改进成果成为有关人员工作内容的一个组成部分。

如果所希望的改进已获得理想的结果，则应选择和实施新的质量改进项目或活动。

（6）组织的持续改进

组织应确定一个持续改进的过程。

（7）制造过程的改进

制造过程的改进应持续地关注于产品特性及制造过程参数变差的控制和减少。

2.6.9 纠正措施（标准条款：8.5.2）

1. 标准条文

8.5.2 纠正措施 组织应采取措施，以消除不合格的原因，防止不合格的再发生。纠正措施应与所遇到不合格的影响程度相适应。 应编制形成文件的程序，以规定以下方面的要求： a）评审不合格（包括顾客抱怨）； b）确定不合格的原因； c）评价确保不合格不再发生的措施的需求；

d）确定和实施所需的措施；

e）记录所采取措施的结果（见4.2.4）；

f）评审所采取的纠正措施的有效性。

8.5.2.1 解决问题

组织应有一个确定的过程用于解决问题，使根本原因得到识别并消除。

若有顾客规定的解决问题的方式，则组织应采用此方式。

8.5.2.2 防错

组织应在纠正措施的过程中采用防错方法。

8.5.2.3 纠正措施影响

组织应将纠正措施和实施的控制应用于其他类似的过程和产品，以消除不合格原因。

8.5.2.4 拒收产品的试验/分析

组织应对顾客的制造厂、工程部门及经销商拒收的零件进行分析。组织应尽可能缩短该过程的周期。应保存分析的记录，而且在要求时可以提供。组织应进行分析，并采取纠正措施，以防止再发生。

注：与拒收产品分析有关的周期应当与确定根本原因、纠正措施和实施有效性监视相一致。

2. 理解要点

（1）纠正与纠正措施

1）定义。

纠正：为消除已发现的不合格所采取的措施。

注1：纠正可连同纠正措施一起实施。

注2：返工或降级可作为纠正的示例。

纠正措施 ：为消除已发现的不合格或其他不期望情况的原因所采取的措施。

注1：一个不合格可以有若干个原因。

注2：采取纠正措施是为了防止再发生，而采取预防措施是为了防止发生。

注3：纠正和纠正措施是有区别的。

2）纠正与纠正措施的区别。纠正是针对已发现的不合格采取的措施，可涉及返工或降级。纠正措施是针对已发现不合格的原因采取的措施，采取纠正措施是为了防止再发生。纠正可以和纠正措施一同采取，也可以分开采取。

（2）纠正措施控制程序的建立和实施

应建立并维护纠正措施的文件化的程序，程序中应规定以下内容。

1）评审不合格。应对收集来的质量管理体系中产生的各种不合格信息进行分析、评审，以确定不合格信息的正确与完整。之所以要评审不合格，是因为有的不合格信息可能不正确，如顾客投诉中表达的不满意可能是不正确的。

通过评审，还能确定不合格的严重程度和影响。

应明确不合格的信息来源，规定信息的传播途径。信息来源可以有下列几项：

① 顾客抱怨、投诉。

② 不合格报告、审核报告。

③ 管理评审的输出。

④ 数据分析的输出。

⑤ 满意度测量的输出。

⑥ 产品、过程的测量和监控记录。

⑦ 内部工作人员的意见和各种报告。

⑧ 自我评价结果。

⑨ 相关的质量管理体系记录。

2）确定不合格的原因。调查问题产生的原因，分析它们之间的因果关系，从中找出主导因素和根本原因，适宜时可借助统计技术。原因有孤立的、偶然的和系统的，对于系统原因，要考虑采取纠正措施的需要。不合格的原因可能来自下列几个方面：

① 用于产品生产、储存或搬运等过程的材料、工具设备或设施本身不合格或存在故障。

② 操作人员失误所致。

③ 缺少文件或文件不当。

④ 没有执行有关文件的要求。

⑤ 过程控制不当。

⑥ 计划安排不当。

⑦ 缺乏培训。

⑧ 工作环境不适宜。

⑨ 缺少资源等。

3）纠正措施需求的评价。采取纠正措施要发生费用的使用，因此应根据问题对性能、成本、业绩、安全和顾客满意等方面的影响，确定是否采取纠正措施，以及采取怎样的纠正措施。

纠正措施应与所遇到问题的影响程度相适应，应避免大问题不抓，小问题大做文章。

4）确定纠正措施并实施。针对分析的原因，制订纠正措施，纠正措施应明确实施的责任部门、实施的步骤、完成日期和进度。

采取纠正措施时应考虑效率和有效性，实施过程中，应对纠正措施进行监控以确保纠正措施的及时性和有效性。

5）对纠正措施的有效性进行跟踪评审。每项纠正措施完成后，都要对其有效性进行评审，评审其是否能够防止类似不合格继续发生。评审要证实下列内容：

① 找到了不合格的根本原因。

② 纠正措施是有效的。

③ 所涉及的人员已适应了纠正措施引起变化后的情况。

④ 修改有关文件和记录以反映发生的变化等。

如果纠正措施经评审是无效的或者效果不明显，则应重新进行调查和分析，采取新的纠正措施，直到问题得到解决。

6）记录纠正措施的结果。对纠正措施的结果，包括原因分析、纠正措施的内容、完成情况、评审的结果等，都应进行记录。

（3）纠正措施中的一些注意事项

1）并不是每次发生不合格都要立即采取纠正措施，但要定期分析不合格的类型，对重要的、有倾向性的、共性的不合格，应采取必要的纠正措施。

2）纠正措施与不合格控制的区别。纠正措施是针对不合格的原因采取措施，防止不合格的再次发生（由表及里）。不合格的控制是针对已有的不合格品采取措施（就事论事）。

3）纠正措施产生的永久性更改应归纳到作业指导书及有关的质量体系文件之中。

4）将纠正措施的情况提交管理评审。

（4）解决问题

1）组织应有一个确定的过程用于解决问题，使根本原因得到识别并消除。

2）如果有顾客规定的解决问题的方式，组织应采用此方式来解决问题。

（5）防错

组织在其纠正和预防措施中应采用适当的防错技术。

（6）纠正措施影响

组织应考虑纠正措施对其他产品的影响。应考虑将纠正措施应用于其他类似的过程和产品，以消除不合格的原因。

（7）拒收产品的试验/分析

1）对从顾客的制造厂、工程部门及经销商处退回的产品应进行及时的分析。应保存分析记录并在需要时可以得到这些记录。

2）应尽可能缩短退货产品试验/分析过程的周期。

3）必要时，组织应采取纠正措施以防止再发生。

2.6.10 预防措施（标准条款：8.5.3）

1. 标准条文

> 8.5.3 预防措施
>
> 组织应确定措施，以消除潜在不合格的原因，防止不合格的发生。预防措施应与潜在问题的影响程度相适应。
>
> 应编制形成文件的程序，以规定以下方面的要求：
>
> a）确定潜在不合格及其原因；
>
> b）评价防止不合格发生的措施的需求；
>
> c）确定并实施所需的措施；
>
> d）记录所采取措施的结果（见 4.2.4）；
>
> e）评审所采取的预防措施的有效性。

2. 理解要点

（1）纠正措施与预防措施

> 预防措施：为消除潜在不合格或其他潜在不期望情况的原因所采取的措施。
>
> 注 1：一个潜在不合格可以有若干个原因。
>
> 注 2：采取预防措施是为了防止发生，而采取纠正措施是为了防止再发生。

纠正措施和预防措施的区别见表 2-6。

表 2-6 纠正措施与预防措施的区别

项　　目	纠 正 措 施	预 防 措 施
类型	被动型	主动型
起点	现存的不合格	潜在的不合格
目的	消除实际不合格原因，防止再发生不合格	消除潜在不合格原因，防止不合格出现

（2）预防措施控制程序的建立和实施

应建立并保持预防措施的文件化的程序，程序文件中应规定以下内容。

1）确定潜在的不合格及其原因。利用信息源，确定潜在的不合格及其原因。确定采取预防措施所需的信息，除包括确定采取纠正措施所需的信息外，还包括顾客的需求和期望、市场分析、自我评价结果、运作条件失控的早期报警等信息，它包括全部质量记录记载的信息。

要在大量的信息中发现潜在的不合格及其原因，必须采取适当的方法，如风险分析、趋势分析、统计分析、故障树分析、故障模式影响及危害度分析等。

2）采取预防措施必要性的评价。采取预防措施是要发生费用的。因此应分析潜在的不合格在技术上（可信性，安全性等）和经济上的影响程度，在权衡风险和成本以及平衡顾客、组织和社会等方面的利益的基础上，确定是否采取预防措施，以及采取怎样的预防措施。

3）确定并实施所需的预防措施。针对潜在的不合格，制订预防措施。预防措施中应确定实施的步骤、实施的责任部门及配合部门、完成日期和进度。

实施过程中要对预防措施进行监控以确保其有效。

4）对预防措施的有效性进行评审。每项预防措施完成后，都要对其有效性进行评审，评审其是否能够达到预定的要求，是否能防止不合格的发生。

5）记录预防措施的结果。对预防措施的结果，包括原因分析、预防措施的内容、完成情况、评审结论等，都应进行记录。

（3）预防措施中的一些注意事项

1）所采取的预防措施应与潜在问题的影响程度相适应，应防止大问题不抓，小问题大做文章的情况。

2）将预防措施实施的情况提交管理评审。

第2部分

内部质量管理体系审核

ISO/TS 16949:2009

第3章 审核概论

3.1　与审核有关的术语与定义

1. 审核

> 为获得审核证据并对其进行客观的评价，以确定满足审核准则的程度所进行的系统的、独立的并形成文件的过程。

审核的系统性体现在审核是一种正式且有序的活动。“正式”主要是指外部审核是按合同进行的，内部审核是由最高管理者授权的；“有序”则是指有组织、有计划并按规定的程序和规则进行，包括审核前应准备好审核文件，审核后应提出审核报告，并进行纠正措施的跟踪。

所谓“独立”是指应保持审核的独立性和公正性，包括审核应由与受审核方无直接经济利害关系或行政隶属关系的审核员独立地进行，审核员在审核中应尊重客观事实，在第三方审核的情况下不得对受审核方既提供咨询又进行审核等。

审核过程以文件化的方式加以记录，审核结果可真实地反映组织的质量管理状况，具有可再现性。

2. 审核方案

> 针对特定时间段所策划，并具有特定目的的一组（一次或多次）审核。
>
> 注：审核方案包括策划、组织和实施审核的所有必要的活动。

3. 审核准则

> 用作依据的一组方针、程序或要求。

审核准则又称审核依据，通常包括标准、相关的法律法规和组织的质量管理体系文件。

4. 审核证据

> 与审核准则有关的并且能够证实的记录、事实陈述或其他信息。
> 注：审核证据可以是定性的或定量的。

审核证据可以是审核员在审核范围内查阅的文件、记录，也可以是现场审核观察到的现象，还可以是自己或他人测量与试验的结果，受审核人的谈话也可以作为审核证据。

5. 审核发现

> 将收集到的审核证据对照审核准则进行评价的结果。
> 注：审核发现能表明符合或不符合审核准则，或指出改进的机会。

审核发现是审核得出的评价结果，这种结果是依据审核准则，在审核证据的基础上做出的。审核发现是编制审核报告的基础。

6. 审核结论

> 审核组考虑了审核目标和所有审核发现后得出的最终审核结果。

审核结论是在审核发现的基础上做出的，是对质量管理体系审核的结论性意见。

7. 审核委托方

> 要求审核的组织或人员。

委托方可以是受审核方，也可以是受审核方的上级管理组织，或是具有法人或合同权力提出审核委托的其他组织。

8. 受审核方

> 被审核的组织。

9. 审核员

> 有能力实施审核的人员。

10. 审核组

> 实施审核的一名或多名审核员，需要时，由技术专家提供支持。
> 注1：指定审核组中的一名审核员为审核组长。
> 注2：审核组可包括实习审核员。

11. 技术专家

向审核组提供特定知识或技术的人员。

注1：特定知识或技术是指与受审核的组织、过程或活动，或语言或文化有关的知识或技术。

注2：在审核组中，技术专家不作为审核员。

专家可以作为审核组成员参与审核工作，为审核组提供技术支持，但不做审核结论。

3.2 质量管理体系审核的目的

质量管理体系审核按审核方与受审核方的关系，可分为内部审核和外部审核两种类型。按实施审核的审核人员来分，可分为第一方审核（内部审核）、第二方审核和第三方审核。

3.2.1 第一方审核（内部审核）的目的

第一方审核又称为内部质量管理体系审核，是由组织的成员或其他人员以组织的名义进行的审核。这种审核是组织建立的一种自我检查、自我完善的持续地改进活动，可为有效的管理评审和纠正、预防或持续改进措施提供信息。

内部质量管理体系审核的目的有以下几项。

(1) 保障质量管理体系的正常运行和持续改进

组织在建立了文件化的质量管理体系之后，进入体系的正常运作。在运作过程中，文件化的体系能否正确实施，实施的效果如何，是否能达到方针目标的要求，这就需要组织建立一个自我发现问题、自我完善和自我改进的机制。事实证明，一个缺少监督检查机制的管理体系，不能保证持续有效的运行，也不能持续地改进提高。因此，有效的内部审核是克服组织内部的惰性、促使质量管理体系良性运作的动力。

(2) 为第二方和第三方审核做准备

在第二方或第三方审核前，组织安排进行内部审核，可及早发现不符合项目并进行整改，以便为顺利通过第二方或第三方审核扫清障碍，也可减少不必要的经济损失。

(3) 作为一种管理手段

内部审核通过对组织质量管理体系的运行情况进行评定，找出组织质量管理体系存在的问题，进而找出改进的途径，可为组织完善其质量管理体系提供依据。因而内部质量管理体系审核为组织的质量管理提供了有效的评价和检查手段。

3.2.2 第二方审核的目的

第二方审核是在某种合同要求的情况下，由与组织有某种利益关系的相关方或由其他人员以相关方的名义实施的审核。例如，组织的顾客亲自或委托第三方认证机构以其名义对该组织质量管理体系进行的审核。

第二方审核的目的有以下内容。

(1) 选择合适的供应商或合作伙伴

随着世界各国对质量的日益重视，有关法规也日益完善，组织为了自身的利益，在选择供应商或合作伙伴时，往往会对其提出质量管理的要求。一个拥有良好的质量管理体系的组织，将是顾客优先选择的对象。

(2) 证实供应商或合作伙伴满足规定要求

合同签订后，由组织或其委托的人员对供应商或合作伙伴的质量管理体系进行审核，以证实其质量管理体系持续满足规定的要求，给组织以继续合作的信心。

(3) 促进供应商或合作伙伴改进质量管理体系

通过第二方审核，使供应商或合作伙伴了解组织对质量管理体系的要求，指出供应商或合作伙伴质量管理体系存在的不足之处，帮助其进行改进，使双方建立更为密切的互利关系。

3.2.3 第三方审核的目的

第三方审核是由独立于受审核方且不受其经济利益制约或不存在行政隶属关系的第三方机构依据特定的审核准则，按规定的程序和方法对受审核方进行的审核。

在第三方审核中，由国家认可的认证机构依据认证制度的要求，实施以认证为目的的审核，又称为认证审核，有时简称认证。

第三方审核的目的有以下几项。

(1) 向外界展示组织的质量管理体系是符合要求的

通过第三方审核注册，为受审核方提供符合性的客观证明和书面保证，向所有的相关方证明组织的质量管理体系是符合规定要求的。这样可以为组织在社会上树立良好的形象，使组织在市场上更具有竞争力。

(2) 实施、保持和改进组织的质量管理体系

通过第三方的审核和年度的监督审核，促使组织坚持按照标准保持质量管理体系的有效运行，并可借助第三方专家的经验和专长，进一步改进和完善组织的质量管理体系。

（3）满足相关方的要求

当相关方要求组织通过质量管理体系认证时，组织通过认证审核，获得注册证书，以满足相关方的要求。

3.3 内部、外部质量管理体系审核的区别

内部质量管理体系审核与外部质量管理体系审核在审核的目的、审核方的组成、审核准则、审核人员以及审核后的处理等方面均不同，表3-1列出了它们的区别。

表3-1 内部、外部审核的区别

分类	内部质量管理体系审核	外部质量管理体系审核
目的	审核质量管理体系的符合性、有效性，采取纠正措施，使体系正常运行并持续改进	第二方审核：选择合适的合作伙伴（供应商）；证实合作方持续满足规定和要求；促进合作方改进质量管理体系 第三方审核：导致认证，注册
审核方	第一方	第二方、第三方
准则	ISO 9001（或ISO/TS 16949）标准 企业质量管理体系文件 适用于组织的法律法规及其他要求	第二方审核：合同、企业质量管理体系文件、适用于受审核方的法律法规及其他要求 第三方审核：ISO 9001（或ISO/TS 16949）标准、企业质量管理体系文件、适用于受审核方的法律法规及其他要求
审核方案	集中/滚动式审核	集中式审核
审核员	有资格的内审员，也可聘用外部审核员	第二方审核：自己或外聘的审核员 第三方审核：国家注册审核员
文件审查	根据需要安排	必须进行
审核报告	提交不符合报告和采取纠正措施的建议	只提不符合报告
纠正措施	重视纠正措施。对纠正措施计划不作具体咨询，但可提出方向性意见供参考。对纠正措施的完成情况不仅要跟踪验证，还要分析研究其有效性	对纠正不能作咨询，对纠正措施计划的实施要跟踪验证
监督检查	无此内容	认证或认可后，每年至少进行1次监督检查

3.4 质量管理体系审核的特点

1. 被审核的管理体系必须是正规的

ISO 9001（或 ISO/TS 16949）标准强调组织的质量管理体系要文件化，只有建立文件化的管理体系，管理体系才能规范运作，才有比较和评价的可能。具有文件化的质量管理体系是审核对象的必备条件。

2. 管理体系审核必须是一种正式的活动

管理体系审核的“正式”性主要体现在以下方面：

1）无论是外审还是内审，都需要经过相关的管理者/委托方授权批准才能进行，第三方审核还需根据合同进行。

2）管理体系审核有规范的程序和方法。从审核的准备到审核的实施和审核后的跟踪验证都有规范的程序和做法。

3）审核工作必须由经过培训且经过资格认可的人员进行。不管是外部或是内部审核，审核人员都需经过正规的培训并取得相应的资格才能进行审核工作。

4）审核必须形成书面的文件。审核计划、审核表、审核记录、审核报告等都要形成书面文件。

3. 质量管理体系审核必须具有客观性、独立性和系统性

审核的客观性、独立性和系统性是开展审核的三个核心原则。

客观性是指审核员要以充分的证据为基础，公正、客观地评价审核对象，不能带有偏见地、主观地给出审核结论。

独立性是指审核员要与被审核的领域无直接责任关系。在外部审核中，审核员应与受审核方无任何利益关系。在内部审核中，一般来说本部门人员不能审核本部门。

系统性是指审核员要按规定的程序全面地审核和评价与审核对象有关的各项活动和结果。

4. 质量管理体系审核采用抽样的方法

由于时间和人员的限制以及体系运行的连续性，要在规定的时间内完成对体系各个方面的审核工作，只能采取抽样检查的方法。抽样应做到随机抽样，要有代表性，但部门和体系过程（或要素）不能抽样。

3.5 质量管理体系审核的基本原则

审核原则是审核员实施审核活动中所必须遵循的，是对审核员行为的职业规范要求，同时也保证了审核在受控的条件下有序地进行。审核的特征在于其遵循若干原则。这些原则使审核成为支持质量方针和质量管理的有效与可靠的工具，并为组织提供可以改进其绩效的信息。遵循这些原则是得出相应的、充分的审核结论的前提，也是审核员独立工作时，在相似的情况下得出相似结论的前提。

审核原则包括两个方面共5项原则，其中与审核员相关的有3项，与审核相关的有2项。

1. 与审核员有关的原则

（1）道德行为——职业的基础

对审核员而言，诚信、正直、保守秘密和谨慎是最基本的素质。

诚信是指诚实和守信用。审核员应按照审核的程序和要求来开展审核活动，要尊重客观事实。正直是指公正坦率，秉公行事，襟怀坦荡。保守秘密是指在审核过程中，审核员可能接触到受审核方在商业、管理、产品等方面的各种信息，对此应严格遵守保密承诺，在未经受审核方允许的情况下不得向任何第三方泄露，以维护受审核方的合法权益。谨慎是要求审核员以严谨的态度从事审核工作。

（2）公正表达——真实、准确地报告的义务

公正是公平正直。审核员提出的审核发现、审核结论和审核报告应真实、准确地反映审核活动，真实、准确地报告在审核过程中所遇到的明显的障碍以及在审核组和受审核方之间没有解决的或有分歧的意见。

（3）职业素养——勤奋并具有判断力

审核员珍视他们所执行的任务以及组织对自己的信任，具有必要的能力是一个重要的素养。审核是一项紧张而高要求的工作，审核员应该勤奋，善于学习，努力工作，不断提高自身的素养和审核的能力水平。

2. 与审核有关的原则

（1）独立性

独立性是审核的公正性和审核结论的客观性的基础。

审核员独立于受审核的活动，并且不带偏见，没有利益上的冲突。审核员在审核过程中保持客观的心态，以保证审核发现和结论仅建立在审核证据的基础上。只有审核员具有独立性，才能保证客观、公正地收集审核证据，做出准确的审核结论。

（2）基于证据的方法

在一个系统的审核过程中，基于证据的方法是得出可信的和可重现的审核结论的合理方法。

审核证据是可证实的。由于审核是在有限的时间内并在有限资源的条件下进行的，因此，审核是建立在可得到的信息样本的基础上的。抽样的合理性与

审核结论的可信性密切相关。

这项原则规定了在审核过程中获取可信的并可重现的审核结果的合理方法。审核证据应该是真实的和可验证的。要在有限的时间内，利用有限的资源完成审核，必须采取合理的和可信的抽样。抽样时需要合理的策划，通过适当的抽样，来收集并验证与审核有关的信息。审核工作是基于抽样进行的，具有一定的风险和不确定性，同时审核员的知识和经验也存在一定的不确定性和局限性，因此，审核员要树立严谨的职业作风，在收集充分的审核证据和事实的基础上，综合评价得出可信的审核结论。

3.6 内部质量管理体系审核的组织管理

组织在建立质量管理体系时，就应对内部质量管理体系审核作好总体安排和组织管理，在这方面有几个环节需要特别地加以重视。

1. 领导重视是做好内部质量管理体系审核的关键

内部质量管理体系审核对一个组织质量管理体系的改进和产品质量的提高都具有重要的作用。要做好内部质量管理体系审核，关键在于领导对内审的重视。领导的质量意识不应仅局限于控制不合格产品，使之不能出厂，或是出了不合格品及时采取措施，更重要的还在于全面建立和实施一个合乎标准要求的质量管理体系。其中尤其重要的是要充分运用内部质量管理体系审核这个重要的管理手段和改进机制，使体系得到保持和改进。领导对内审工作的重视主要表现于在领导层中认真研究如何建立内审的组织机构，任命干部，确定其职责和制订其工作方针，其中重要一环是任命一个管理者代表。

2. 管理者代表要亲自抓内部质量管理体系审核工作

管理者代表应是领导层的一名成员，所以一般不能任命一名中层干部作为管理者代表。管理者代表应确保按照 ISO/TS 16949 标准的要求建立、实施和保持质量管理体系，因此具体领导内审工作的就是管理者代表。管理者代表应当通过一个职能部门（如质量管理办公室）建立内审的组织和程序，培训人员，制订计划，实施内部质量管理体系审核和审批审核报告。当审核组与被审部门发生争执时，应由管理者代表或通过管理者代表报请最高领导来进行仲裁。管理者代表又是全组织的各部门和职工就质量管理问题向最高领导层反映各种意见的重要渠道。

3. 内部质量管理体系审核的具体工作需要有一个职能部门来管理

内部质量管理体系审核是一项长期的、正规的工作，需要有一个常设机构来负责进行，而不能由一个临时性机构来从事此项工作，一般可由“质量管理办公室”、“品质保证部”这类职能机构来承担。这些机构可能还有许多其他的质量管理工作，但内审工作应是此机构的一项重要任务，而内审又完全可以与其他工作结合进行。

4. 要组建一支合格的质量管理体系内部审核员队伍

内部质量管理体系审核需要一批合格、称职的审核员，因此培训审核员是一项重要的工作。应在组织内与质量管理有关的部门中选择一批熟悉组织的业务，了解质量管理的基本知识，有一定的学历、职称和工作经验，有交流表达能力和正直的人员进行培训，使之成为质量管理体系的内部审核员。质量管理体系的内部审核员要有一定的数量，足以承担例行的和特殊的内部质量管理体系审核的任务，还要考虑派往本组织的供方去作第二方审核。人员的分布也要适当分散，不可全部集中在质量管理部门，因为当审核到质管部门时，这些质管部门中的内审员均不得参与，因此必须从其他部门派遣内审员。一般情况下最好在采购、销售、技术、检验和生产部门中均能培养若干名兼职内审员供工作需要之用。所有经过一定培训的内审员需经考核后由组织领导正式任命，授予进行审核的权力。

5. 内部质量管理体系审核需要有一套正规的程序

内部质量管理体系审核需要有一套正规的做法。为此管理者代表应组织有关人员编制一份“内部质量管理体系审核程序”，明确内部质量管理体系审核的目的、范围、执行者的职责以及具体的实施方法。

6. 建立质量管理体系时应考虑内部质量管理体系审核工作

有许多企业和组织在建立质量管理体系时培养了一批骨干来编写质量管理体系文件，这批骨干也成为了以后的内审员；或是在建立体系之初培训骨干时就同时考虑建立内审组织并培训一批内审员，这些做法都是可以参考的。总之，内部质量管理体系审核工作需要本组织最高领导层的重视和支持，需要管理者代表和质量管理部门的精心策划和实施，需要有一批合格、称职的内审员的全力投入，也需要一套正规的、完善的程序和办法。

3.7 内部质量管理体系审核的一般顺序

内部质量管理体系审核大致可分下列几个步骤进行。

1. 审核方案的策划

每年最后一次管理评审后，组织要对第二年的内部审核方案进行策划，策划时要考虑拟审核的活动和区域的状况、重要性，以及以往审核的结果。审核方案的内容包括审核准则、审核范围、审核频次、审核方法、审核时间、资源需求等。

2. 审核准备

审核准备包括成立审核组、编制审核计划和审核员各自编制检查表。

3. 实施审核

实施审核包括首次会议、现场审核和末次会议等内容。

4. 编写审核报告

审核组长应按规定的格式根据审核结果编写审核报告。此报告经管理者代表审定后下达给受审部门。

5. 纠正措施的跟踪验证

审核组需对纠正措施的实施进行跟踪验证。

第4章 内部审核员

4.1 内审员的条件

对内审员没有强制性注册的要求，企业可以自己任命内审员，内审员一般应具备下列条件。

1）教育程度：具有中专以上或高中以上学历。

2）培训：需接受有内审员培训资格机构的培训，并取得培训合格证书。

3）工作经历：具有四年以上工作经验，最好有一年质量管理的经验。

4）个人素质：思路开阔，成熟，有很强的判断和分析能力，客观公正，坚持原则等。

5）基本能力：了解 ISO 9001、ISO/TS 16949 标准，了解审核程序、方法和技巧；熟悉组织的情况、管理体系文件；掌握基本的质量法规知识等。

6）专业能力：熟练掌握质量管理的原则和技术，了解作业过程、产品和服务。

4.2 内审员的个人素质

1）开放式思维。愿意考虑不同的想法和观点。

2）善于交往。

3）觉察能力。视觉、嗅觉和听觉等感觉的应用。

4）反应能力。对外界的直觉反应能力。

5）执着。坚持不懈，不受外界干扰及追求目标的能力。

6）决定能力。基于逻辑推理和分析技能作出决定的能力。

7）自信。在与其他人开展有效交往时，坚持自身独立性的能力。

8）正直。真诚、慎重。

9）合作的能力。

10）行政管理能力。保存记录、报告、策划、预算、人事管理等。

11）良好的心态，细心坦诚。

12）稳定的情绪。稳定、冷静、顽强、坚韧、工作为重。

13）良好的品德。忠实可靠、积极、乐于助人。

14）良好的外在形象。

4.3 内审员的作用

1）对组织质量管理体系是否符合策划的安排、ISO/TS 16949 标准的要求以及组织确定的要求作出评价，对组织质量管理体系的有效实施和持续改进起监督和推动作用。

2）受组织委派对供方质量管理体系进行审核。

3）在组织接受外部审核时，担任向导或负责联络。

4.4 内审员应知应会要求

4.4.1 应知

1）企业产品形成的全过程。

2）企业的质量管理体系及其文件，企业的组织结构、职能和相互关系，企业的基本业务过程和有关术语。

3）ISO 9000 标准。ISO 9000 标准起着确定理论基础、统一术语和明确指导思想的作用，其中的八项质量管理原则是非常重要的内容。

4）ISO 9001、ISO/TS 16949 标准。

5）ISO 19011《质量和（或）环境管理体系审核指南》：阐述了审核过程、审核员和审核管理要求。

6）相关的质量、技术知识。

7）必要的法律法规基础知识，如产品设计中应遵循的法律法规。

4.4.2 应会

1）审核方案策划，审核实施计划的编制。

2）组成审核组。

3）编制审核检查表。

4）审核的方法、技巧。

5）不符合项的确定与不符合报告的编写。

6）审核结果的汇总分析。

7）审核报告的编写。

8）纠正措施的验证。

9）组织首、末次会议。

4.5 内审员的工作方法和技巧

4.5.1 审核工作方法

1. 面谈

面谈是现场审核中较为常用的方法。通过与最高管理者、管理者代表及各部门领导面谈，可以确认其对各自职责的理解和责任的落实情况；与现场员工的交谈可以判断他们对程序文件和作业指导书中的要求的了解程度和执行情况，从而判断体系的实施情况。这里要注意：对于交谈所得到的信息，特别是涉及数据的一些信息，有时还应该通过其他渠道获取支持信息予以核实，如查阅记录、现场观察等，以保证审核的客观性。

2. 查阅文件与记录

质量管理体系是一个文件化的体系，查阅文件和记录是现场审核中必须采用的方法，通过文件和记录可以了解体系的要求，可以追溯体系的发展及运行状况。审核中需查阅的主要记录包括：设计评审、验证、确认记录，供应商评价记录，培训记录，协商与沟通记录，文件控制记录，监测与测量记录，不符合、纠正措施记录，内审记录以及管理评审报告等。由于组织的同一类记录往往很多，不可能一一核查，审核员要善于从中选取具有代表性的样本进行审核。

3. 现场观察

审核员通过自己的眼睛看到的应是最真实的，所以审核员应当具备敏锐的观察力。现场观察的方法可用于判断组织在实际工作中是否遵守了程序文件和作业指导书的要求，这也要求审核员事先熟悉文件对现场的各项主要要求，同时，也不应拘泥于文件的要求，应善于自己发现问题。

现场观察中一个重要的内容是判断有无重要的生产过程被遗漏，要做好这一点，审核员就必须掌握有关的质量知识和法律、法规知识。

4.5.2 审核技巧

1. 要善于提问

如果审核员在现场审核时是按检查表组织提问的，则应做到自然、合理，切忌生搬硬套。审核员应保持耐心、礼貌和微笑的姿态，这将有助于克服受审核方人员的畏惧心理。审核员完全可以将同一问题问不同的人员，如果答案不一致，要探究其原因。

对现场不同层次和岗位的被访者所提的问题应有所不同，如与管理者交谈时应针对方针、承诺和相关责任，对操作岗位上的员工则应谈与具体的工艺和操作有关的质量问题。

提问时应尽量提开放式的问题，即避免对方能用“是”、“不是”回答的封闭性问题。提问可以遵循“5W1H（Why，What，Who，Where，When，How）”的原则，也可以用“出示、解释、记录、多少、程度、达标率”等关键词为引导，采用易于理解的语言，充分利用审核准备过程中制订的各种检查表，与对方进行公开式的讨论，启发对方思考，使其产生兴趣。

2. 要善于倾听

要记住，信息是通过看、问、听获得的，不能从讲话中获得。

审核员要注意认真听取被访者的回答，并作出适当的反应。首先必须对回答表现出兴趣，保持眼神接触，用适当的口头认可的话语，如“是的”、“我明白了”来表明自己的理解，谈话时要注意观察对方的表情，在受审核方对提问产生误解或答非所问时，审核员应礼貌地加以引导。

3. 要善于观察

审核员要仔细地观察现场环境、设备、产品和标记，查看有关记录，对现场发现要进行深入检查以确定审核证据。审核证据是指通过观察、测量、试验或其他手段所获得的符合实际情况的信息，在实际审核中可以用以下两方面作为审核证据。

1）现场观察及文件审阅中存在的审核证据。

2）访问时，与被审核的活动负有责任的人的谈话可以成为审核证据，但还应注意面谈取得的信息应通过其他的渠道（包括观察、查阅记录以及现场测试）予以核实。对无法核实的信息应给以标识。传闻以及陪同人员、与被审核活动无关人员的谈话不能作为审核证据。

4. 要做好记录

审核员应确保审核证据的可追溯性，为此必须详细地进行记录，如采用笔录、录音、照相等方式，所做的记录包括时间、地点、人物、事实描述、凭证材料、涉及的文件、各种标识。这些信息均应字迹清楚、准确具体，易于再查。只有所获取的记录准确、完整，才能为审核结果提供依据。

5. 要善于追踪验证

审核员必须善于比较，追踪从不同来源获取的对同一问题的信息，从差别中判断体系的运行状况；必须善于追踪记录与文件，记录与现状符合的情况，并作出结论。审核员必须善于追踪管理体系某一组成部分的来龙去脉，发现问题，获取审核证据，而不是轻信口头答复。

6. 要善于创造一个良好的审核气氛

审核员应平等、和气待人；注意听人讲话，认真作记录；不时用点头、注视、附和等方式表示对谈话感兴趣。索看文件、找人谈话应征求对方领导同意，发现了不符合要对方领导签字时，应耐心说明理由。不要采用争吵的方式等。

4.6 有利与有害审核的特性

见表 4-1。

表 4-1 有利与有害审核的特性

有利审核的特性	有害审核的特性
心胸开阔	心胸狭窄
态度委婉	随便
精力十足	懒惰
自律	主观
保密	泄密
公正、客观、廉洁	不公正
诚实	不廉洁
善于倾听	不自信
有耐心	胆怯
言辞清晰	无法沟通
善于沟通	没有耐性
好奇心强	接受表面现象
自信	不够专业
体谅	轻信

4.7 内审员应克服的不良习惯

1）吹毛求疵——突出细微之处的缺点并喜欢深入探究无关紧要的细节。

2）“逮住你了”——千方百计寻找问题，非要找出问题不可。

3）傲慢——试图证明自己胜过其他审核员。

4）躲避生产车间，待在办公室里审核。

5）冲突——什么事都要争个你输我赢。

6）过多发表个人意见。

7）过多改动工作计划。

4.8 成功审核的几个要点

1）面谈时不应仅仅拘泥于所审体系的话题，要用其他话题引起对方的兴趣。

2）要积极应对，在符合体系要求时要肯定对方。

3）以激励的方式交谈，让对方明白你已注意到对方的工作和作用。

4）提问时要求对方回答具体化。

5）不能为达到审核目的而对对方发出指示、命令。

6）要回避争论。

7）不要随意评价所得信息。

8）审核中发现不符合，应迅速记录，但不要过多评论，避免引起对方反感。

9）不能在说明审核情况时议论当事人。

10）要牢记发现不符合的目的是为了审核者和受审核者的双方利益，目的是解决质量问题。

4.9 审核中可能见到的人物类型及对策

在现场观察中，有时会遇到一些人或出现一些情况，给现场检查工作带来困难，这时审核人员应坚定不移地继续工作，采取一些妥善措施，及时排除干扰。

下面介绍一些现场会遇到的人物类型及应采取的措施。

1. “没问题”型

这类人只给审核人员看好的一面，对差的地方搪塞而过。

对策：不要一带而过，要仔细并坚持全面、逐点地进行评估。

2. “不用你告诉我如何做”型

这类人对审核人员的任何意见、疑问或发现的问题，采取轻视、有时甚至是蔑视的态度，他们不接受任何批评或忠告，更不接受提供给他应该采取的纠正措施。

对策：保持冷静和坚强，清楚而详尽地报告检查中发现的不符合及证明其存在的证据。

3. “真有那么大的关系吗？”型

这类人把审核看成是一种不得不应付的负担，对你发现的所有问题，都会用同样的回答："真有那么大的关系吗？这不会对我们的产品产生任何影响，你可以当成一个建议留给我们去研究，何必当成一个问题去处理呢！"

对策：对所有发现的问题，不论谁说什么，都要彻底处理。

4. "生硬"型

这类人只给审核人员提供很少量的情况，对问话只作简单的回答，对人的态度很生硬。

对策：非常耐心地要求其提供你需要的情况，一个问题要多问几遍，同类问题多换几个问法，要考虑到用三个问题得到一个回答就足够的情况。要耐心、容忍、坚持不懈、机动灵活。

5. "不知道"型

有时候受审核方会为审核组指派一名既不懂管理体系的实施情况，又不承认他不了解管理体系的人作陪同。这类人实际上对企业管理体系缺乏了解，因此他们常常提供一些含糊的、甚至会引人误入歧途的信息，使审核员浪费很多时间，影响审核工作的进程。

对策：说服他去找了解情况的人介绍其所不了解的情况，或者坚决要求换一个人作为陪同。在这种情况下，审核人员要坚持自己的意见，同时能正确地判断出现的情况。

6. "专家"型

这类人不仅掌握质量管理的理论知识，而且有丰富的实践经验，他们往往认为审核人员的水平还没有他们高，因此他们总是想让审核人员听他们的话，按他们的意图去了解情况。这类人将使审核人员的工作停滞并彻底破坏原有的时间安排。

对策：明确地、有意识地讲明你的问题和对情况进行调查的要求，毫不动摇地按审核计划的时间安排去做，绝不能让这类人控制审核时间表。

7. "停止一切"型

每次发现受检查部门的问题时，这类人都要求停止一切工作，并要求重新谈判审核项目，要求讨论因停工造成的大量额外成本问题。

对策：审核人员绝不介入合同、额外成本问题，将所有与审核无关的问题提给有关人员讨论，以便审核人员继续进行审核工作。

8. "我正等着你来"型

这类人将立即向你倾诉受检查部门管理人员和同事们几十年来犯下的"错误"，把该部门说得一无是处。如不制止，他将会公布出无数的"错误"。

对策：不受其倾诉的影响，与陪同审核的人员讨论这些意见，评定反应，并判断继续检查是否会出现不正常情况。应将由此产生的与审核有关的情况详细记录下来，并与受审核方的代表进行讨论，以证实判断的正确性。

第5章 内部审核的策划

5.1 审核方案的策划

组织要进行内部审核方案的策划，策划时要考虑拟审核的活动和区域的状况、重要性，以及以往审核的结果。

审核方案的内容包括审核准则、审核范围、审核频次、审核方式、审核时间、资源需求等。审核方案的安排应确保审核过程的客观与公正（包括审核员的选择、审核的实施），应保证审核人员不审核自己的工作。

对企业而言，一般一年策划一次审核方案，策划的输出为“年度内部管理体系审核方案”。审核方案一般由管理者代表编制，总经理批准。策划时应注意以下几个问题：

1）审核的范围。

2）审核的频次与时机。

3）审核方式。

4）审核日程计划。

5.1.1 审核的范围

审核的范围包括：质量管理体系所覆盖的过程、活动、产品、部门及场所。

5.1.2 审核的频次与时机

内部质量管理体系审核分为例行的常规审核和特殊情况下的追加审核。

例行的常规审核按预先编制的年度审核方案进行。质量管理体系建立之初，频次可以多一些。至于ISO/TS 16949各过程的审核频次，可以根据审核中发现问题的大小、多少以及该过程的重要程度来决定。

在一年的审核中，应确保所有的部门、ISO/TS 16949 的所有过程至少被审核一次。

在下列特殊情况下，应追加进行内部质量管理体系审核。

1）法律、法规及其他外部要求发生变化。

2）相关方（用户）的要求或投诉。

3）发生重大质量事故。

4）质量管理体系大幅度变更。

5.1.3　审核方式

审核方式是指总体上如何进行审核的方式，一般有两种：按过程审核和按部门审核。但需强调的是，ISO/TS 16949 要求必须要用按过程审核的方式进行质量管理体系的审核。

下面介绍两种审核方式。

1. 按过程审核的方式

按过程审核是以过程为线索进行审核，即针对同一过程的不同环节到各个部门进行审核，以便作出对该过程的审核结论。

这种方式的优点是目标集中，判断清晰，较好地把握了体系中各个过程的运行状况。但缺点是审核效率低，对受审核方正常的生产经营活动影响较大，审核一个过程往往要涉及许多部门，因而各个部门要重复接受多次审核才能完成任务。

2. 按部门审核的方式

这种方式是以部门为单位进行审核，即在某一部门，针对涉及该部门的有关过程进行审核。这种方式为多数组织所采纳。这种审核方式强化了体系组织机构的职能概念，例如对于生产型企业，其职能部门往往在质量管理体系当中担当某些过程的管理责任，而实施部门生产车间则承担若干运行操作的工作，而这些管理职能和运行操作又存在着内在联系，通过部门审核则容易把握该部门的整体运行状况，而且由于审核时间较为集中，所以审核效率高，对受审核方正常的生产经营活动影响小，但缺点是审核内容比较分散，过程的覆盖可能不够全面。

5.1.4　审核日程计划

1. 集中式年度审核日程计划

1）一年进行 1 ~ 2 次集中式审核，即集中几天内把各部门、各过程都审核完。

2）每次审核可针对 ISO/TS 16949 全部适用的过程及相关部门，也可针对某些过程或部门。但要保证在一年中，所有的过程和部门都得到审核。

3）审核后的纠正行动及跟踪要在限定时间内完成。

4）特别适用于中、小型企业，无专职机构及人员的情况。

集中式年度审核日程计划适用于第一、第二、第三方审核。

2. 滚动式年度审核日程计划

1）审核持续时间较长。逐月开展，每月对一个或几个过程或部门进行审核。

2）审核和审核后的纠正行动及其跟踪措施陆续展开。

3）在一个审核周期内（一般为一年）应保证所有ISO/TS 16949过程及相关部门得到审核。

4）重要的过程和部门可安排多频次审核。

5）适用于大、中型企业，设有专门内部审核机构或专职人员的情况。

滚动式年度审核日程计划只适用于内审，不适用于第二、第三方审核。

5.2 内审方案实例

案例：ISO/TS 16949年度内部审核方案

2010年度内部管理体系审核方案

第0次修订

审核目的	检查管理体系运行是否正常，评价管理体系的有效性和符合性		
审核范围	管理手册覆盖的所有部门和过程（在每一次的审核实施计划中列出具体的部门和过程）		
审核准则	（1）ISO/TS 16949标准 （2）质量手册、程序文件及其他相关文件 （3）组织适用的法律法规及其他要求		
审核方式	按过程方式进行审核		
审核日程安排	（1）第一次审核日程：2010年6月份进行第一次审核 （2）第二次审核日程：2010年11月份进行第二次审核 （3）具体的审核时间在每一次的审核实施计划中确定		
所需资源	增加内审员数量。5月份之前由人力资源部请咨询公司的讲师来公司培训一批内审员，各部门主管要参加内审员培训		
其　他	（1）鉴于2009年最后一次审核中，在产品设计和开发过程中发现较多问题，因此2010年6月份进行本年度第一次内审时，需增加对产品设计和开发过程的审核时间（审核时间不少于4h） （2）应保证审核人员不审核自己的部门、不审核自己分管的过程		
编制/日期		批准/日期	

ISO/TS 16949:2009

第6章 内部审核的准备

6.1 组成审核组

在进行内部审核前，管理者代表应任命审核组长和审核员组成审核组。

1. 对审核组的要求

审核组通常由审核组长及审核员组成。审核组的组建应保持其具备实施审核的全面经验与技术。组建审核组应考虑以下几点要求：

1）对审核组成员应有一定的资格要求，应满足所规定的教育与工作经历、个人素质与能力、职业戒律等要求，并经过正规培训和在岗培训。

2）审核组成员应熟悉组织的产品、活动与服务。

3）审核员与被审部门、过程无直接责任关系。

2. 对审核员的职责要求

1）在确定的审核范围内进行工作。

2）收集和分析与受审核的管理体系有关并足以对其下结论的证据。

3）将观察结果整理成书面资料。

4）报告审核结果。

5）验证由审核结果导致的纠正措施的有效性。

6）收存、保管和呈送与审核有关的文件。

7）保守审核文件的机密。

8）谨慎处理特殊的信息。

9）在任何时候遵守职业道德，保持客观公正。

10）配合和支持审核组长的工作。

3. 对审核组长的职责要求

1）审核组长全面负责审核各阶段的工作。

2）协助选择审核组的成员。

3）制订审核计划，起草工作文件，给审核组成员布置工作。

4）代表审核组与受审核方领导接触。

5）及时向受审核方报告关键性的不符合情况。

6）报告审核过程中遇到的重大障碍。

7）审核组长有权对审核工作的开展和审核观察结果作出最后的决定。

8）清晰、明确地报告审核结果，不无故拖延。

6.2 文件收集与审查

内部管理体系审核是在本组织已经建立文件化的质量管理体系并正常运行的情况下进行的，所以一般不需要对已有的文件重新进行审核。也就是说此步骤可省略。

内审时的文件审查，重点是审查与受审核部门有关的程序文件、作业指导书等。以质量手册、质量计划和有关法律法规为依据对程序文件等进行审查。文件审查时，应同时检查受审核部门与其他部门的接口，在文件中是否明确，内容是否协调。

被审部门的重要质量记录应列入预先审查范围，如上次的内部、外部审核报告，不符合报告，纠正措施记录等。其他记录数量大，可在现场随机抽样。

同时，还应检查外来文件、法律法规、标准的有效性。

6.3 编制审核实施计划

审核实施计划是安排审核日程、审核人员分工等内容的文件。这个计划不同于年度审核方案，是每次审核的具体计划，由审核组长编写，管理者代表批准。审核方案和审核实施计划的主要联系和区别见表 6-1。

表 6-1 审核方案和审核实施计划的主要联系和区别

项目	审核方案	审核实施计划
定义	针对特定时间段所策划，并具有特定目的的一组（一次或多次）审核的描述	对一次审核活动和安排的描述
审核目标	一项审核方案涉及多次审核活动的目标，不同的审核活动也会有不同的目标	一次审核活动的具体目标，是审核方案目标的一部分
范围	一项审核方案可涉及全部体系、所有产品、所有过程	一项计划可能涉及全部体系、所有产品、所有过程，也可能涉及部分的体系、过程和产品

（续）

项目	审核方案	审核实施计划
内容	对一个特定时间段的审核进行规定，确定审核的方式、频次以及所需资源等方面的文件	确定一次审核活动的计划文件
执行人员	管理者代表	审核组长或其指定的人员
关系	审核方案包括对审核计划的要求	审核计划应符合审核方案的规定要求

审核实施计划主要包括以下内容：

1）审核目的。

2）审核范围。

3）审核准则。

4）审核组成员名单及分工情况。

5）审核的时间和地点。

6）各主要审核活动的预计日期和持续时间。

7）首次会议、末次会议以及审核过程中需安排的与受审核方领导交换意见的会议安排。

8）审核报告的分发范围和预定的发布日期。

ISO/TS 16949 一般采取按过程审核的方式进行质量管理体系的审核，其审核实施计划一般采用案例 6-1 的形式。

案例 6-1：ISO/TS 16949 审核实施计划示例

2010 年第一次内部质量管理体系审核实施计划

一、审核目的

检查质量管理体系运行是否正常，评价质量管理体系的有效性和符合性。

二、审核范围

ISO/TS 16949 质量手册所要求的所有过程及其所涉及的职能部门，包括总经理、管理者代表/副总经理、技术部、质量部、生产部、物控部、营销部、人事行政部、财务部、维修组。

三、审核准则

（1）ISO/TS 16949 标准

（2）质量手册、程序文件及其他相关文件

（3）组织适用的法律法规及其他要求

四、审核组成员

审核组长：张某

审核员：张某、王某（A组）；刘某、赵某（B组）；谢某、钱某（C组）。

五、审核时间

2010年3月21日~2010年3月22日

六、审核报告发布日期及范围

审核报告将于2010年3月25日发布，发放范围为公司正、副总经理，各部门经理/主管，管理者代表及审核组各成员。

七、审核活动安排

日期	时间	审核小组	受审核过程及主要活动	涉及的ISO/TS 16949条款	涉及的主要部门
3月21日	9:00~9:30	所有成员	首次会议		所有部门参加
	9:30~12:00	A	APQP过程	7.1、7.2、7.3、7.5.1、4、6	研发部、质量部 生产技术部
		C	采购过程	7.4、4、6	物控部 质量部
	14:00~17:00	A	（略）	（略）	（略）
		C	（略）	（略）	（略）
	17:00~17:30	所有成员	审核组内部会议、一天工作小结		
3月22日	9:00~12:00	A	（略）	（略）	（略）
		B	（略）	（略）	（略）
		C	（略）	（略）	（略）
	14:00~16:00	A	（略）	（略）	（略）
		B	（略）	（略）	（略）
	16:00~16:30	所有成员	审核组内部总结会议、整理审核结果（开不符合项报告）		
	16:30~17:30	所有成员	末次会议		所有部门参加

注：12:00~14:00为中午休息时间。

编写/日期：张某（审核组长），2010/3/10　　批准/日期：李某（管理者代表），2010/3/10

6.4 编写检查表

6.4.1 检查表的作用

1. 明确与审核目标有关的样本

审核采用的主要方法是抽样检查。抽什么样本，每种样本应抽多少数量，如何抽样等问题都要通过编写检查表解决，而且这一切都要为达到审核目标服务，因此明确与审核目标有关的样本是检查表的首要作用。

2. 使审核员保持明确的审核目标

现场审核中会出现各种各样的问题，这些问题会影响审核员的注意力，使其偏离审核方向。借助检查表，审核员可以把握审核的主题方向，即使有些偏离审核方向时，检查表也可起到提醒和警示的作用。

3. 确保审核工作的系统和完整

在审核组内，审核任务各有分工，只有结合起来才能构成系统和完整的审核。审核组长通过对检查表的审查，来把握审核的总体情况。现场审核时，审核员则依据检查表审核，保证审核内容没有遗漏，从而确保审核工作的系统性和完整性。

4. 保证审核的节奏和连续性

现场审核是一项高节奏而紧张的活动，由于审核时间有限，不允许在某个问题上或某个区域消耗过长时间，依据检查表的安排，审核员可以控制时间，掌握节奏，使审核连续进行，而不是跳跃式审核。

5. 确保审核的正规化

依据检查表提问题，易于使审核保持连续性和系统化，使所提问题有的放矢，且使受审核方感到审核员的审核有针对性和有充分的准备，体现出审核员的专业性和正规性。

6. 作为审核记录存档

检查表中一般都设有“审核记录”栏，以供审核员现场审核记录有关事实。通过检查表可以反映审核员审核的内容、审核的证据。检查表是审核档案中的重要原始资料。

6.4.2 检查表设计要点

在编制检查表之前，应认真阅读受审核方的体系文件，了解受审核部门所从事的活动和体系文件对该部门的各项要求，查阅有关法律法规文件对有关活动的要求。

在编制检查表时，应注意以下要点。

1）要按照标准、法律法规的要求和质量管理体系文件的要求编制检查表。

2）要选择典型的问题。每个部门、每个过程的质量活动常有一些典型的质量问题，如销售部门忽视合同评审，采购部门不按质量要求选择供应商，设计部门不认真进行设计评审、设计验证和设计确认等，所以在检查表中可重点注意这些问题。有的过程在不同部门也有不同的典型问题，如文件控制在设计部门常发生的问题是过多地保留已作废但有参考价值的技术资料而未注意作好标志，在生产车间则表现为作废版本的图样文件不撤走，最新的有效版本未获得等，这些在编检查表时也是要特别注意的。

3）要结合受审核部门（或过程）的特点。检查表的精华就在于突出受审核对象的特点，有特点才有必要为每一个对象编制一份有特色的检查表。比如有的生产车间刚刚调整了生产线或采用某种新工艺，则可把工序控制和执行新的工艺规程或作业指导书作为检查重点。有的部门刚刚招收大批新职工，则在检查表中就应重点考虑培训问题，等等。

4）抽样要具有代表性。通常抽3~4个样本，最多以12个为限。样本的种类应有代表性，才能体现出检查的客观性和公正性。例如审核对象是一个小型电动机厂的采购部门，那么在抽取订单样本时，对产品质量影响较大的原材料和零部件如硅钢片、电磁线、轴承、绝缘材料和铸件等的订单，可以每种选抽5~10张，而对胶木件、紧固件、锻件等订单，因其对产品影响较小，可各选3~5张，这样既有代表性，又有重点。

5）时间要留有余地。在编制检查表时，应估计所需的审核时间。此估计时间不但不应超过在一个部门的计划审核时间，而且还应留有一定的富裕时间，以便临时发生情况而需要增加审核内容或增加审核深度时可以利用这些时间，这样不用修改审核计划或延长审核时间。

6）检查表应有可操作性。应有具体的抽样方法和检查方法，如选择什么样本，数量多少，问什么问题，问什么人，观察什么事物等。

7）要注意审核的全面性。按ISO/TS 16949质量管理体系所规定的过程编制的检查表，要考虑所涉及的部门。

对于ISO 9001的审核，可以按部门编制审核检查表，此时要考虑涉及的ISO 9001质量管理体系的过程（条款）。

6.4.3 检查表的内容

检查表一般包括以下内容：

1）受审核过程、部门、审核时间、审核员。

2）审核内容。即查什么（列出审核要点，要保证审核覆盖面的完整性，不要遗漏）。

3）审核思路。即怎么查，包括审核步骤和方法，也就是要明确去哪查、找谁查、怎么查（如提问、查阅记录、现场观察等）。

4）审核记录。供现场审核时记录审核结果。

6.4.4 检查表的类型

1. 按过程编制检查表

对于实施 ISO/TS 16949 的企业，要按过程编制检查表。

凡编制过程检查表对某一过程进行审核时，则检查表中要包括此过程所涉及的部门，有的是负责该过程的部门（如产品设计和开发过程是由开发部负责的），有的是协助办理的部门（如产品设计和开发过程，质量部是协办的部门），都应审核到。

2. 按部门编制检查表

对实施 ISO 9001 的企业，一般按部门编制检查表。

凡去一个部门审核时，对此部门所涉及的过程（ISO 9001 条款）要加以审核，其中该部门负责实施的过程（如设计部门实施设计控制，销售部门负责合同评审等）是必须包括的；其他相关过程（如设计部门对于质量方针，销售部门对于文件控制等）则可有选择性地加以审核。如何选择视具体情况而定，在审核实施计划中规定。

6.4.5 使用检查表的注意事项

1）防止机械呆板，随时注意检查表以外有助于审核结论的内容。

2）询问、观察、验证相结合。

3）不应只采用是/否回答的方式。

4）不应机械地逐条照本宣科，应把提问、评价、记录结合起来。

5）根据实际情况，可以对检查表的内容进行调整和补充。

6）应把检查表的内容放在脑子里。

6.5 IATF 推荐的审核检查表——“九格表”及其缺陷

6.5.1 九格表

表 6-2 是国际汽车特别工作组（IATF）推荐的过程方式审核检查表——九格表。填写方法说明：第 1 ~ 7 列，由内审员在审核之前完成，第 8 ~ 9 列，由内审员在现场审核中完成。

1）第 1 列：列出顾客导向过程 COP（第一行用于审核 COP 需要的详细信息）。

表6-2 内部质量管理体系审核检查表（九格表）

<table>
<tr><td>1</td><td>2</td><td>3</td><td>4</td><td>5</td><td>6</td><td>7</td><td>8</td><td>9</td></tr>
<tr><td colspan="2">过程的六个特性：
□具有执行者
□已经定义
□已经被文件化
□已经建立了连接
□被监控
□保持了记录</td><td colspan="3">过程的4个问题（关于风险）：
□使用什么？（材料、设备）
□由谁进行？（技能、培训）
□通过什么关键指标？（测量、评估）
□如何进行？（方法、技术）</td><td rowspan="2">适用的要求</td><td rowspan="2">适用的参考</td><td rowspan="2">支持过程和/或支持下的过程：
1）显著不足＝过程未完成
2）明显不足＝未达到预期的绩效</td><td rowspan="2">涉及的要求：
1）COP过程
2）支持过程
3）或在支持过程下组织需求的可能过程</td></tr>
<tr><td>顾客导向过程COP</td><td>COP的支持过程</td><td>MP管理过程</td><td>组织的场所（物理的和组织的）</td><td>期望或要求的关键数、测量</td></tr>
<tr><td rowspan="2">名称：</td><td></td><td></td><td></td><td></td><td></td><td></td><td></td><td></td></tr>
<tr><td></td><td></td><td></td><td></td><td></td><td></td><td></td><td></td></tr>
<tr><td rowspan="2">输入：</td><td></td><td></td><td></td><td></td><td></td><td></td><td></td><td></td></tr>
<tr><td></td><td></td><td></td><td></td><td></td><td></td><td></td><td></td></tr>
<tr><td rowspan="2">输出：</td><td></td><td></td><td></td><td></td><td></td><td></td><td></td><td></td></tr>
<tr><td></td><td></td><td></td><td></td><td></td><td></td><td></td><td></td></tr>
</table>

2）第2列：列出直接支持过程SP（这些过程发生在三个层次上——管理、系统、操作——单独或联合在一起）。

3）第3列：列出管理过程，即评估COP和SP，以及产生组织决策、目标、更改等的过程。

4）第4列：列举期望中可以在物理的和组织经营过程结构内找到的整个或部分过程的现场（也就是指过程发生的场所、部门）。

5）第5列：列出期望中可以看到的与COP或SP相关的测量和其他指标（也就是指在此要列出过程绩效指标或过程要达到的标准要求）。

6）第6列：包括一系列适用于COP或SP要求的条款（也就是指在此要列出与COP或SP相关的ISO/TS 16949条款）。

7）第7列：包括一系列COP或SP的参考条款（也就是指在此要列出与COP或SP相关的程序文件、作业指导书条款）。

8）第8列：列出潜在的可能丢失的过程，用两种方式表示（要把审核时发现的没有按要求实施的过程以及实施后没有达到预期效果的过程记录在这里——记录过程名称即可）。

9）第9列：列出没有达到的特定要求（将审核中发现的不符合项、潜在的不符合项或改进的机会记录在这里）。

6.5.2 九格表的缺陷

如果对九格表的使用不做详细说明，我想大多数读者会感到不知所云，这就是九格表的第一个缺陷：不直观。

九格表的第二个缺陷可以说是致命的，这个缺陷就是可操作性不强。本来一个顾客导向过程在与其相关的支持过程的配合下，会体现出很好的秩序与逻辑关系，而九格表只是生硬地要求列出一个顾客导向过程应有多少相应的支持过程，而体现不出过程之间应有的秩序与逻辑，这样使得九格表操作起来非常的不方便。

实际上，用过程方式进行质量管理体系审核时，审核检查表的格式并不重要。只要审核检查表按过程方式进行编制，并能确保过程的要素（过程输入、过程输出、过程中使用的资源、过程中使用的方法、过程负责人员的资质、过程的绩效、过程中的记录等）能够得到完整的审核，操作起来又方便，那么审核检查表采用什么样的格式都是可以的。本书6.7节提供的审核检查表实用性就比较好，这些审核检查表在实际应用中，得到了企业的好评。

6.6 ISO/TS 16949 审核要点

6.6.1 质量管理体系（标准条款：4）审核要点

1. 质量手册（标准条款：4.2.2）

1）质量手册的覆盖面是否完整，如对 ISO 9001（或 ISO/TS 16949）标准有删减，删减细节说明的是否合理。

2）质量手册各过程的描述是否反映了组织产品的特点。

2. 文件控制（标准条款：4.2.3）

1）组织是否制订了文件控制程序。

2）文件是否包括和质量体系有关的所有文件（包括外来文件和向供方提供的文件等），是否对使用的文件进行了适时地评审。

3）文件发布前是否得到授权人的批准。

4）文件修改后是否得到了重新批准。

5）识别文件现行修改状态的方法是什么，是否满足要求。

6）是否都使用适应文件的有效版本，是否从发放或使用场所及时收回了作废的文件。

7）外来文件是否得到了识别，发放如何控制。

8）是否对保留的作废文件进行标识和管理，以防止误用。

9）顾客工程规范的管理（标准条款：4.2.3.1）。

① 是否建立了满足顾客要求的评审、发放、实施顾客工程标准/规范及其更改的过程，该过程包括接收、登记、组织评审、落实实施、反馈等。

② 是否在两周内对接到的顾客工程标准/规范进行了评审。

③ 是否记录了更改的实际实施日期。

④ 是否考虑到对相关文件的更新，如特殊特性、FMEA、控制计划、作业指导书等。

⑤ 若引用的顾客工程标准/规范影响到了生产件批准文件，则应对顾客的生产件批准记录进行更新。请问是否这样做了。

3. 记录的控制（标准条款：4.2.4）

1）是否制订并执行了质量记录的标识、储存、检索、保护、保存期限和处置的程序文件，标准中要求的记录是否全部覆盖。

2）质量记录是否填写正确，字迹清楚。

3）质量记录储存环境是否适宜，是否便于存取。

4）是否规定了质量记录的保存期限，过期记录是否按要求进行了处置。

5）顾客指定的记录、供方的质量记录是否也处于受控状态。

6）记录保存（标准条款：4.2.4.1）：

① 记录控制是否满足法规和顾客的要求。

② 生产件批准文件、工装记录、采购订单/修订单的保存时间必须是零件在现行生产和服务中规定的在用期再加上一个日历年。请问是否这样做了？

③ 质量性能记录（控制图、检验和试验结果）必须保存至下一个日历年。请问是否这样做？

④ 内审、管理评审记录必须保存3年。请问是否这样做？

⑤ 有政府强制性要求时，应按照政府规定的强制性要求期限保存。请问是否这样做？

6.6.2 管理职责（标准条款：5）审核要点

1. 管理承诺（标准条款：5.1）

1）最高管理者对其建立和改进质量管理体系的承诺能够提供哪些证据。

2）最高管理者是如何将满足顾客和法律、法规要求的重要性传达给组织成员的，有无传达证据。

3）组织成员如何认识满足顾客要求和法律法规要求的重要性。

4）质量方针和质量目标是否形成并颁布了文件？

5）最高管理者是否定期进行了管理评审，是否保存了管理评审记录。

6）是否有足够的资源，包括培训人员和监控手段。

7）过程效率（标准条款：5.1.1）。在管理评审等活动中，最高管理者是否对产品实现过程和支持过程进行了评审，以确保并提高过程的有效性和效率。

2. 以顾客为关注焦点（标准条款：5.2）

1）如何确定顾客的要求。

2）组织如何证实将顾客的要求转化成了相关的工作要求，并得到了满足。

3. 质量方针（标准条款：5.3）

1）质量方针是否符合标准的要求（与组织的宗旨相适宜，包括对满足要求和持续改进的承诺，提供制订和评审质量目标的框架等），是否被全体员工理解并贯彻执行了。

2）质量方针和质量目标的关系是否明确。

3）是否对质量方针进行了定期评审，质量方针的修订是否符合文件控制的规定（如有修订的话）。

4. 质量目标（标准条款：5.4.1）

1）是否有明确的质量目标，是否分解到了相关的职能部门，质量目标的内容是否包括满足产品要求所需的内容。

2）质量目标是否具有可测量性，有无测量质量目标的方法。

3）质量目标与质量方针给定的框架是否一致。

4）有无质量目标实现的证据。

5）质量目标——补充（标准条款：5.4.1.1）。

① 是否确定了质量目标及其测量方法。

② 经营计划中是否包括质量目标。

③ 最高管理者如何使用质量目标以贯彻质量方针。

5. 质量管理体系策划（标准条款：5.4.2）

1）策划是否满足质量目标及质量管理体系总要求，质量管理体系策划的输出是否形成了文件。

2）是否提供了实施质量目标的资源。

3）质量管理体系策划是否体现了质量管理体系的持续改进。

4）质量管理体系策划是否受控，更改期间质量管理体系的完整性是否得到了保持。

6. 职责和权限（标准条款：5.5.1）

1）各部门、岗位的职责、权限及其相互关系是否有文件作出规定，是否清楚、协调，各部门员工是否明白。

2）对组织内的职能，是否明确了相应的部门和岗位。

3）质量职责（标准条款：5.5.1.1）。

① 发现不符合要求的产品或过程时，能否做到第一时间通报给负有纠正措施职权的人员。

② 负责产品质量的员工，是否有权下令停止生产，以解决质量问题。

③ 是否所有班次的生产作业都安排有保证产品质量的人员。

7. 管理者代表（标准条款：5.5.2）

1）最高管理者是否指定了管理者代表，是否恰当地明确了管理者代表的职责和权限。

2）管理者代表如何实现自己的职责和权限，效果如何。

3）顾客代表（标准条款：5.5.2.1）。

① 是否设置了顾客代表并赋予其职责和权限。

② 顾客代表是否参与以下方面的工作：

a. 选择产品或过程的特殊特性。

b. 制订质量目标。

c. 安排培训。

d. 纠正和预防措施。

e. 产品设计和开发。

8. 内部沟通（标准条款：5.5.3）

1）组织内怎样进行沟通，沟通的方式有哪些？

2）各类人员是否了解组织质量管理体系的运行状况？

9. 管理评审（标准条款：5.6）

1）是否按规定的时间间隔进行了管理评审，是否保存了评审的记录，是否由最高管理者执行的？

2）管理评审的输入、输出是否符合标准的规定。

3）对管理评审中的纠正措施是否进行了跟踪验证，验证的结果是否记录并上报给了最高管理者。

4）质量管理体系业绩（标准条款：5.6.1.1）。

① 是否就管理体系的所有要求，包括所有部门、过程的业绩趋势进行了评审。

② 目标的监视情况，不良质量成本的定期报告和评价情况是否作为了管理评审的内容，评审结果的记录能否为经营计划中规定的目标的实现情况、顾客的满意情况提供证据。

5）评审输入——补充（标准条款：5.6.2.1）。交付过程中或在顾客处实际发生的不合格、潜在的不合格，以及这些不合格对质量、环境、安全的影响是否成为了管理评审输入的内容。

6.6.3 资源管理（标准条款：6）审核要点

1. 资源提供（标准条款：6.1）

1）组织采取何种途径确定所需提供的资源。

2）提供的资源是否满足体系的要求。

2. 人力资源（标准条款：6.2）

1）组织是否确定了从事影响质量活动的各类人员的能力需求，是否明确了各类人员的职责要求。

2）是否对人员能力胜任与否进行了评价与考核，人员的安排是否满足需求。

3）是否按需求安排了相应的培训，是否对培训的有效性进行了评价，以何种方式进行评价。

4）员工的质量意识如何。

5）是否保存了教育、培训、技能和经验的适当记录。

6）产品设计技能（标准条款：6.2.2.1）。

① 组织是否识别了产品设计所需要的工具和技术。

② 设计人员是否掌握了这些工具和技术，设计人员的能力是否达到了设计要求的能力。

7）培训（标准条款：6.2.2.2）。

① 有无培训程序，培训需求是如何确定的。

② 培训是否关注了顾客的特定要求。

③ 对从事特殊工作的人员是否进行了培训并进行了资格认定。

④ 从事影响产品质量活动的人员是否具备能力。

8）岗位培训（标准条款：6.2.2.3）。

① 对新上岗、轮岗、临时聘用、代理工作人员是否进行了相应的岗位培训。

② 员工是否知道不符合质量要求给顾客带来的后果。

9）员工激励和授权（标准条款：6.2.2.4）。

① 组织是否有一个激励员工实现管理目标、开展持续改进和建立促进创新环境的过程。

② 激励过程是否有助于员工提高质量和技术意识。

③ 员工对于所从事活动的相关性和重要性，以及如何为实现目标作出贡献的认识程度是如何测量的，培训中是否利用了测量的结果。

3. 基础设施（标准条款：6.3）

1）为实现产品的符合性，组织提供了哪些设施和设备。

2）设施和设备是否符合实现产品的需求，是否得到了维护。

3）工厂、设施和设备策划（标准条款：6.3.1）。

① 是否有对现有操作的有效性进行评价和监视的方法，是否实施了？

② 是否用多方论证的方法对工厂、设施和设备进行了策划并制订了实施计划，策划时是否考虑了精益生产原则。

③ 工厂的布局是否有利于材料的转移、搬运以及对场地空间的增值使用，是否便于材料的同步流动。

4）应急计划（标准条款：6.3.2）。是否制订并实施了应急计划，以便在紧急情况下（如断水、断电、劳动力短缺、关键设备故障等）满足顾客要求。

4. 工作环境（标准条款：6.4）

1）组织是否具备合适的工作环境，是否对其进行了管理。

2）与工作环境有关的法律法规有哪些。

3）与实现产品质量相关的人员安全（标准条款：6.4.1）。

① 设计和开发过程、制造过程中，有无强调产品的安全性，有无安全保护的方法。

② 人员安全如何管理。

4）生产现场的清洁（标准条款：6.4.2）。生产现场是否处于与产品相协调的有序、清洁和维护的状态。

6.6.4 产品实现（标准条款：7）审核要点

1. 产品实现的策划（标准条款：7.1）

1）产品的过程是否确定。

2）是否形成了必要的文件，没有形成文件的过程和活动如何实施，是否明确了必要的资源。

3）验证和确认活动以及验收准则是否得到了规定。

4）是否规定了必要的质量记录。

5）是否针对特定的产品、项目或合同编制了质量计划。

6）产品实现的策划——补充（标准条款：7.1.1）。顾客要求和对其技术规范的引用是否包括在产品实现的策划中。

7）接收准则（标准条款：7.1.2）。

① 组织是否规定了接收准则，顾客要求时，是否得到了顾客批准。

② 对于计数型数据抽样，接收水平是否为零缺陷。

8）保密（标准条款：7.1.3）。

① 组织是否对顾客委托的产品、项目和有关产品信息进行了保密。

② 产品资料的查阅、发放能否保证不泄密。

9）更改控制（标准条款：7.1.4）。

① 组织是否有对影响产品实现的更改（包括供应商的更改）进行控制并做出反应的过程。

② 是否对任何更改的影响都进行了评估（如对更改进行FMEA分析），并规定了验证和确认活动（如进行试验和提交样件需经顾客确认），以确保与顾客要求相一致。

③ 更改在实施前是否得到了确认。

④ 对有专有权的设计，在实施变更前，是否与顾客共同进行了评审，评审更改对产品外形、配合、功能（包括性能/耐久性）的影响。

⑤ 当顾客有要求时，组织是否有能力满足顾客附加的验证/标识要求。

⑥ 任何影响顾客要求的变更，是否通知了顾客，并且得到了顾客的认可（除非顾客放弃）。

2. 与顾客有关的过程（标准条款：7.2）

1）组织如何确定产品的要求，确定的方法有哪些。

2）产品要求是否形成了文件。

3）与产品有关的强制性的法律法规有哪些。

4）产品要求有无文件规定。

5）是否在向顾客做出提供产品的承诺之前（如投标、接受合同或订单之前），对产品要求进行了评审，评审的内容有哪些，评审的结果及后续的跟踪措施是否做了记录。

6）产品要求变更后，文件是否及时更改了，是否将变更后的信息传递给了有关部门。

7）与顾客进行沟通的方式是什么，是否有效地进行了。

8）是否有部门向顾客提供产品信息，处理顾客的问询、订单。

9）是否对顾客的投诉进行了处理。

10）顾客指定的特殊特性（标准条款：7.2.1.1）。

① 组织在特殊特性的指定、形成文件和控制方面是否符合顾客的要求。

② 顾客指定及组织确定的特殊特性是否体现在下列文件中：DFMEA、PFMEA、控制计划、作业指导书、工艺流程图等。

11）组织制造可行性（标准条款：7.2.2.2）。在合同评审过程中，组织是否进行了产品制造的可行性和风险性分析，是否形成了文件。

12）顾客沟通——补充（标准条款：7.2.3.1）。组织是否有能力按顾客规定的语言和方式沟通必要的信息。

3. 设计和开发（标准条款：7.3）

1）是否对每项设计开发活动进行了策划，策划是否包括以下内容：

① 阶段的划分。

② 评审、验证和确认活动。

③ 完成设计开发活动人员的职责和权限。

2）是否明确了参与设计的不同组别之间的接口，是否进行了管理，沟通的效果如何。

3）设计开发计划、策划的输出是否随设计进展而适时的修改。

4）多方论证方法（标准条款：7.3.1.1）。组织是否用多方论证方法进行了产品实现的准备工作，包括以下各项：

① 特殊特性的开发/最终确认和监视。

② FMEAs 的开发和评审，包括采取降低潜在风险的措施。

③ 控制计划的开发和评审。

5）设计输入是否完整并形成了文件，这些文件是否通过了评审。

6）产品设计输入（标准条款：7.3.2.1）。

① 产品设计输入是否形成了文件，并进行了评审。

② 产品设计输入文件是否包括以下内容：

a. 顾客的要求，如特殊特性、标识、可追溯性和包装要求。

b. 从有关信息中获得的设计输入要求，如竞争对手分析、供方反馈等。

c. 产品的质量、寿命、可靠性、耐久性、可维修性、时间性和成本的目标。

7）制造过程设计输入（标准条款：7.3.2.2）。

① 制造过程设计的输入是否形成了文件并经过了评审。

② 制造过程设计输入是否包括以下内容：

a. 产品设计的输出结果。

b. 生产率、节拍、过程能力（Cpk、Ppk）及制造成本的目标。

c. 顾客的要求。

d. 以往的开发经验。

8）在设计输入中是否有对防错技术运用的要求。

9）特殊特性（标准条款：7.3.2.3）。

① 组织的设计文件中有无确定特殊特性。

② 是否做到以下内容：

a. 控制计划中包含所有的特殊特性。

b. 用来标识特殊特性的符号与顾客规定的定义和符号相符合。如顾客没有规定符号，组织应自己作出规定。

c. 在过程控制文件中，包括图样、FMEAs、控制计划及作业指导书上，用顾客的特殊特性符号或组织的等效符号对特殊特性进行标识。

10）设计输出是否都形成了文件，设计输出文件是否以能针对设计输入进行验证的方式来表达，文件发放前是否得到了批准。

11）设计输出文件。

① 是否符合输入要求。

② 是否为采购、生产和服务运作提供了适当信息。

③ 是否包含产品验收准则。

④ 是否规定了对安全和正常使用至关重要的产品特性值。

12）产品设计输出——补充（标准条款：7.3.3.1）。组织的产品设计输出是否包括以下内容：

① 设计 FMEA，可靠性结果。

② 产品特殊特性和规范。

③ 适当时，产品的防错措施，如唯一的装配方式设计。

④ 产品定义，包括图样和数字化资料。

⑤ 产品设计评审的结果。

⑥ 适用时，产品的诊断指南，如用户使用说明书等。

13）制造过程设计输出（标准条款：7.3.3.2）。

① 制造过程的输出是否以能够对照设计输入进行验证和确认的方式提出的。

② 制造过程设计输出是否包括：

a. 工艺规范和图样。

b. 制造过程流程图/布局（工艺布置图）。

c. 制造过程 FMEA。

d. 控制计划，控制计划是质量计划主要组成部分。

e. 作业指导书，如工艺卡、操作要领书、标准操作卡等，用于指导工人生产。

f. 过程批准接收准则，如 Cpk、Ppk 等。

g. 有关质量、可靠性、可维修性及可测量性的数据，以便能进行检验和试验。

h. 适当时，防错活动的结果，如带有防错功能的专用工装和检具。

i. 产品/制造过程不符合的及时发现和反馈方法。

14）是否在设计的适当阶段进行了设计评审，是否对评审的结果及跟踪措施进行了记录，评审中识别的问题是否得到了解决。

15）设计评审的参加者是否包括与所评审阶段有关的职能的代表。

16）监视（标准条款：7.3.4.1）。

① 是否规定了在设计的特定阶段对设计进行测量，是否对测量结果进行了分析、汇总，汇总结果是否报告给了有关人员或部门，是否作为了管理评审的输入。

② 设计测量/监控的对象是否包括质量风险/成本/提前期/关键路径/设计目标及其他适宜的方面。

17）是否对设计输出与设计输入的符合性进行了验证。

18）验证的结果及跟踪措施是否记录了。

19）是否进行了设计确认，确认活动能否确保产品满足预期的使用要求，确认的时间、方法是否恰当，确认的结果及跟踪措施是否记录了。

20）如进行局部确认，确认的范围、时间、方法是否符合标准要求。

21）设计和开发确认——补充（标准条款：7.3.6.1）。是否按照顾客要求（包括项目时间进度）进行了确认。

22）样件计划（标准条款：7.3.6.2）。

① 当顾客要求时，组织是否制订了样件计划和控制计划。

② 样件制造时，是否尽可能使用了与正式生产中相同的供方、工装和制造过程。

③ 是否对所有的性能试验活动进行了监视，以便能及时完成并符合要求；当这些试验外包时，组织是否对外包服务负责，包括提供技术指导。

23）产品批准过程（标准条款：7.3.6.3）。

① 组织是否符合由顾客承认的产品和制造过程的批准程序。

② 组织是否将顾客的产品和制造过程批准程序用在了对其供方的管理上。

24）设计和开发的更改是否形成了文件，是否对更改进行了评价。

25）是否对设计更改进行了适当的验证和确认，更改实施前是否得到了批准。

26）更改评审的结果及跟踪措施是否做了记录。

4. 采购（标准条款：7.4）

1）组织如何选择和评价供方，是否明确规定了选择和定期评价的准则。

2）是否明确了对供方控制的方式和程度，对供方控制的方式和程度是否体现了该产品对随后实现过程及其产品的影响程度。

3）对评价的结果和跟踪措施是否做了记录。

4）法规的符合性（标准条款：7.4.1.1）。组织能否确保所采购的产品或材料符合生产和销售国家的法律法规要求。

5）供方质量管理体系的开发（标准条款：7.4.1.2）。

① 组织的供方是否通过了 ISO 9001。

② 组织开发供方时，是否要求供方实施 ISO/TS 16949 标准，是否以此为目标。

6）顾客批准的供货来源（标准条款：7.4.1.3）。

① 组织中有无顾客指定的供方。

② 当组织从顾客指定的供方处采购时，组织是否对其采购的产品负责。

7）采购文件是否清楚地说明了采购信息。

8）采购文件发放前，是否对其规定要求的适宜性进行了评审，评审的方式是什么，是否有效。

9）是否规定了对采购产品进行验证的活动，是否得到了有效的实施。

10）当组织或组织的顾客在供方的现场进行验证时，是否在采购文件中作出了规定，规定是否包括验证的安排和产品放行的方法。

11）是否保存了对供方进行验证的记录。

12）进货产品的符合性要求（标准条款：7.4.3.1）。对进货产品的质量是否采取以下一种或多种方法进行了控制：

① 组织对进货质量进行统计分析，并对结果进行评价，作为对进货产品质量调整控制方法的依据。

② 可根据供方的业绩对进货抽样，进行检验和/或试验。

③ 结合可接受的已交付产品的质量记录，对供方现场进行第二方或第三方评定或审核。

④ 由指定的实验室进行的零件评价。

⑤ 与顾客达成一致的其他方法。

13）对供方的监视（标准条款：7.4.3.2）。

① 是否通过对供方业绩以下的指标进行监视，来实现对供方的监视，如以下几项：

a. 交付产品的质量，如 PPM。

b. 由于供方的原因导致顾客中断使用及使用中退回。

c. 按计划交付的业绩（包括附加运费情况的记录，如改变运输方式、退货等）。

d. 由于供方的原因，导致就质量和交付问题异常情况通知顾客的记录。

② 组织是否促进供方对其过程业绩进行监视，如初次运行的质量结果、前期时间的缩短、运行时间的优化、可视化管理的实施等。

14）当发现供方产品不能满足合同要求时，是如何处置的。

5. 生产和服务提供的控制（标准条款：7.5.1）

1）组织是否已确定了生产和服务的全过程。

2）是否获得了控制生产和服务过程的信息，包括产品特性、作业指导书等。

3）使用的设备、测量和监控装置是否满足需要。

4）是否对使用的设备进行了有效的维护保养，使设备处于完好状态。

5）有哪些特殊过程和关键过程，是否对其实施了监控活动。

6）是否设置了质量控制点，是否合理、正常和有效。

7）人员是否具备条件和资格。

8）是否对产品放行的条件、方法进行了规定，是否正确实施了。

9）是否对交付、交付后的活动进行了明确规定，交付时是否有保证产品质量的措施，能否做到产品交付给顾客时都是完好的，对交付、交付后活动的效果是否进行了验证。

10）是否对顾客的投诉进行了及时处理。

11）当对交付后的活动有明确的合同要求时，是否按合同的规定做好了这些工作。

12）控制计划（标准条款：7.5.1.1）。

① 组织是否针对所提供的产品在系统、子系统、部件和/或材料层次上制订了控制计划，控制计划是否包括散装材料及零件的生产过程，是否包括从进货至出厂的全过程。

② 组织是否有考虑了DFMEA和PFMEA的试生产控制计划和生产控制计划。

③ 控制计划是否包括以下内容：

a. 制造过程的控制方法。

b. 对特殊特性所采取的控制进行监视的方法。

c. 顾客要求的信息（如果有）。

d. 反应计划。

④ 在过程变的不稳定或从统计的角度不具备能力时，是否启动了规定的反应计划。

⑤ 反应计划是否包括遏制输出/百分之百检验及随后采取的纠正措施。

⑥ 当任何影响产品、制造过程、测量、物流、供货来源或FMEA的更改发生时，是否重新评审和更新了控制计划。

⑦ 顾客有要求时，更新后的控制计划是否得到了顾客批准。

13）作业指导书（标准条款：7.5.1.2）。

① 组织是否为所有负责影响产品质量的过程操作人员提供了形成文件的作业指导书。

② 操作人员在工作岗位上是否容易得到作业指导书。

③ 作业指导书是否来自于诸如质量计划、控制计划及产品实现过程。

14）作业准备的验证（标准条款：7.5.1.3）。

① 在作业的初次运行、材料更换、作业更改、生产过长停顿等情况下应进行作业准备，应对作业准备的状况进行验证。请问组织是否对作业准备进行了验证？

② 作业准备人员是否得到了作业指导书。

③ 组织使用何种方法进行作业准备的验证（末件比较或统计方法），方法是否正确。

15）预防性和预见性维护（标准条款：7.5.1.4）。

① 组织是否识别了关键过程设备。

② 组织是否建立了有效的、有计划的全面预防性维护系统，这个系统是否至少包括以下项目：

a. 有计划的维护活动。

b. 设备、工装和量具的包装和防护。

c. 备件的管理。

d. 将维护目标（设备完好率、设备总效率）形成文件，并予以评价和改进。

③ 组织是否采用了预见性维护方法。

16）生产工装的管理（标准条款：7.5.1.5）。

组织是否建立和实施了生产工装的管理体系，是否为工装和量具的设计、制造和验证活动提供了资源，这个体系是否包括以下各项：

① 建立工装维护和修理的设施并确保配备适宜的人员。

② 工装的储存，失效工装的修复。

③ 控制工装的准备，包括工装的设计、制造和验证。

④ 制订易损工装的更换计划，确保易损工装配件的可提供性，以防止影响产品质量和生产中断。

⑤ 控制工装设计的更改并保存更改文件，包括工装更改等级。

⑥ 控制工装的修改，防止因修改不当而导致的不合格。应根据顾客的要求通知顾客。在进行工装的修改时应对有关文件进行修订。

⑦ 对工装进行标识以防止误用导致不合格。标识应明确工装的状态，诸如在用、修理或废弃。

⑧ 如其中任何一项工作被外包，组织应对外包进行监视。

17）生产计划（标准条款：7.5.1.6）。

① 组织能否制订满足顾客要求的、准时的、由订单驱动的生产计划。

② 是否建立了支持生产计划的信息系统，这个系统能否在生产过程的关键阶段提供生产信息。

③ 组织的生产计划能否满足顾客的要求。

18）服务信息反馈（标准条款：7.5.1.7）。

为使组织了解其外部发生的不合格，组织应建立并保存一个信息沟通过程，使组织在服务过程中获得的外部信息能够与组织内部的制造、工程和设计部门进行沟通，以确保采取有效的措施。请问组织是否这样做？

19）与顾客的服务协议（标准条款：7.5.1.8）。当与顾客达成服务协议时，组织是否验证了以下项目的有效性：

① 组织的任何一个服务中心。

② 任何专用工具或测量设备。

③ 服务人员的培训。

6. 生产和服务提供过程的确认（标准条款：7.5.2）

1）组织内有哪些特殊过程。

2）是否对特殊过程进行了确认，确认时考虑了哪些因素，是否对确认的程序和方法进行了规定，是否满足标准要求。

3）在什么情况下进行再确认。

4）生产和服务提供过程的确认——补充（标准条款：7.5.2.1）。组织是否对生产和服务提供的所有过程进行了确认（不是仅仅只对特殊过程，7.5.2 适用于生产和服务提供的所有过程）。

7. 标识和可追溯性（标准条款：7.5.3）

1）适当时，组织是否以适宜的方式在生产和服务的全过程对产品进行了标识（在 ISO/TS 16949 中，要求在生产和服务的全过程对产品进行标识，而不再是适当时）；是否制订了有关标识的规定，标识用的标签等是否得到了有效管理。

2）当有可追溯性要求时（可能是自身规定或合同要求），其产品的标识是否具有唯一性，是否有相关记录。

3）用哪些方法对产品的监视和测量状态进行标识。

4）存放的方式是否能区分不同监视和测量状态的产品。

8. 顾客财产（标准条款：7.5.4）

1）组织里有哪些是顾客的财产。

2）是否对顾客的财产进行了标识、验证、保护和维护。

3）发生丢失、损坏或不适用的情况时，是否做了记录，是否向顾客报告了。

4）顾客所有的生产工装（标准条款：7.5.4.1）。

① 是否对顾客所有的设备、量具和工装进行了永久性标记，以使所属关系清晰可见并可以确定。

② 是否对顾客所有的生产工装进行了维护。

9. 产品防护（标准条款：7.5.5）

1）是否对产品提供了防护（标识、搬运、包装、储存和保护）。

2）搬运的方法和手段是否有效，能否防止产品变质或损坏。

3）产品的包装、防护标志是否充分及适当。

4）物资的储存条件是否适宜，是否对物资的出入库进行了控制，有失效期限的物资是否得到了有效的控制，是否按规定定期检查了库存品状况。

5）储存和库存（标准条款：7.5.5.1）。

① 组织是否按策划的适宜的时间间隔检查了库存品的状况。

② 组织建立的库存管理系统能否在确保交付的情况下，优化库存周转期以使其库存量最低。

③ 组织是否以对待不合格的类似方法控制过期产品（超过了保质期或保存期限的产品）。

10. 监视和测量装置的控制（标准条款：7.6）

1）是否对测量和确保产品符合规定要求所需的监视和测量装置进行了识别，是否配备了必要的监视和测量装置。

2）监视和测量装置的测量能力是否满足规定要求。

3）是否在使用前或按规定的周期对监视和测量装置进行了校准和检定，其依据是否可追溯到国际或国家标准，无标准时是否有可依据的文件。

4）是否保存了检定、校准的记录。

5）是否规定了防止校准失效的调整方法。

6）有否防止在搬运、维护和储存期间损坏或失效的措施（包括工作环境、储存条件等）。

7）当发现监视和测量装置偏离校准状态时，是否复评了以前测量结果的有效性，是否采取了相应的纠正措施。

8）用于监视和测量的软件，使用前是否已予以确认。

9）测量系统分析（标准条款：7.6.1）。

① 控制计划中提及的测量系统是否都进行了 MSA。

② MSA 所使用的分析方法及接受准则是否符合顾客的要求。

10）校准/验证记录（标准条款：7.6.2）。

所有的量具、测量和试验设备都应提供校准/验证活动的记录，用以提供符合确定的产品要求的证据，记录应包括以下内容：

① 设备标识，如果是自己校准，应包括校准设备所依据的测量标准。

② 由于制造工艺和产品更改对测量设备所引发的修订。

③ 在校准/验证时获得的任何超出规范的读数。

④ 对超出规范条件下（监测设备偏离校准状态）影响的评估。

⑤ 校准/验证后，符合规范的说明。

⑥ 在可疑产品或材料（可疑产品或材料是指监测设备偏离校准状态后测试的产品和材料）已发运的情况下，给顾客的通知。

请问是否这样做了？

11）实验室要求——内部实验室（标准条款：7.6.3——7.6.3.1）。

① 组织内部实验室设施是否有一个确定的范围，能进行哪些检验、试验或校准服务。

② 实验室是否至少规定并实施了以下方面的技术要求：

a. 实验室程序的充分性，程序的数量和描述的详略程度应确保实验过程的受控和试验结果的准确有效。

b. 实验室人员的能力，其能力应基于教育背景和工作经历。

c. 对试验样品和试验过程进行控制，确保试验结果的准确有效和可追溯性。

d. 试验和校准应该依据国际和国家标准（可行时），并满足顾客的要求。应保证试验和校准结果可溯源到相关标准。

e. 有关实验结果应经有关人员评审签字。

12）实验室要求——外部实验室（标准条款：7.6.3——7.6.3.2）。

① 外委的试验/校准项目是否包括在受委托的实验室范围内。

② 委托的实验室是否具有进行外委试验/校准的能力，是否满足下列条件之一：

a. 应有证据表明外部实验室对顾客是可以接受的。

b. 实验室应依据 GB/T 15481（idt ISO/IEC 17025）获得认可。

c. 顾客的评价或顾客批准的第二方评定等方式可作为证明实验室满足要求的证据。

③ 对于某一设备，当没有具有资格的实验室时，校准服务可由原设备制造厂进行，此时组织应确保其是有能力的。请问组织如何确保其有能力？

6.6.5 测量、分析和改进（标准条款：8）审核要点

1. 总则（标准条款：8.1）

1）是否对所需的监视和测量活动进行了策划和实施，有哪些监视和测量活动，这些活动是否能确保符合性和实施改进。

2）是否对监视和测量活动的方法和用途作了规定。

3）使用了哪些统计技术，其使用场合是否恰当，是否有效果。

4）应用统计技术的方法是否正确，是否有控制。

5）是否对有关人员进行过统计技术培训。

6）统计工具的确定（标准条款：8.1.1）。

① 组织是否在质量先期策划中确定了每一过程适用的统计工具。

② 确定了的统计工具是否包含在控制计划中。

7）基础统计概念知识（标准条款：8.1.2）。有关员工是否理解和使用了基础统计概念，如变差、控制（稳定性）、过程能力和过渡调整。

2. 顾客满意（标准条款：8.2.1）

1）是否规定了收集和分析顾客满意程度的信息的方法，方法是否适当，是否得到了执行。注意：顾客包括内部和外部顾客，内部顾客指公司员工。

2）如果分析发现顾客满意程度明显下降，是否采取了改进措施？

3）顾客满意——补充（标准条款：8.2.1.1）。

① 顾客满意是否通过对产品实现过程业绩的持续评价来体现。

② 业绩指标是否至少包括以下内容：

a. 交付零件的质量性能：指向顾客供货的质量状况，如供货 PPM。

b. 顾客中断使用及使用中退回。

c. 交付计划的业绩（包括超额运费情况）：交付及时率，超额运费情况。

d. 与质量、交付有关的特殊情况给顾客的通知：给顾客通知的数量及顾客的反应情况。

③ 组织是否对制造过程的业绩进行了监视，以证实其符合顾客对产品质量和过程效率的要求。

3. 内部审核（标准条款：8.2.2）

1）是否制订并执行了内部审核文件化程序，文件化程序是否包括实施审核、确保审核的独立性、记录审核结果并向管理者报告的职责和要求。

2）是否进行了内部审核策划，策划是否符合组织现状，策划是否考虑了受审核的活动和区域的状况和重要程度以及以往审核的结果，是否规定了审核的范围、频次和方法。

3）是否制订了内审实施计划并按照其实施了。

4）审核是否由非从事受审核活动的人员进行的，审核员是否经过了培训，并取得了资格证，审核员是否具备独立性。

5）审核中发现的不合格是否采取了纠正措施，是否对纠正措施进行了验证并将验证结果报告给了相关部门。

6）每次审核结论是否形成了书面报告，并经主管领导审核后分发到了有关部门。

7）质量管理体系审核（标准条款：8.2.2.1）。审核的内容是否包括 ISO/TS 16949 的要求及任何附加的质量管理体系要求。

8）制造过程审核（标准条款：8.2.2.2）。组织是否对每一个制造过程进行了审核，以确定其有效性？

9）产品审核（标准条款：8.2.2.3）。组织是否按规定的频次，在生产和交付的适当阶段进行了产品审核，以验证符合所有规定的要求，如产品尺寸、功能、包装和标签。

10）内部审核计划（标准条款：8.2.2.4）。

① 内审是否覆盖了所有的过程、活动和班次，是否按年度审核计划进行了日程安排。

② 当发生内部/外部不合格或顾客抱怨时，是否适当增加了审核频次。

③ 是否对质量管理体系审核、过程审核、产品审核编制了各自的审核指导文件，如检查表。

11）内审员资格（标准条款：8.2.2.5）。组织是否具有有资格审核本标准要求的内审员？

4. 过程的监视和测量（标准条款：8.2.3）

1）是否采用了适当的方法对质量管理体系过程进行了监视和测量，效果如何；采用的方法是否能对过程持续满足其预定目的的能力进行证实，监视和测量结果未达到要求时，是否采取了纠正和纠正措施。

2）制造过程的监视和测量（标准条款：8.2.3.1）。

① 组织是否对所有新的制造过程进行了过程研究，以验证其过程能力，为过程控制提供附加的输入要求。

② 过程研究的结果是否形成了文件，包括作业指导书、检验指导书、维护指导书等；文件中是否包括制造过程能力、可靠性、可维修性和可用性的目标及其接收准则。

③ 组织是否通过实施且符合控制计划、过程流程图、测量技术、抽样计划和当未满足接收准则时的反应计划来保持或超出 PPAP 批准时的过程能力或性能。

④ 重大过程事件（更换工装、修理机器等）是否有记录（可直接记录在控制图中）。

⑤ 对不稳定的或过程能力不足的特性，组织是否实施了控制计划中的反应计划；反应计划是否包含限制过程输出和100%的检查；为保证过程变得稳定和有能力，组织是否进一步实施了有明确进度和责任要求的纠正措施计划（顾客有要求时，该计划应与顾客共同评审并得到顾客批准）。

⑥ 当顾客要求的能力或性能改变时，控制计划是否进行了相应的更改。

⑦ 组织是否保存了过程更改生效日期的记录。

5. 产品的监视和测量（标准条款：8.2.4）

1）在产品实现过程的哪些阶段实施了产品的监视和测量。

2）是否编制了验收的准则。

3）符合验收准则的证据是否形成了文件（质量记录）；记录是否指明了授权负责产品放行的责任者。

4）有无授权人员（或顾客）批准放行产品和交付服务的特例情况，是否满足要求。

5）全尺寸检验和功能试验（标准条款：8.2.4.1）。是否按控制计划的规定，依据顾客工程材料及性能标准对所有产品进行了全尺寸检验及功能验证；全尺寸检验和功能试验的结果是否可供顾客评审。

6）顾客指定的外观项目（标准条款：8.2.4.2）。

① 在评价区内是否有适当的照明。

② 能否得到所有适当的标准样件。

③ 标准样件和评价设备是否得到了充分的维护和控制。

④ 对外观检验人员的资格是否进行了验证。

6. 不合格品控制（标准条款：8.3）

1）是否制订了不合格品控制程序并正确执行了。

2）是否对不合格品和标识和控制进行了规定，控制的措施包括哪些，是否有效果。

3）不合格品是否得到了处置，处置的方法有哪些，纠正后的不合格品是否再次验证了。

4）交付和开始使用后发现产品不合格时，组织是否采取了措施，是否有效实施了。

5）对让步处理是否作出了规定，让步处理时是否向顾客和/或有关部门报告了。

6）是否保存了返工、返修和重新验证的记录。

7）不合格品控制——补充（标准条款：8.3.1）。状态未经标识或可疑的产品，是否归类为不合格产品？

8）返工产品的控制（标准条款：8.3.2）。

① 有关操作者在工作场所是否易于得到并使用返工指导书。

② 可见到返工痕迹的产品用于维修用途时，是否得到了顾客维修部门的批准。

9）顾客通知（标准条款：8.3.3）。如果有不合格品被发运，是否立即通知了顾客，并进行了必要的追回工作。

10）顾客特许（标准条款：8.3.4）。

① 当产品或过程与现行批准的产品或过程不同时，组织是否得到了顾客的授权批准。

② 组织是否保存了顾客特许的产品授权（EAPAs）的期限和数量的记录。

③ 当授权期满时，能否确保符合原有的或替代的规范和要求。

④ 被批准的材料装运时，是否在每一个集装箱上都作了适当标识。

⑤ 当顾客特许适用于采购的产品时，在提交给顾客前，组织应与供方就其提出的任何要求达成一致。请问是否这样做了？

7. 数据分析（标准条款：8.4）

1）组织对哪些数据进行了收集和分析，对收集和分析的方法有无规定，采用了哪些统计技术。

2）分析的数据提供了哪些信息，是否包括下列信息：

① 顾客满意。

② 与产品要求的符合性。

③ 过程、产品的特性及其趋势。

④ 供应商（供方）。

3）是否利用分析结果评价了质量体系的适宜性和有效性；是否利用数据分析的结果进行了改进活动。

4）数据的分析与使用（标准条款：8.4.1）。

① 是否将质量和运行业绩趋势与经营计划中所确定的目标进行了比较，并根据比较结果形成了措施以支持下列各项：

a. 确定迅速解决与顾客相关问题的优先顺序。

b. 确定与顾客相关的关键趋势和相互关系以支持现状评审（如5.6.1.1质量管理体系业绩评审）、决策和长期策划。

c. 及时报告产品使用信息的信息系统。

② 是否将数据与竞争对手和/或适当的基准加以比较，以识别差距和支持目标改进。

③ 数据的确定、收集和分析活动能否支持经营计划的实施和管理目标的实现。

8. 改进（标准条款：8.5）

1）组织是否对持续改进质量管理体系所必要的过程进行了策划和管理。

2）组织的持续改进（标准条款：8.5.1.1）。组织是否确定了一个持续改进的过程。

3）制造过程的改进（标准条款：8.5.1.2）。制造过程改进是否持续的关注于产品特性及制造过程参数变差的控制和减少。

4）是否制订了纠正和预防措施的程序文件。

5）纠正措施的程序文件是否包括以下内容：

① 评审不合格（包括顾客抱怨）。

② 确定不合格原因。

③ 评价确保不合格不再发生的措施的需求。

④ 确定和实施所需的纠正措施。

⑤ 记录所采取措施的结果。

⑥ 评审所采取的纠正措施。

6）解决问题（标准条款：8.5.2.1）。

① 组织是否有一个确定的过程用于解决问题，使根本原因得到识别并消除。

② 如果有顾客规定的解决问题的方式，组织是否采用了此方式来解决问题。

7）防错（标准条款：8.5.2.2）。组织在其纠正和预防措施中是否采用了适当的防错技术。

8）纠正措施影响（标准条款：8.5.2.3）。适用时，组织是否考虑了纠正措施对其他产品的影响；是否将纠正措施应用于其他类似的过程和产品，以消除不合格的原因。

9）拒收产品的试验/分析（标准条款：8.5.2.4）。

① 是否对从顾客制造厂、工程部门及经销商处退回的产品进行了及时分析；是否保存有分析记录并且在需求时可以得到。

② 是否尽可能缩短退货产品试验/分析过程的周期。

③ 必要时，组织是否采取了纠正措施以防止再发生。

10）预防措施的程序文件是否包括以下内容：

① 确定潜在不合格及其原因。

② 评价防止不合格发生的措施的需求。

③ 确定并实施所需的预防措施。

④ 记录所采取措施的结果。

⑤ 评审所采取的预防措施。

11）纠正和预防措施的状况是否成为了管理评审的输入。

12）改进、纠正和预防措施引起的文件更改是否执行了文件控制程序。

6.7　审核检查表案例

案例 6-2 ~ 案例 6-12 是用过程方式编制的用于 ISO/TS 16949 质量管理体系审核的检查表。此种检查表全面考虑了过程的输入、过程的活动及其必要条件

（如职责、过程绩效指标、人的资质、过程需要的资源、过程运行的方法、过程运行应具备的环境等）以及过程的输出，可以保证过程得到完整的审核，并且能使过程的四个基本问题得到重点的审核：

1）过程是否已被识别并适当地规定。

2）职责是否已被分配。

3）程序是否得到了实施和保持。

4）在实现所要求的结果方面，过程是否有效。

案例 6-2 ~ 案例 6-12 审核检查表中的“标准条款”填写与所提问题相对应的 ISO/TS 16949 标准条款，“文件条款”填写与所提问题相对应的文件代号及条款（一般指程序文件）；“文件查阅”是指对所提出的问题应查阅相关的文件、记录；表中的“现场检查”是指对所提出的问题应通过现场观察、实地抽检去验证；这些栏目应在编制审核检查表时就应该完成。

表中“检查结果”一栏记录审核时发现的不符合项及潜在不符合项，在现场审核时填写。

6.8 通知受审核部门

审核组长在审核前的 3 ~ 5 天与受审核部门的领导协商确定审核的具体时间、受审核部门的陪同人员以及审核中双方关心的其他问题等，以使审核工作顺利进行。商妥后，即发出书面审核实施计划，使受审核部门能早日安排好工作，迎接审核。

案例 6-2：“产品设计和开发过程”审核检查表示例

“产品设计和开发过程”审核检查表

受审核过程：产品设计和开发				编制/日期：		批准/日期：		
审核员：				审核日期：				
检查项目		检查方法						检查结果
		提问（含过程的相关要素）	标准条款	文件条款	文件查阅	现场检查	审核地点	
1. 任务下达	1.1 横向职能小组（APQP 小组）的成立	◆ 公司总经理是否根据公司内外反馈的信息下达了“产品质量先期策划任务书”	7.3.1	COP12/4.1.1	√		研发部	
		◆ 横向职能小组成员是否体现了跨部门的特点	7.3.1.1	COP12/4.1.2	√		研发部	

（续）

受审核过程：产品设计和开发				编制/日期：		批准/日期：		
审核员：				审核日期：				
检查项目		检查方法						检查结果
		提问（含过程的相关要素）	标准条款	文件条款	文件查阅	现场检查	审核地点	
1. 任务下达	1.2 APQP 工作计划的下达	◆“APQP 工作计划书”是否完整？是否提出了设计目标	7.3.1	COP12/4.1.4	√		研发部	
2. 计划和确定项目阶段	2.1 顾客信息的收集与研究	◆营销部是否进行了市场调研并提交了“市场调研分析报告”给 APQP 小组	（以下略）	（以下略）	√		研发部	
		◆品管部是否对现有产品的质量信息进行了研究并提交了“现有产品质量分析报告”给 APQP 小组			√		研发部	
		◆有无发掘 APQP 小组成员及其他有关人员的经验？个人建议是否形成了“产品开发个人建议书”			√		研发部	
	2.2 顾客的业务计划与营销战略的研究	◆APQP 小组是否对顾客的业务计划与营销战略进行了研究并形成了“顾客业务计划与营销战略研究报告”			√		研发部	
	2.3 标杆分析	◆APQP 小组是否进行了标杆分析并填写了“标杆分析报告”			√		研发部	
	2.4 产品/过程的设想	◆APQP 小组是否将产品设想形成了“产品的初步构思方案”，送生产副总经理批准后下发			√		研发部	
	2.5 先行试验与可靠性研究	◆品管部是否进行了先行试验与可靠性研究。试验与研究的结果是否形成了“先行试验与可靠性研究报告”			√	√	品质管理部	
	2.6 立项可行性分析	◆是否编写了“初始材料（零件）清单”			√		研发部	
		◆是否编写了“产品及过程特殊特性初始清单”			√		研发部	

（续）

受审核过程：产品设计和开发			编制/日期：		批准/日期：			
审核员：				审核日期：				
检查项目		检查方法						检查结果
		提问（含过程的相关要素）	标准条款	文件条款	文件查阅	现场检查	审核地点	
2. 计划和确定项目阶段	2.6 立项可行性分析	◆ 是否绘制了初始过程流程图			√		研发部	
		◆ 是否编写了“产品立项可行性分析报告”			√		研发部	
	2.7 产品开发立项的批准	◆“产品立项可行性分析报告”是否经总经理批准了			√		研发部	
	2.8 产品保证计划——设计任务书的编制与评审	◆“产品保证计划——设计任务书”内容是否完整？是否明确规定了设计的目标和要求			√		研发部	
		◆ APQP小组组长是否组织有关人员对“产品保证计划——设计任务书”进行了评审			√		研发部	
	2.9 计划和确定项目阶段的总结	◆ APQP小组在计划和确定项目阶段的工作结束时，是否对这一阶段的工作进行了总结评审并形成了“项目计划与确定评审报告”			√		研发部	
		◆ 是否将“项目计划与确定评审报告”送达有关管理人员了			√		研发部	
3. 产品设计和开发阶段	3.1 初步技术设计	◆ 设计时，是否考虑了产品的可制造性（DFM）和可装配性（DFA）			√		研发部	
		◆“设计方案说明书”内容是否完整			√		研发部	
		◆ 设计计算是否正确			√		研发部	
		◆ 方案设计总体图、线路图（原理图）是否规范			√		研发部	
		◆ 是否进行了设计失效模式及后果分析（DFMEA）？APQP小组是否用“DFMEA检查表”对DFMEA的完整性进行了检查			√		研发部	

（续）

受审核过程：产品设计和开发		编制/日期：		批准/日期：				
审核员：			审核日期：					
检查项目		检查方法						检查结果
		提问（含过程的相关要素）	标准条款	文件条款	文件查阅	现场检查	审核地点	
3. 产品设计和开发阶段	3.2 初步技术设计评审	◆ 产品研发部是否组织APQP小组以及其他有关的职能部门对初步设计进行了评审并形成了“设计评审报告”			√		研发部	
	3.3 工作图样设计	◆ 技术图样是否完整？是否将特殊特性标识在了相关图样及设计文件中			√		研发部	
		◆ 产品标准（含包装标准）内容是否正确、完整			√		研发部	
		◆ 采购物资技术要求（材料标准）是否可操作			√		研发部	
		◆ 有无产品和过程特殊特性清单			√		研发部	
		◆ 包装图样及包装文件是否完整、正确			√		研发部	
		◆ 全套图样及设计文件是否经过了产品研发部经理的批准			√		研发部	
	3.4 编制样件制造控制计划	◆ 是否编制了“样件制造控制计划”？APQP小组是否用“控制计划检查表”对“样件制造控制计划”的完整性进行了检查			√		研发部	
	3.5 提出所需的新设施、设备和工装	◆ 是否进行了运作有效性的评价？是否在运作有效性评价的基础上，编制了“新增或改进的设施、设备和工装的制造、采购计划”			√		生产技术部	
	3.6 提出所需的新量具、试验设备	◆ 是否进行了运作有效性的评价？是否在运作有效性评价的基础上，编制了“新增或改进的量具/试验设备的制造、采购计划”			√		品质管理部	

（续）

<table>
<tr><td colspan="3">受审核过程：产品设计和开发</td><td colspan="3">编制/日期：</td><td colspan="3">批准/日期：</td></tr>
<tr><td colspan="4">审核员：</td><td colspan="5">审核日期：</td></tr>
<tr><td colspan="2" rowspan="2">检查项目</td><td colspan="6">检查方法</td><td rowspan="2">检查结果</td></tr>
<tr><td>提问（含过程的相关要素）</td><td>标准条款</td><td>文件条款</td><td>文件查阅</td><td>现场检查</td><td>审核地点</td></tr>
<tr><td rowspan="6">3. 产品设计和开发阶段</td><td rowspan="2">3.7 样机试制与设计验证</td><td>◆ 品质管理部是否对样机进行了型式试验，并出具了“型式试验报告”</td><td></td><td></td><td>√</td><td></td><td>研发部</td><td></td></tr>
<tr><td>◆ 产品研发部是否根据样机试制情况及型式试验报告，编写了“设计验证报告”</td><td></td><td></td><td>√</td><td></td><td>研发部</td><td></td></tr>
<tr><td>3.8 向顾客送样</td><td>◆ 营销部是否将样机与相关资料送交了顾客，并将顾客对样机的评价报告送交给 APQP 小组及相关部门了</td><td></td><td></td><td>√</td><td></td><td>研发部</td><td></td></tr>
<tr><td>3.9 样机鉴定</td><td>◆ 研发部是否组织进行了样机鉴定并整理出了“样机鉴定报告”</td><td></td><td></td><td>√</td><td></td><td>研发部</td><td></td></tr>
<tr><td rowspan="3">3.10 APQP 小组可行性评审及承诺</td><td>◆ APQP 小组是否用“设计信息检查清单”对设计的可行性、有效性作出了评价</td><td></td><td></td><td>√</td><td></td><td>研发部</td><td></td></tr>
<tr><td>◆ APQP 小组是否用“小组可行性承诺”的方式承诺达到规定的要求</td><td></td><td></td><td>√</td><td></td><td>研发部</td><td></td></tr>
<tr><td>◆“设计信息检查清单”及“小组可行性承诺”是否呈送给了有关管理人员以获得其支持</td><td></td><td></td><td>√</td><td></td><td>研发部</td><td></td></tr>
<tr><td rowspan="4">4. 过程设计和开发阶段</td><td>4.1 产品/过程质量体系审核</td><td>◆ APQP 小组是否用“产品/过程质量检查表”对现有质量体系进行了评审</td><td></td><td></td><td>√</td><td></td><td>研发部</td><td></td></tr>
<tr><td rowspan="2">4.2 编制正式的工艺流程图</td><td>◆ 是否编制了正式的工艺流程图</td><td></td><td></td><td>√</td><td></td><td>生产技术部</td><td></td></tr>
<tr><td>◆ APQP 小组是否用“过程流程图检查表”对工艺流程图进行了评价</td><td></td><td></td><td>√</td><td></td><td>生产技术部</td><td></td></tr>
<tr><td>4.3 编制车间平面布置图</td><td>◆ 是否编制了车间平面布置图</td><td></td><td></td><td>√</td><td></td><td>生产技术部</td><td></td></tr>
</table>

（续）

受审核过程：产品设计和开发		编制/日期：		批准/日期：			
审核员：			审核日期：				
检查项目	检查方法						检查结果
	提问（含过程的相关要素）	标准条款	文件条款	文件查阅	现场检查	审核地点	
4. 过程设计和开发阶段	4.3 编制车间平面布置图	◆ APQP 小组是否用“车间平面布置检查表”对车间平面布置图进行了检查			√		生产技术部	
	4.4 编制特性矩阵图（必要时）	◆ 是否编制了必要的特性矩阵图，显示产品特性与工艺过程的对应关系			√		生产技术部	
	4.5 过程失效模式及后果分析（PFMEA）	◆ 是否进行了过程失效模式及后果分析 ◆ APQP 小组是否用“PFMEA 检查表”对 PFMEA 的完整性进行了检查			√ √		生产技术部 生产技术部	
	4.6 编制试生产控制计划	◆ 是否编制了“试生产控制计划” ◆ APQP 小组是否用“控制计划检查表”对“试生产控制计划”的完整性进行了检查			√ √		生产技术部 生产技术部	
	4.7 编制过程指导书	◆ 是否编制了生产、工艺管理作业指导书 ◆ 是否编制了包装作业指导书 ◆ 是否编制了检验作业指导书			√ √ √		生产技术部 生产技术部 品质管理部	
	4.8 编写测量系统分析（MSA）计划	◆ 是否编制了测量系统分析（MSA）计划			√		品质管理部	
	4.9 编制初始过程能力研究计划	◆ 是否编制了初始过程能力研究计划			√		生产技术部	
	4.10 过程设计和开发阶段的总结评审	◆ APQP 小组是否在过程设计和开发阶段结束时安排了正式的总结评审，并将总结评审的结论形成了“过程设计和开发总结报告”			√		研发部	

（续）

受审核过程：产品设计和开发		编制/日期：			批准/日期：		
审核员：			审核日期：				
检查项目		检查方法					检查结果
		提问（含过程的相关要素）	标准条款	文件条款	文件查阅	现场检查	审核地点	
5. 产品和过程确认阶段	5.1 试生产	◆ APQP小组是否发了“产品试制通知单”给相关部门			√		生产技术部	
		◆ APQP小组是否用“新设备、工装和试验设备检查表”检查了新设备、工装和试验设备的准备情况			√		生产技术部	
		◆ 是否对试制工作进行了总结，并编写了“产品试制总结报告”			√		生产技术部	
	5.2 测量系统评价	◆ 试生产过程中，品质管理部是否按“测量系统分析计划”的要求进行了测量系统分析			√		品质管理部	
	5.3 初始过程能力研究	◆ 试生产过程中，是否按“初始过程能力研究计划”的要求进行了初始过程能力研究			√		生产技术部	
	5.4 进行生产确认试验	◆ 是否对所有试生产的产品进行了常规检测？是否抽取1~3台产品（顾客有要求时，抽取顾客要求的数量）进行了型式试验并出具了型式试验报告			√		品质管理部	
	5.5 进行包装评价工作（必要时）	◆ 是否采用试运装和台架试验的方式对产品包装进行了试验，出具了“包装试验报告”			√		品质管理部	
	5.6 组织进行生产件批准（PPAP）	◆ 顾客要求进行生产件批准时，是否组织进行了生产件批准			√		营销部	
		◆ 顾客未要求进行生产件批准时，是否按顾客规定的其他方式组织了送样工作			√		营销部	
	5.7 产品定型鉴定（设计确认）	◆ 是否进行了产品定型鉴定并形成了“产品鉴定报告”？确认中的问题是否得到了解决			√		研发部	

（续）

受审核过程：产品设计和开发		编制/日期：				批准/日期：	
审核员：			审核日期：				
检查项目		检查方法					检查结果
		提问（含过程的相关要素）	标准条款	文件条款	文件查阅	现场检查	审核地点	
5. 产品和过程确认阶段	5.8 编制生产控制计划	◆ 是否编制了供批量生产的“生产控制计划”？APQP小组是否用“控制计划检查表”对“生产控制计划”的完整性进行了检查			√		生产技术部	
	5.9 产品质量先期策划的总结和认定	◆ 是否用“产品质量策划总结和认定表”对整个产品质量先期策划各阶段的工作进行了全面的总结和认定			√		研发部	
6. 反馈、评定和纠正措施阶段	6.1 收集生产、产品使用、交付服务中的信息，以改进产品质量策划中的不足	◆ 是否收集了生产、产品使用、交付服务中的信息，以改进产品质量策划中的不足			√		研发部	
7. 设计和开发过程目标的实现情况	7.1 项目计划完成率	◆ 项目计划完成率是多少？有无达到目标要求？未达到目标要求时，如何改进			√		研发部	
	7.2 PPAP一次通过率	◆ PPAP一次通过率是多少？有无达到目标要求？未达到目标要求时，如何改进			√		研发部	
	7.3 阶段评审通过率	◆ 阶段评审通过率是多少？有无达到目标要求？未达到目标要求时，如何改进			√		研发部	

案例6-3：“供应商评价和开发过程”审核检查表示例

“供应商评价和开发过程”审核检查表

受审核过程：供应商评价和开发	编制/日期：	批准/日期：
审核员：	审核日期：	

检查项目		检查方法						检查结果
		提问（含过程的相关要素）	标准条款	文件条款	文件查阅	现场检查	审核地点	
1. 供应商能力的书面调查		◆ 供应商评价开始前，是否对其能力进行了书面调查并填写了“供应商能力调查表”			√		采购部	
		◆ 供应商提供的产品是否符合生产国和销售国法律法规的要求			√		采购部	
2. 供应商的评价方法	2.1 样品评价	◆ 品质管理部是否对供应商提供的样品进行了确认并出具了“样品确认订单”？样品是否供应商在正常生产条件下生产的产品？是否符合生产国和销售国法律法规的要求			√		采购部	
	2.2 供应商能力/管理体系现场评价	◆ 采购部是否组织了对供应商能力/管理体系的现场评价并填写了“供应商现场评价报告”			√		采购部	
3. 供应商的评价	3.1 重要物资供应商的评价	◆ 是否按“样品评价＋供应商现场评价”的方式对重要物资供应商进行了评价			√		采购部	
		◆ 是否对重要物资供应商实施了产品批准？供应商第一批送货前，是否得到了完全批准			√		采购部	
	3.2 一般物资供应商的评价	◆ 是否按“样品评价”的方式对一般物资供应商进行了评价			√		采购部	
	3.3 “供应商入选审查表”的填写	◆ 采购部是否填写了“供应商入选审查表”，记录入选评价结果及评价所引发的任何必要措施			√		采购部	
4. 合格供应商的选择与审批		◆ 采购部是否依据“供应商入选审查表”对供应商进行了分析、比较，选择出了合格的供应商，并填写了“合格供应商名册”			√		采购部	

（续）

<table>
<tr><td colspan="3">受审核过程：供应商评价和开发</td><td colspan="3">编制/日期：</td><td colspan="3">批准/日期：</td></tr>
<tr><td colspan="4">审核员：</td><td colspan="5">审核日期：</td></tr>
<tr><td colspan="2" rowspan="2">检查项目</td><td colspan="6">检查方法</td><td rowspan="2">检查结果</td></tr>
<tr><td>提问（含过程的相关要素）</td><td>标准条款</td><td>文件条款</td><td>文件查阅</td><td>现场检查</td><td>审核地点</td></tr>
<tr><td rowspan="5">5. 合格供应商的控制</td><td>5.1 进货产品的质量监控</td><td>◆ 对进货产品的质量是否采取以下一种或多种方法进行了控制：
a. 组织对进货质量进行统计分析，并对结果进行评价，作为对进货产品质量调整控制方法的依据
b. 可根据供方的业绩对进货进行抽样，检验和/或试验
c. 结合可接受的已交付产品的质量记录，对供方现场进行第二方或第三方评定或审核
d. 由指定的实验室进行的零件评价
e. 与顾客达成一致的其他方法</td><td></td><td></td><td>√</td><td></td><td>采购部
品质管理部</td><td></td></tr>
<tr><td>5.2 年度考核</td><td>◆ 是否对供应商进行了年度考核？考核指标是否包括：质量、交期、超额运费、价格、服务（配合性、纠正措施回复）、顾客反映（包括顾客中断使用及使用中退回）
◆ 采购部是否将考核成绩登记在“供应商年度考核表”上了</td><td></td><td></td><td>√
√</td><td></td><td>采购部
采购部</td><td></td></tr>
<tr><td rowspan="2">5.3 日常监控</td><td>◆ 同一供应商同一产品连续两次（批）出现不合格时或造成生产中断时，品质管理部是否以“纠正和预防措施要求单”的形式要求其改进了？如改进无效果，品质管理部是否填写了“供应商资格取消申请表”</td><td></td><td></td><td>√</td><td></td><td>品质管理部</td><td></td></tr>
<tr><td>◆ 供应商价格、交货期、服务水准低劣时，采购部是否填写了“供应商资格取消申请表”</td><td></td><td></td><td>√</td><td></td><td>采购部</td><td></td></tr>
<tr><td>5.4 监督改进</td><td>◆ 是否要求供应商监控自身的过程业绩了</td><td></td><td></td><td>√</td><td></td><td>采购部</td><td></td></tr>
</table>

（续）

受审核过程：供应商评价和开发			编制/日期：		批准/日期：			
审核员：				审核日期：				
检查项目		检查方法						检查结果
		提问（含过程的相关要素）	标准条款	文件条款	文件查阅	现场检查	审核地点	
6. 供应商质量管理体系的开发		◆ 供应商是否都通过了 ISO 9001 ◆ 有无要求供应商逐步通过 ISO/TS 16949 的计划			√		采购部	
7. 供应商评价和开发过程指标的实现情况	7.1 供方 PPAP 一次通过率	◆ 供方 PPAP 一次通过率是多少？有无达到目标要求？未达到目标要求时，如何改进			√		品质管理部	
	7.2 A 级供方比例	◆ A 级供方比例是多少？有无达到目标要求？未达到目标要求时，如何改进			√		采购部	
	7.3 ISO 9001 或 ISO/TS 16949 通过率	◆ 供应商 ISO 9001 或 ISO/TS 16949 通过率是多少？有无达到目标要求？未达到目标要求时，如何改进			√		采购部	
	7.4 供方原因造成的顾客中断和退货次数	◆ 供方原因造成的顾客中断和退货次数是多少？有无超过目标的规定？未达到目标要求时，如何改进			√		采购部	

案例 6-4：“采购过程”审核检查表示例

“采购过程”审核检查表

受审核过程：采购			编制/日期：		批准/日期：			
审核员：				审核日期：				
检查项目		检查方法						检查结果
		提问（含过程的相关要素）	标准条款	文件条款	文件查阅	现场检查	审核地点	
1. 采购文件的完整性	1.1 采购技术文件	◆ 采购文件以什么方式（技术图样、技术文件、采购协议书、采购单）体现	（略）	（略）	√		采购部	
		◆ 采购文件是否清楚地说明了对采购物资的要求（含法规要求）			√		采购部	

（续）

受审核过程：采购		编制/日期：				批准/日期：	
审核员：			审核日期：				
检查项目		检查方法					检查结果
		提问（含过程的相关要素）	标准条款	文件条款	文件查阅	现场检查	审核地点	
1. 采购文件的完整性	1.1 采购技术文件	◆ 采购文件发放前是否由相关部门经理或其授权人批准了	（略）	（略）	√		采购部	
		◆ 当需要在供应商货源处对所采购的产品进行验证时，是否在采购单/采购合同中就验证的安排和产品的放行办法作出了说明			√		采购部	
	1.2 采购合同	◆ 采购部是否与供应商签订了采购合同？采购合同的内容是否包括质量验收要求、交付方式、结算方式、违约责任以及对供应商的产品、程序、过程、设备、人员、质量体系、环境、安全生产的要求等内容			√		采购部	
2. 采购计划	2.1 月采购计划	◆ 采购员是否根据生产计划科的月物料请购计划制订了“月采购计划”			√		采购部	
	2.2 临时采购	◆ 临时采购的物资，相关部门是否填写了“请购单”（紧急请购单应加盖“加急”印章），交予采购部实施			√		采购部	
3. 采购的实施		◆ 采购员是否从“合格供应商名册”中选择了合适的供应商，向其发出“采购单”及有关资料			√		采购部	
		◆ 采购活动中出现障碍时，采购部是否及时用联络单通知了有关部门			√		采购部	
		◆ 采购员是否将采购物资的到货情况、质量情况、延误造成的生产中断情况、退货情况、供应商支付的超额费用情况记录在“物资到货登记表”上了			√		采购部	

（续）

受审核过程：采购		编制/日期：				批准/日期：		
审核员：			审核日期：					
检查项目		检查方法						检查结果
		提问（含过程的相关要素）	标准条款	文件条款	文件查阅	现场检查	审核地点	
4. 例外采购		◆ 例外采购后是否补办了评价手续			√		采购部	
5. 采购事项的变更		◆ 当采购需求有变化时，相关部门是否下达了联络单给采购员			√		采购部	
6. 采购物资的验证		◆ 当顾客要求在本公司或供应商处对供应商的产品进行验证时，公司如何做			√		采购部	
		◆ 采购物资到厂后，品质管理部是否进行了来料检验并做好了“供应商来料质量情况登记表”（接“进货检验控制程序”）			√		品质管理部	
7. 采购过程目标的实现情况	7.1 采购产品批合格率	◆ 采购产品批合格率是多少？有无达到目标要求？未达到目标要求时，如何改进			√		品质管理部	
	7.2 交付准点率	◆ 交付准点率是多少？有无达到目标要求？未达到目标要求时，如何改进			√		采购部	
	7.3 交货延误造成的生产中断次数/月	◆ 每月交货延误造成的生产中断次数是多少？有无超过目标规定的次数？未达到目标要求时，如何改进			√		采购部	
	7.4 退货率	◆ 退货率是多少？有无超过目标规定的退货率？未达到目标要求时，如何改进			√		采购部	
	7.5 供应商支付的超额费用	◆ 供应商支付的超额费用是多少？有无超过目标规定的超额费用？未达到目标要求时，如何改进			√		采购部	

案例 6-5："监视和测量设备控制过程" 审核检查表示例

"监视和测量设备控制过程" 审核检查表

受审核过程：监视和测量设备控制	编制/日期：				批准/日期：	
审核员：	审核日期：					

检查项目	检查方法						检查结果
	提问（含过程的相关要素）	标准条款	文件条款	文件查阅	现场检查	审核地点	
1. 监测设备的申购	◆ 需要监测设备时，是否填写了"监测设备配置申请单"交计量室签署自制或外购意见，最后交副总经理批准	（略）	（略）	√		计量室	
2. 监测设备的开箱校准、入账	◆ 对采购回的监测设备，是否进行了内校并填写了"监测设备内校记录表"？或送到政府部门认可并授权的计量检定机构进行了校准			√		计量室	
	◆ 校准合格的监测设备，是否贴上了校准合格标签			√		计量室	
	◆ 是否为每个监测设备做好了"监测设备履历卡"			√		计量室	
	◆ 是否将监测设备登记于"监测设备台账"			√		计量室	
3. 监测设备的领用、发放	◆ 是否做好了监测设备的领用登记手续			√		计量室	
4. 周期校准的控制	◆ 有无监测设备校准周期的规定			√		计量室	
	◆ 每年十二月份是否编制了下一年度的"监测设备校准计划"			√		计量室	
	◆ 是否按校准计划将到期的监测设备收齐，进行了内校或委外校准			√		计量室	
	◆ 是否做好了校准记录和校准标识？校准记录是否符合标准要求			√		计量室	
5. 监测设备的使用	◆ 控制计划中列出的测量系统，是否在下列情况下进行了 MSA： a. 初次分析应在试生产中且在正式提交 PPAP 之前进行 b. 每间隔一年要实施一次 MSA c. 量具进行了较大的维修 d. 量具失准时			√		品质管理部	

（续）

受审核过程：监视和测量设备控制	编制/日期：	批准/日期：
审核员：	审核日期：	

检查项目	检查方法						检查结果
	提问（含过程的相关要素）	标准条款	文件条款	文件查阅	现场检查	审核地点	
	e. 顾客需要时 f. 重新提交 PPAP 时			√		品质管理部	
5. 监测设备的使用	◆ 监测设备是否在校准有效期内？				√	生产车间	
	◆ 是否按使用说明书或操作规程的要求进行了操作和调整				√	生产车间	
	◆ 监测设备搬运、维护和储存过程中，是否严格遵守了使用说明书或操作规程的要求				√	计量室 生产车间	
6. 监测设备的修理	◆ 是否将监测设备的修理情况记录在了“监测设备履历卡”中			√		计量室	
7. 监测设备偏离校准状态时的处理	◆ 当发现监测设备偏离校准状态时，是否重新评定了已监测结果的有效性并据此填写了“监测结果的评估报告”？如评定认为应该对被检产品进行重检，是否按评定要求的范围追回了被检产品重新进行了监测			√		计量室 相关检验科	
	◆ 周期校准时，发现设备偏离校准状态，是否重新评定了已监测结果的有效性并据此填写了“监测结果的评估报告”			√		计量室	
	◆ 发现使用中的监测设备处于无标识、超间隔等失控状态时，是否重新评定了已监测结果的有效性并据此填写了“监测结果的评估报告”			√		计量室	
8. 监测设备的封存、停用与启用	◆ 监测设备不投入使用时，是否到计量室办理了封存手续？封存停用的器具是否挂上了停用牌，或贴上了停用标志			√	√	计量室 相关部门	

（续）

受审核过程：监视和测量设备控制			编制/日期：			批准/日期：		
审核员：				审核日期：				
检查项目		检查方法						检查结果
		提问（含过程的相关要素）	标准条款	文件条款	文件查阅	现场检查	审核地点	
8. 监测设备的封存、停用与启用		◆ 封存停用的监测设备启用时，计量室是否进行了校准			√		计量室	
		◆ 监测设备封存、启用的情况是否记录在了“监测设备履历卡”中			√		计量室	
9. 监测设备报废		◆ 报废时，是否填写了“固定资产报废单”？是否销账			√		计量室	
10. 监视和测量装置控制过程目标的实现情况	10.1 校准计划执行率	◆ 校准计划执行率是多少？有无达到目标要求？未达到目标要求时，如何改进			√		计量室	
	10.2 %GRR ≤10% 的量具数（或比例）	◆ %GRR≤10% 的量具数是多少？有无达到目标要求？未达到目标要求时，如何改进			√		计量室	
	10.3 仪器可得率	◆ 仪器可得率是多少？有无达到目标要求？未达到目标要求时，如何改进			√		计量室	

案例6-6：“质量管理体系审核过程”审核检查表示例

“质量管理体系审核过程”审核检查表

受审核过程：内部质量管理体系审核	编制/日期：			批准/日期：		
审核员：		审核日期：				
检查项目	检查方法					检查结果
	提问（含过程的相关要素）	标准条款	文件条款	文件查阅	现场检查	审核地点	
1. 年度内审方案的编制	◆ 每年12月底，管理部是否策划下一年度的内审方案？策划时是否考虑了拟审核过程和区域的状况、重要性，以及以往审核的结果	（略）	（略）	√		管理部	

（续）

受审核过程：内部质量管理体系审核	编制/日期：	批准/日期：
审核员：	审核日期：	

检查项目		检查方法						检查结果
		提问（含过程的相关要素）	标准条款	文件条款	文件查阅	现场检查	审核地点	
1. 年度内审方案的编制		◆ 年度内审方案能否保证每个过程每年至少接受两次内部审核			√		管理部	
		◆ 在下列情况下，是否安排了年度内审方案外的临时内审： a. 法律、法规及其他外部要求发生变化 b. 相关方的要求或投诉 c. 发生重大质量事故 d. 质量管理体系大幅度变更			√		管理部	
2. 审核的准备	2.1 审核小组的成立	◆ 审核人员是否与被审核过程（领域）无直接责任 ◆ 审核员资格是否合格			√ √		管理部 人力资源部	
	2.2 审核实施计划的编制	◆ 审核实施计划内容是否完整？是否覆盖了所有与质量管理有关的过程、活动和班次			√		管理部	
	2.3 审核检查表的编制	◆ 是否按过程审核方式编制了审核检查表？检查表内容是否合理			√		管理部	
3. 审核的实施	3.1 首次会议	◆ 有无出席首次会议的人员名单？名单能否表明所有受审核部门均有人参加			√		管理部	
	3.2 现场审核	◆ 现场发现的问题是否记录在了“审核检查表”？有无受审核部门负责人签名确认			√		管理部	
		◆ 发现不合格时，是否填写了“不合格项报告表”			√		管理部	
	3.3 末次会议	◆ 有无出席末次会议的人员名单？名单是否表明所有受审核部门均有人参加			√		管理部	

（续）

受审核过程：内部质量管理体系审核		编制/日期：			批准/日期：		
审核员：				审核日期：			
检查项目	检查方法						检查结果
	提问（含过程的相关要素）	标准条款	文件条款	文件查阅	现场检查	审核地点	
4. 审核报告	◆ 审核报告的内容是否全面？是否对管理体系的符合性和有效性作出了判断			√		管理部	
5. 纠正措施制订、跟踪与验证	◆ “不符合项报告表”发出以后，各相关部门是否在规定的期限内进行了整改？内审员是否对整改的情况进行了跟踪验证，并将验证结果记入表中			√		管理部	
6. 内审结果的提交	◆ 内审的结果是否提交给了管理评审			√		管理部	
7. 内部管理体系审核过程目标的实现情况 7.1 审核计划执行率	◆ 审核计划执行率是多少？是否达到了目标要求？未达到目标要求时，如何改进			√		管理部	
7. 内部管理体系审核过程目标的实现情况 7.2 不符合项的关闭率	◆ 不符合项的关闭率是多少？是否达到了目标要求？未达到目标要求时，如何改进			√		管理部	

案例6-7：“培训过程”审核检查表示例

“培训过程”审核检查表

受审核过程：培训		编制/日期：			批准/日期：		
审核员：				审核日期：			
检查项目	检查方法						检查结果
	提问（含过程的相关要素）	标准条款	文件条款	文件查阅	现场检查	审核地点	
1. 培训需求的确定 1.1 各类人员培训的基本要求	◆ 确定培训需求时，是否考虑了各类人员培训的基本要求（基本要求是指公司的全体成员都要接受公司基础培训和岗位基础培训）？基本培训要求是否考虑了法律法规的要求、顾客的特定要求	（略）	（略）	√		人力资源部	
	◆ 设计人员需掌握哪些工具和技术			√		人力资源部	

（续）

受审核过程：培训		编制/日期：				批准/日期：	
审核员：			审核日期：				
检查项目		检查方法						检查结果
		提问（含过程的相关要素）	标准条款	文件条款	文件查阅	现场检查	审核地点	
1. 培训需求的确定	1.2 各部门提出的培训需求	◆ 各部门需对其工作人员进行岗位基础培训以外的培训（如在职提高培训）时，是否填写了“培训需求申请表”给人力资源部			√		人力资源部	
	1.3 其他方面提出的培训需求	◆ 公司高层领导提出的培训要求，人力资源部是否严格落实了			√		人力资源部	
2. 培训计划的制订	2.1 年度培训计划	◆ 每年12月，人力资源部是否根据公司基础培训、岗位基础培训的要求以及各部门的“培训需求申请表”，制订了下一年度的培训计划			√		人力资源部	
	2.2 临时培训计划	◆ 对于没有列入年度培训计划的培训，是否制订了临时培训计划			√		人力资源部	
	2.3 培训计划的完整性	◆ 培训计划是否包括培训内容、培训方式、培训负责人、培训时间、培训教材、培训地点、培训对象、考核方式等			√		人力资源部	
		◆ 培训的内容是否关注了满足顾客特定的要求			√		人力资源部	
		◆ 培训内容能否保证员工意识到自己工作的相关性，意识到自己从事的工作对其他工作及产品质量的影响，意识到不符合质量要求给顾客带来的后果				√	人力资源部	
		◆ 培训内容能否确保员工接受培训后知道应用什么方法、应做出何种努力为实现质量目标做出贡献				√	人力资源部	
		◆ 培训对象是否包括合同工、代理人、临时工			√		人力资源部	

（续）

受审核过程：培训		编制/日期：				批准/日期：	
审核员：			审核日期：				
检查项目		检查方法					检查结果
		提问（含过程的相关要素）	标准条款	文件条款	文件查阅	现场检查	审核地点	
3. 培训的实施	3.1 全体员工的培训	◆ ISO/TS 16949 质量管理体系正式运作前，人力资源部是否组织全体员工进行了一次全面的公司基础培训？各部门负责人是否组织本部门全体员工进行了一次全面的岗位基础培训			√		人力资源部	
	3.2 新员工的培训	◆ 人力资源部是否在新员工入厂1个月内，对新员工进行了公司基础培训			√		人力资源部	
		◆ 新员工所在部门负责人在新员工正式上岗前，是否对新员工进行了岗位基础培训			√	√	人力资源部及相关部门	
	3.3 转岗员工的培训	◆ 部门负责人是否及时对转岗员工进行了新岗位基础培训			√		人力资源部及相关部门	
	3.4 其他培训	◆ 是否按计划要求顺利实施了			√		人力资源部	
4. 培训考核与资格认可	4.1 持证上岗	◆ 影响产品质量的岗位（生产员工、设备维修员、质检员、安全员、仓管员、计量员、实验员、设计员），上岗前是否通过了公司基础培训、岗位基础培训并取得了上岗证			√	√	人力资源部	
	4.2 资格认可	◆ 司机、计量员、电工、电焊工、天车工、锅炉工等特殊工种是否取得了国家权威机构的相应合格证书			√	√	人力资源部	
	4.3 内审员资格认可	◆ 内审员是否经过了外部的权威培训机构培训并取得了合格证书			√		人力资源部	

（续）

<table>
<tr><td colspan="3">受审核过程：培训</td><td colspan="4">编制/日期：</td><td colspan="3">批准/日期：</td></tr>
<tr><td colspan="4">审核员：</td><td colspan="6">审核日期：</td></tr>
<tr><td colspan="2" rowspan="2">检查项目</td><td colspan="7">检查方法</td><td rowspan="2">检查结果</td></tr>
<tr><td>提问（含过程的相关要素）</td><td>标准条款</td><td>文件条款</td><td>文件查阅</td><td>现场检查</td><td>审核地点</td></tr>
<tr><td>4. 培训考核与资格认可</td><td>4.4 其他员工的培训考核与资格认可</td><td>◆ 其他员工上岗前是否通过了公司基础培训、岗位基础培训
◆ 设计人员的能力能否达到设计要求？设计人员是否熟练掌握了适用的工具和技术</td><td></td><td></td><td>√
√</td><td></td><td>人力资源部
产品研发部</td><td></td></tr>
<tr><td colspan="2">5. 培训效果评价</td><td>◆ 人力资源部是否适时组织有关部门负责人对培训效果进行了评价，并填写了“培训效果评价表”</td><td></td><td></td><td>√</td><td></td><td>人力资源部</td><td></td></tr>
<tr><td colspan="2">6. 培训记录的建立</td><td>◆ 培训时是否填写了必要的“会议/培训签到表”
◆ 是否将“公司基础培训”、“岗位基础培训”成绩登记在了“员工个人培训记录表”中
◆ 员工的档案内是否有员工培训记录、学历证明、资格证书、工作简历等相关资料</td><td></td><td></td><td>√
√
√</td><td></td><td>人力资源部</td><td></td></tr>
<tr><td rowspan="3">7. 培训过程目标的实现情况</td><td>7.1 培训计划完成率</td><td>◆ 培训计划完成率是多少？有无达到目标要求？未达到目标要求时，如何改进</td><td></td><td></td><td>√</td><td></td><td>人力资源部</td><td></td></tr>
<tr><td>7.2 人员素质达标率</td><td>◆ 人员素质达标率是多少？有无达到目标要求？未达到目标要求时，如何改进</td><td></td><td></td><td>√</td><td></td><td>人力资源部</td><td></td></tr>
<tr><td>7.3 人均培训课时</td><td>◆ 人均培训课时是多少？有无达到目标要求未达到目标要求时，如何改进</td><td></td><td></td><td>√</td><td></td><td>人力资源部</td><td></td></tr>
</table>

案例6-8：“合同评审过程”审核检查表示例

“合同评审过程”审核检查表

受审核过程：合同评审		编制/日期：			批准/日期：			
审核员：			审核日期：					
检查项目		检查方法						检查结果
		提问（含过程的相关要素）	标准条款	文件条款	文件查阅	现场检查	审核地点	
1. 接受订单/落实合同草案		◆ 营销部销售代表如何与客户洽谈并落实合同草案？合同草案是否交予了营销部发货人员？技术协议、质量协议是否作为合同的附件（必要时）	（略）	（略）	√		营销部	
		◆ 合同草案的内容是否完整？是否包括： a. 顾客明确规定的要求，包括产品本身的质量要求以及交付、交付后活动的要求 b. 顾客没有明确规定，但预期或规定用途所必要的要求 c. 与产品有关的法律法规的要求 d. 本公司附加的对顾客的责任			√		营销部	
		◆ 营销部发货人员如何接收客户的订单？对于客户的口头订单，营销部发货人员是否将其记录在“客户口头订单记录表”上并传真给客户签字确认了			√		营销部	
		◆ 营销部发货人员是否根据客户合同/订单的内容以及本公司附加的必要的要求，填写了“合同/订单评审表”			√		营销部	
2. 合同/订单评审	2.1 合同/订单评审的内容	◆ 评审的内容是否包括下列项目： a. 各项要求是否合理、明确并形成了文件 b. 各项要求是否有含糊不清之处或有关的特殊内容是否得到了说明。前后不一致的要求是否得到了解决 c. 是否符合有关法律、法规、标准的要求			√		营销部	

（续）

受审核过程：合同评审		编制/日期：			批准/日期：		
审核员：			审核日期：				
检查项目		检查方法					检查结果
		提问（含过程的相关要素）	标准条款	文件条款	文件查阅	现场检查	审核地点
2. 合同/订单评审	2.1 合同/订单评审的内容	d. 客户的潜在要求是否得到了识别，这些要求是预期或规定用途所必要的 e. 本公司的附加要求能否兑现 f. 本公司是否有履行产品、合同/订单要求以及服务承诺的能力						
		◆ 评审时，是否对产品制造的可行性和风险性进行了分析？是否形成了文件		√			营销部	
		◆ 组织在特殊特性的指定、形成文件和控制方面是否符合顾客的要求		√			研发部	
	2.2 有现货合同/订单的评审	◆ 有现货时，是否采取了由生产部、营销部指定人员在“合同/订单评审表”上签字确认的方式评审		√			营销部	
	2.3 无现货常规合同/订单的评审	◆ 对于非现货常规合同/订单（常规合同/订单是指针对本公司已有的产品所订的合同/订单），生产部计划科是否就生产能力、生产完成日期进行了签字评审？如库存中无所需产品的物料，采购部是否就采购能力、到货日期进行了签字评审？营销部指定人员是否就交货期限进行了确认		√			营销部	
	2.4 特殊合同/订单的评审	◆ 对于特殊合同/订单（特殊合同/订单：常规合同/订单外的合同/订单。包括针对新产品或有附加技术要求的已有的产品所订的合同/订单），是否以专题会议的形式进行了评审？副总经理、R&D、PE、采购部、生产部、品质管理部是否都参加了？参加评审的部门是否都在“合同/订单评审表”的相应栏目中签名了		√			营销部	

（续）

受审核过程：合同评审		编制/日期：			批准/日期：		
审核员：			审核日期：				
检查项目	检查方法						检查结果
	提问（含过程的相关要素）	标准条款	文件条款	文件查阅	现场检查	审核地点	
3. 合同/订单的执行	◆ 合同评审后，营销部是否根据合同草案及批准的评审结果，与客户正式签订了合同			√		营销部	
	◆ 营销部是否将合同/订单及“合同/订单评审表”分发给了有关部门实施			√		营销部	
	◆ 营销部发货人员是否主动掌握了合同/订单的履行情况？发现实际与约定情况不一致时，是否及时与顾客进行了协商解决				√	营销部	
	◆ 有无因合同评审不当造成的问题			√		营销部	
4. 合同/订单的更改	◆ 合同/订单有更改时，是否按原评审程序对合同/订单重新进行了评审？是否对相应文件进行了修改并及时通知了相关部门和人员？生产部等部门是否收到了修订通知			√	√	营销部 生产部	
	◆ 修订合同/订单时，是否在新的“合同/订单评审表”上对修订内容做了适当说明			√		营销部	
	◆ 本公司提出合同/订单修订时，是否取得了顾客的书面认可			√		营销部	
	◆ 因某种原因取消合同/订单时，营销部是否发“合同/订单取消通知单”通知了原合同/订单接收部门			√		营销部	
5. 合同/订单的保存	◆ 订单/合同及其后的修订，以及“合同/订单评审表”的保存是否都完整				√	营销部	
6. 合同评审过程目标的实现情况：6.1 评审及时率	◆ 评审及时率是多少？有无达到目标要求？未达到目标要求时，如何改进		√			营销部	
6. 合同评审过程目标的实现情况：6.2 评审准确率	◆ 评审准确率是多少？有无达到目标要求？未达到目标要求时，如何改进		√			营销部	

案例6-9：“设备管理过程”审核检查表示例

“设备管理过程”审核检查表

受审核过程：设备管理		编制/日期：				批准/日期：		
审核员：				审核日期：				
检查项目		检查方法						检查结果
		提问（含过程的相关要素）	标准条款	文件条款	文件查阅	现场检查	审核地点	
1. 设备的配置	1.1 工厂、设施和设备策划	◆ 是否对现行运作的有效性进行了评价	（略）	（略）	√		生产技术部	
		◆ 是否在运作有效性评价的基础上，用多方论证的方法对工厂、设施和设备进行了策划？策划时是否考虑了精益生产原则			√		生产技术部 设备部	
		◆ 工厂的布局是否有利于材料的转移、搬运以及对场地空间的增值使用？是否便于材料的同步流动				√	生产车间	
	1.2 设备配置	◆ 是否根据策划的结果、生产的需要提出了“设备配置申请表”			√		设备部	
		◆ 设备外购时，是否开具了“请购单”交生产副总经理批准			√		设备部	
		◆ 设备购置时，是否要求供应商提供了必要的备件、图样资料和使用说明书			√		设备部	
		◆ 设备购回后，设备部是否对购置的设备按说明书或/和装箱单逐一进行了清点？技术资料是否归设备部存档			√		设备部	
2. 设备的验收		◆ 设备部是否组织生产部、生产技术部（PE）等有关部门对设备进行了安装验收并填写了“设备验收单”				√	√	
		◆ 设备部是否对设备进行了编号并记入了设备台账				√		
		◆ 设备的精度、规格是否符合要求？操作控制系统是否稳定可靠					√	
3. 设备的使用管理	3.1 设备的分类管理	◆ 是否将设备分为了A、B、C三类，设备的类别是否在设备台账上作了注明			√	√	设备部 生产现场	

（续）

<table>
<tr><td colspan="3">受审核过程：设备管理</td><td colspan="3">编制/日期：</td><td colspan="3">批准/日期：</td></tr>
<tr><td colspan="4">审核员：</td><td colspan="5">审核日期：</td></tr>
<tr><td colspan="2" rowspan="2">检查项目</td><td colspan="6">检查方法</td><td rowspan="2">检查结果</td></tr>
<tr><td>提问（含过程的相关要素）</td><td>标准条款</td><td>文件条款</td><td>文件查阅</td><td>现场检查</td><td>审核地点</td></tr>
<tr><td rowspan="5">3. 设备的使用管理</td><td>3.2 设备的操作与维护规程</td><td>◆ 设备科是否组织编写了设备的操作与维护规程？内容是否完整并具有可操作性</td><td></td><td></td><td>√</td><td>√</td><td>设备部
生产现场</td><td></td></tr>
<tr><td>3.3 设备操作人员</td><td>◆ 操作工是否经设备科培训，掌握了设备操作技能及日常保养方法？操作工是否持证上岗</td><td></td><td></td><td>√</td><td>√</td><td>设备部
人力资源部
生产现场</td><td></td></tr>
<tr><td rowspan="2">3.4 设备使用注意事项</td><td>◆ 操作工是否熟悉所使用设备的性能、操作要领及日常保养方法？是否严格遵守了有关的设备操作与维护规程
◆ 对于 A 类设备，是否做好了“设备运行记录”？连续运行时，是否办理了“设备交接班记录”
◆ 长期闲置而又不报废的设备，设备部是否对该设备进行了封存并在设备上挂了“闲置设备”牌？是否对闲置设备进行了防护处理</td><td></td><td></td><td>√
√
√</td><td>√
√
√</td><td>设备部
生产现场
生产现场
设备部
生产现场</td><td></td></tr>
<tr><td>◆ 检修中的设备是否挂上了红色检修牌</td><td></td><td></td><td></td><td>√</td><td>生产现场</td><td></td></tr>
<tr><td>3.5 设备备件管理</td><td>◆ 设备维修、保养所需的备品配件是否充足？备品配件的管理是否符合规定要求</td><td></td><td></td><td>√</td><td>√</td><td>设备部</td><td></td></tr>
<tr><td>4. 设备的保养</td><td>4.1 预防性维护</td><td>◆ 使用者是否对设备进行了日常保养并填写了“设备日常保养记录”
◆ 设备部是否对设备进行了定期保养并填写了“设备定期保养记录”
◆ 每年 12 月份，设备部是否做好了下年度的设备定期保养计划</td><td></td><td></td><td>√
√
√</td><td>√
√
</td><td>生产现场
设备部
生产现场
设备部</td><td></td></tr>
</table>

（续）

<table>
<tr><td colspan="3">受审核过程：设备管理</td><td colspan="4">编制/日期：</td><td colspan="3">批准/日期：</td></tr>
<tr><td colspan="4">审核员：</td><td colspan="6">审核日期：</td></tr>
<tr><td colspan="2" rowspan="2">检查项目</td><td colspan="7">检查方法</td><td rowspan="2">检查结果</td></tr>
<tr><td>提问（含过程的相关要素）</td><td>标准条款</td><td>文件条款</td><td>文件查阅</td><td>现场检查</td><td>审核地点</td></tr>
<tr><td rowspan="2">4. 设备的保养</td><td rowspan="2">4.2 预见性维护</td><td>◆ 每年12月份，设备部是否根据本年度设备运行、保养、检修的情况，做好了下年度的“设备维护维修计划”</td><td></td><td></td><td>√</td><td></td><td>设备部</td><td></td></tr>
<tr><td>◆ 每月的25日，设备部是否根据年度维护维修计划，并结合设备的实际情况，制订了下一月份的“设备维护维修计划”，并按月设备维护维修计划对设备进行了维护维修</td><td></td><td></td><td>√</td><td>√</td><td>设备部</td><td></td></tr>
<tr><td colspan="2">5. 设备的维修</td><td>◆ 设备在日常使用过程中发生故障时，是否及时进行了修理并填写了“设备检修单”</td><td></td><td></td><td>√</td><td></td><td>设备部</td><td></td></tr>
<tr><td colspan="2">6. 设备的转移</td><td>◆ 设备转移至其他部门时，是否填写了“固定资产内部转移单”</td><td></td><td></td><td>√</td><td></td><td>设备部</td><td></td></tr>
<tr><td colspan="2">7. 设备的外借</td><td>◆ 设备从所在部门借出时，是否办理了借物登记手续</td><td></td><td></td><td>√</td><td></td><td>设备部</td><td></td></tr>
<tr><td colspan="2">8. 设备的报废</td><td>◆ 设备报废时，是否填写了“固定资产报废单”</td><td></td><td></td><td>√</td><td></td><td>设备部</td><td></td></tr>
<tr><td colspan="2">9. 设备的盘点</td><td>◆ 设备部和财务部是否每年对设备作一次总盘点</td><td></td><td></td><td>√</td><td></td><td>设备部
财务部</td><td></td></tr>
<tr><td colspan="2" rowspan="2">10. 设备事故的处理</td><td>◆ 发生设备事故时，设备使用部门是否及时上报给了设备部等有关部门单位</td><td></td><td></td><td>√</td><td></td><td>设备部</td><td></td></tr>
<tr><td>◆ 设备部是否会同使用部门查明事故原因及事故责任者，并采取必要的整改措施</td><td></td><td></td><td>√</td><td></td><td>设备部</td><td></td></tr>
<tr><td rowspan="2">11. 设备管理过程目标的实现情况</td><td>11.1 设备能力</td><td>◆ 设备能力是否足够？有无达到目标要求？未达到目标要求时，如何改进</td><td></td><td></td><td>√</td><td></td><td>设备部</td><td></td></tr>
<tr><td>11.2 OEE（设备总利用率）</td><td>◆ OEE是多少？有无达到目标要求？未达到目标要求时，如何改进</td><td></td><td></td><td>√</td><td></td><td>设备部</td><td></td></tr>
</table>

（续）

受审核过程：设备管理			编制/日期：		批准/日期：			
审核员：				审核日期：				
检查项目		检查方法						检查结果
		提问（含过程的相关要素）	标准条款	文件条款	文件查阅	现场检查	审核地点	
11. 设备管理过程目标的实现情况	11.3 MTBF（可靠性）	◆ MTBF是多少？有无达到目标要求？未达到目标要求时，如何改进			√		设备部	
	11.4 MTTR（可维护性）	◆ MTTR是多少？有无达到目标要求？未达到目标要求时，如何改进			√		设备部	
	11.5 平均故障率	◆ 平均故障率是多少？有无达到目标要求？未达到目标要求时，如何改进			√		设备部	
	11.6 备件可得率	◆ 备件可得率是多少？有无达到目标要求？未达到目标要求时，如何改进？			√		设备部	

案例6-10："文件控制过程"审核检查表示例

"文件控制过程"审核检查表

受审核过程：文件控制		编制/日期：		批准/日期：			
审核员：			审核日期：				
检查项目	检查方法						检查结果
	提问（含过程的相关要素）	标准条款	文件条款	文件查阅	现场检查	审核地点	
1. 文件取号	◆ 需要编写文件时，编写人员是否在文件编写前，从部门文件管理员处取得了文件号	（略）	（略）	√		文控中心	
	◆ 取号时，是否填写了"文件取号登记表"记录文件名及文件号			√		文控中心及有关部门	
2. 文件的编写、审批	◆ 文件的格式是否符合规定			√		文控中心	
	◆ 所有文件版本标识是否明确						
	◆ 文件的审核、批准是否符合规定？是否用"文件分发清单"确定文件应发往哪些部门？"文件分发清单"是否与文件同时得到了审批			√ √		文控中心 文控中心	

（续）

受审核过程：文件控制		编制/日期：			批准/日期：	
审核员：		审核日期：				

检查项目	检查方法						检查结果
	提问（含过程的相关要素）	标准条款	文件条款	文件查阅	现场检查	审核地点	
3. 文件的归档、发放	◆ 文控中心是否将收到的文件原稿作好了编目登记，填写了“文件归档编目清单”			√		文控中心	
	◆ 文件分发时，是否在分发的文件上注明了分发号？文件领用人是否在“文件分发回收记录”上签收了			√		文控中心	
	◆ 发出去的受控文件是否加盖了“受控文件”印章				√	有关部门	
	◆ 当需使用文件的人员未领到文件时，是否填写了“文件领用申请表”申请补发			√		文控中心	
	◆ 当文件使用人将文件丢失后，是否填写了“文件领用申请表”申请补发			√		文控中心	
4. 文件的使用管理	◆ 文件的存放是否便于存取和查阅				√	有关部门	
	◆ 受控文件上是否有乱涂乱画现象				√	有关部门	
	◆ 借阅文件时，是否填写了“文件借阅登记表”			√		文控中心	
	◆ 在应该得到文件的场所，是否得到了文件的有效版本				√	有关部门	
5. 文件的更改	◆ 文件需更改时，是否填写了必要的“文件更改通知单”或“图样及设计文件更改通知单”			√		文控中心	
	◆ 文件修改后是否重新审批了？文件的版本是否同时做了更改			√		文控中心	
6. 文件的作废	◆ 文控中心是否收回了作废文件并在“文件分发回收记录”上做好了收回记录			√		文控中心	

（续）

受审核过程：文件控制		编制/日期：				批准/日期：	
审核员：			审核日期：				
检查项目	检查方法						检查结果
	提问（含过程的相关要素）	标准条款	文件条款	文件查阅	现场检查	审核地点	
6. 文件的作废	◆ 作废文件原稿上是否加盖了“保留之作废文件”印章？其余作废文件是否得到了统一销毁			√	√	文控中心	
	◆ 文件使用现场是否发现了作废文件				√	文控中心	
7. 外来文件控制	◆ 各类外来文件，有无接收部门的确认（确认时加盖“外来文件确认章”）			√	√	文控中心	
	◆ 文控中心是否做好了外来文件的登记、编号、发放、回收工作			√		文控中心	
	◆ 顾客的技术文件（包括其更改）是否在接收后的两周内得到了审查、批准？是否将顾客技术文件（包括其更改）实施的日期记录在了“顾客技术文件实施日期一览表”中			√	√	研发部	
8. 外发文件的控制	◆ 提供给供应商的受控文件，提供部门是否做好了发放登记、更改、作废的控制			√		采购部	
	◆ 提供给客户的文件如何管理			√		销售部	
9. 文件的定期评审	◆ 是否组织对文件的有效性进行了定期评审？是否填写了“文件评审表”			√		文控中心	
10. “文件控制过程”目标的实现情况 10.1 现场不存在作废文件	◆ 现场有无作废文件？发现作废文件时，如何改进			√		文控中心	
10. “文件控制过程”目标的实现情况 10.2 顾客技术文件评估的及时率	◆ 顾客技术文件评估的及时率是多少？未达到目标要求时，如何改进			√		研发部	

案例6-11："纠正与预防措施控制过程"审核检查表示例

"纠正与预防措施控制过程"审核检查表

<table>
<tr><td colspan="3">受审核过程：纠正和预防措施控制</td><td colspan="4">编制/日期：</td><td colspan="3">批准/日期：</td></tr>
<tr><td colspan="4">审核员：</td><td colspan="6">审核日期：</td></tr>
<tr><td colspan="2" rowspan="2">检查项目</td><td colspan="7">检查方法</td><td rowspan="2">检查结果</td></tr>
<tr><td>提问（含过程的相关要素）</td><td>标准条款</td><td>文件条款</td><td>文件查阅</td><td>现场检查</td><td>审核地点</td><td></td></tr>
<tr><td rowspan="7">1. 纠正与预防措施的提出</td><td rowspan="7">1.1 纠正措施的提出</td><td>◆ 在进料检验和生产过程中发现来料严重不合格时，质量部是否填写了"供应商质量改善要求表"要求供应商采取纠正和预防措施</td><td>（略）</td><td>（略）</td><td>√</td><td></td><td>质量部</td><td></td><td></td></tr>
<tr><td>◆ 生产过程中发生质量异常时，是否由质量部填写了"生产异常处理要求单"给生产技术部</td><td></td><td></td><td>√</td><td></td><td>生产技术部</td><td></td><td></td></tr>
<tr><td>◆ 当接到顾客的质量投诉时，销售部是否将此投诉转至了质量部？质量部是否进行了初步原因分析，并在此基础上发出了"顾客投诉纠正与预防措施要求单"给相关责任部门</td><td></td><td></td><td>√</td><td></td><td>质量部</td><td></td><td></td></tr>
<tr><td>◆ 当接到顾客的非产品质量问题投诉时，销售部是否填写了"纠正与预防措施要求单"给相关责任部门</td><td></td><td></td><td>√</td><td></td><td>销售部</td><td></td><td></td></tr>
<tr><td>◆ 质量部是否在两天内对顾客退货进行了检验与分析？当问题比较严重时，质量部是否发出了"纠正与预防措施要求单"要求责任部门采取纠正与预防措施</td><td></td><td></td><td>√</td><td></td><td>质量部</td><td></td><td></td></tr>
<tr><td>◆ 当第三方审核、客户审核以及管理部日常审核发现不合格时，管理部是否向责任部门开出了"纠正与预防措施要求单"</td><td></td><td></td><td>√</td><td></td><td>管理部</td><td></td><td></td></tr>
<tr><td>◆ 管理部对各部门质量目标进行月度统计分析，发现目标未达到时，是否向责任部门开出了"纠正与预防措施要求单"</td><td></td><td></td><td>√</td><td></td><td>管理部</td><td></td><td></td></tr>
</table>

（续）

受审核过程：纠正和预防措施控制		编制/日期：			批准/日期：		
审核员：			审核日期：				
检查项目	检查方法						检查结果
	提问（含过程的相关要素）	标准条款	文件条款	文件查阅	现场检查	审核地点	
1. 纠正与预防措施的提出 1.1 纠正措施的提出	◆ 当公司内部一个部门对另一个部门的重大工作失误进行投诉时，是否向失误部门发出了“纠正与预防措施要求单”			√		有关部门	
1. 纠正与预防措施的提出 1.2 预防措施的提出	◆ 管理部按月对各部门质量目标进行统计分析，发现潜在不符合事实时，是否向责任部门发出了“纠正与预防措施要求单”			√		管理部	
	◆ 质量部对产品进行全过程的质量控制，发现潜在不符合事实时，是否向责任部门发出了“纠正与预防措施要求单”			√		质量部	
2. 原因分析、纠正与预防措施的制订与实施	◆ 责任部门收到有关“纠正与预防措施要求单”后，是否组织了有关人员分析实际或潜在的不符合原因			√		相关部门	
	◆ 责任部门是否针对问题和原因制订了相应的纠正和预防措施方案？纠正和预防措施方案是否与问题的影响程度相适应			√		相关部门	
	◆ 纠正和预防措施方案是否由责任部门负责人审核、总经理批准后执行的			√		相关部门	
3. 纠正和预防措施的跟踪验证	◆ “纠正与预防措施要求单”发出部门是否对责任部门的纠正和预防措施的效果进行了验证			√	√	有关部门	
	◆ 纠正和预防措施的有关信息是否提交给了管理评审			√		有关部门	
4. 有效措施的标准化	◆ 是否将验证有效的纠正与预防措施形成了标准化的文件			√	√	有关部门	

（续）

受审核过程：纠正和预防措施控制		编制/日期：		批准/日期：				
审核员：			审核日期：					
检查项目		检查方法						检查结果
		提问（含过程的相关要素）	标准条款	文件条款	文件查阅	现场检查	审核地点	
5. 纠正和预防措施记录的保存		◆ 纠正和预防措施的各项原始记录是否按“记录控制程序”的要求得到了保存与处理				√	有关部门	
6. 顾客规定的解决问题的方式（如有的话）		◆ 如果有顾客规定的解决问题的方式，组织是否采用了此方式来解决问题			√		有关部门	
7.“纠正和预防措施控制过程”目标的实现情况	7.1 纠正与预防措施及时完成率	◆ 纠正与预防措施及时完成率是多少？未达到目标要求时，如何改进			√		文控中心	
	7.2 问题重复发生的次数	◆ 问题重复发生次数是多少？超过目标值时，如何改进？			√		有关部门	

案例6-12：“顾客满意度调查过程”审核检查表示例

“顾客满意度调查过程”审核检查表

受审核过程：顾客满意度调查	编制/日期：		批准/日期：				
审核员：		审核日期：					
检查项目	检查方法						检查结果
	提问（含过程的相关要素）	标准条款	文件条款	文件查阅	现场检查	审核地点	
1. “顾客满意度调查表”的设计	◆“顾客满意度调查表”的内容是否完整？是否至少包括以下内容： a. 本公司产品的质量 b. 因本公司产品质量问题，造成客户生产中断，造成客户的退货 c. 本公司按计划交付的业绩。本公司有无为赶时间而改变运输方式（如公路运输改为空运）进而造成额外附加运费的情况	（略）	（略）	√		销售部	

（续）

<table>
<tr><td colspan="3">受审核过程：顾客满意度调查</td><td colspan="3">编制/日期：</td><td colspan="3">批准/日期：</td></tr>
<tr><td colspan="4">审核员：</td><td colspan="5">审核日期：</td></tr>
<tr><td colspan="2" rowspan="2">检查项目</td><td colspan="6">检查方法</td><td rowspan="2">检查结果</td></tr>
<tr><td>提问（含过程的相关要素）</td><td>标准条款</td><td>文件条款</td><td>文件查阅</td><td>现场检查</td><td>审核地点</td></tr>
<tr><td colspan="2">1. “顾客满意度调查表”的设计</td><td>d. 当本公司因产品质量、交付时间等问题不能及时向客户交付时，本公司有无及时通知客户
e. 售后服务情况
f. 与客户沟通的效率</td><td>（略）</td><td>（略）</td><td></td><td></td><td></td><td></td></tr>
<tr><td colspan="2">2. 顾客满意度信息的收集</td><td>◆ 每年11月中旬，销售部是否向公司所有的客户发出了“顾客满意度调查表”？是否100%收回了“顾客满意度调查表”</td><td></td><td></td><td>√</td><td></td><td>销售部</td><td></td></tr>
<tr><td colspan="2">3. 顾客满意度信息的分析</td><td>◆ 每次进行顾客满意度调查后，销售部是否对收回的“顾客满意度调查表”进行了整理和统计分析，计算出：
a. 每一个评估项目的平均分数
b. 顾客满意度
◆ 销售部是否根据对“顾客满意度调查表”的统计分析，整理出了“顾客满意度分析报告”</td><td></td><td></td><td>√</td><td></td><td>销售部</td><td></td></tr>
<tr><td colspan="2">4. 顾客满意度信息的利用</td><td>◆ 当发现顾客满意度下降/某些评估项目分值很低/顾客有明确投诉或建议时，销售部是否适时要求了有关部门采取改进、纠正和预防措施</td><td></td><td></td><td>√</td><td></td><td>销售部</td><td></td></tr>
<tr><td rowspan="2">5. “顾客满意度调查过程”目标的实现情况</td><td>5.1　每年至少进行一次顾客满意度调查</td><td>◆ 一年中进行了多少次顾客满意度调查</td><td></td><td></td><td>√</td><td></td><td>销售部</td><td></td></tr>
<tr><td>5.2　顾客满意度调查的有效性</td><td>◆ 顾客满意度调查的有效性是多少？没有达到目标值时，如何改进</td><td></td><td></td><td>√</td><td></td><td>销售部</td><td></td></tr>
</table>

第7章 内部审核的实施

7.1 首次会议

7.1.1 首次会议的目的

在审核开始前，审核组长主持召开首次会议。首次会议的目的有以下内容：

1）审核组成员与受审核方的有关人员见面。

2）确认审核的范围和目的。

3）简要介绍审核的方式和程序。

4）建立审核组与受审核方的正式联系。

5）落实审核组需要的资源和设施。

6）确认审核组和受审核方领导之间末次会议和中间数次会议的日期和时间。

7）澄清审核实施计划中不明确的内容（如限制的区域和人员、保密声明等）。

8）促进受审核方的积极参与。

9）帮助审核组了解现场安全与应急程序。

7.1.2 首次会议的要求

1）首次会议应准时、简短、明了。

2）首次会议时间以不超过30min为宜。

3）获得受审核部门的理解与支持。

4）与会人员都要签名。

7.1.3 参加会议的人员

1）审核组全体成员。

2）高层管理者（必要时）。

3）管理者代表。

4）受审核部门领导及主要工作人员。

5）陪同人员。

6）来自其他部门的观察员（应征得受审核方的同意）。

7.1.4　首次会议内容

（1）会议开始

1）参加会议人员签到。

2）审核组长宣布会议开始。

（2）人员介绍

1）审核组长介绍审核组成员及分工。

2）各受审核部门介绍将要参加陪同工作的人员。内审中，大家比较熟悉，可不必多加介绍。

（3）阐明审核的目的和范围

1）审核的目的。

2）审核准则。

3）审核涉及的部门。

（4）说明审核的原则、方法和程序

1）说明审核是如何进行的，按部门或按过程。

2）说明审核是抽样的过程。

3）说明相互配合的重要性。

4）强调客观公正的原则。

5）提出不符合的报告形式（需受审核部门确认，并提出纠正措施）。

（5）后勤安排的落实

作息时间、办公地点、就餐等安排。

（6）其他事宜

1）确定审核过程中各次会议的时间、地点、出席人员等。

2）明确审核实施计划中不明确的问题。

3）保密原则的声明。

4）安全措施。

5）说明需要限制的区域及有关人员。

6）审核时间的再确认。

首次会议案例详见案例 7-1。

案例7-1：首次会议怎么开？

首次会议提纲

首次会议由审核组长主持。

1. 签到与人员介绍

大家早上好！公司内部管理体系审核首次会议现在开始。请到会的人员在签到单上签到。这是公司2010年的第一次内部质量管理体系审核，现在我介绍一下审核小组成员及其分工（如是外审，还需请受审核方总经理或授权人介绍公司主要管理人员）。

2. 确认本次审核的目的和范围

审核目的：检查质量管理体系运行是否正常，评价质量管理体系的有效性和符合性。

审核范围：公司所有过程及部门。

3. 确认审核准则

审核准则：ISO/TS 16949标准，质量手册、程序文件等质量管理体系文件，适用的法规及其他要求。

4. 确认审核实施计划

现场审核实施计划已经下发给各位，请问有无变动或其他问题？希望受审核部门的主要负责人按计划的时间在场等待［（如是外审，还需请受审核方管理者代表简要介绍企业管理体系建立与运行的情况（掌握在10min内）］。

5. 审核方法和程序介绍

（1）审核要求

审核是一个抽样调查的过程，有一定的风险和局限，审核员应尽可能使抽样具有代表性、公正性和客观性。审核中不提供咨询，但可对工作的改进与发展提出建议。

1）对质量方针、目标的审核将在各部门内部或生产现场询问部分工作人员。

2）在各部门内抽选部分人员询问其职责。

3）根据要求及记录的重要性抽查3～12份记录。

4）按使用情况，在现场对各类标识进行抽查。

（2）审核方式

按过程进行审核。

（3）审核员工作方法

采用提问、观察、查阅记录、现场确认等方法。

（4）审核发现及处理

对审核中发现的不符合项要开列不符合报告，并要求受审核部门确认不符合事实和提出纠正措施计划。不符合的类型有以下三项。

1）严重不符合。出现下列情况之一，原则上可构成严重不符合项。

① 体系出现系统性失效，如某个要素或某个关键过程在多个部门重复出现失效现象。例如，在多个部门或多个活动现场均发现有不同版本的文件同时使用，这说明整个系统文件管理失控。

② 体系运行区域性失效（可能由多个轻微不符合组成），如某一部门或场所的全面失效现象。例如某成品仓库出现了账、卡、物不符，标识不清，状态不明，库房漏雨，出库交付手续混乱等全面失效现象。

③ 可能产生严重的后果，如可能产生严重的质量事故，可能导致不合格品装运，可能导致产品或服务失效或预期的使用性能严重降低，可能严重降低了对产品和过程的控制能力。

④ 组织违反了法律法规或其他要求的行为较严重。

⑤ 一般不符合项没有按期纠正。

⑥ 目标未实现，且没有通过评审采取必要的措施。

2）轻微不符合。出现下列情况之一，原则上可构成轻微不符合项。

① 对满足质量管理体系过程或体系文件的要求而言，是个别的、偶然的、孤立的、性质轻微的不符合。

② 对所审核范围的体系而言，是次要的问题。

③ 不太可能导致出现下列结果的不合格：

——体系失效；

——降低对过程的控制能力；

——不合格产品可能被装运。

3）观察项（改进的机会）。观察到的情形尽管不属于严重不符合或轻微不符合，但凭审核员的判断和经验发现其未使用最佳方法。

（5）提出希望

本次审核是公司 2010 年进行的第一次全面的、系统的审核，目的在于发现问题，因而希望各部门主管及有关人员积极配合，客观地回答审核中的问题，并正确对待不符合项（承认有疏忽的地方）。

（6）强调审核的客观公正

审核员将以客观、公正的事实为依据，反映公司管理体系存在的问题。

（7）澄清疑问

在会上对有疑问的问题予以澄清。

6. 说明审核将得出的结论

由于本次审核是例行审核，其目的在于检查质量管理体系运行是否正常，因而将根据审核发现做出如下结论中的一种：

1）质量管理体系符合ISO/TS 16949标准的要求，体系运行有效。

2）质量管理体系有效运行，但有一些地方不符合ISO/TS 16949标准的要求，希望有关部门针对不符合项采取纠正措施。

3）质量管理体系基本不按ISO/TS 16949标准运行，希望引起公司领导重视，确保公司的质量管理体系回归到ISO/TS 16949标准上来。

7. 确定陪同人员

陪同人员职责：联络、向导、见证（记录）。

8. 落实末次会议的时间、地点、参加人员

如是外审，还需说明下列情况：

1）请受审核方有关人员说明哪些区域及交谈人员为限制性的。

2）保密声明（包括技术秘密和审核信息），递交保证书。

3）现场审核路线及安全注意事项（安全帽）。

4）落实临时办公地点、复印、交通、工作餐安排。

9. 审核组长致谢，首次会议结束，转入现场审核

7.2 现场审核

7.2.1 审核证据的收集

1. 审核证据

定义：与审核准则有关的并且能够证实的记录、事实陈述或其他信息。

注：审核证据可以是定性的或定量的。

2. 审核准则

定义：用作依据的一组方针、程序或要求。

3. 审核证据获得的渠道

1）面谈。

2）查阅文件和记录（包括数据的汇总、分析、图表和业绩指标等）。

3）对现场的观察。

4）对实际活动和结果的验证。

5）来自其他方面的报告，如顾客反馈、外部报告。

6）职能部门之间的接口信息。

4. 审核证据的形式

1）存在的客观事实。

2）被访问人员的口述。

3）现存文件记录等。

7.2.2　审核活动的控制

1. 审核实施计划的控制

1）依照计划和检查表进行审核。

2）如确因某些原因需要修改计划，需与受审核方商量。

3）可能出现严重不符合时，经审核组长同意，可超出审核范围审查。

2. 审核进度的控制

1）按照规定的时间完成。

2）如果出现不能按预定时间完成的情况，审核组长应及时作出调整。

3. 审核气氛的控制

1）适当调节审核中出现的紧张气氛。

2）对于草率行事的行为，应及时纠正。

4. 审核客观性的控制

1）审核组长每天要对审核组成员发现的审核证据进行审查。

2）凡是不确实或不够明确的，不应作为审核证据予以记录。

3）审核组长要经常或定期与受审核方代表交换意见，以取得对方对审核证据的确认。

4）对受审核方不能确认的证据，应再审查核对。

5. 审核范围的控制

1）内审时，常会发现扩大审核范围的情况。

2）改变审核范围时，应征得审核组长同意并与受审核方沟通。

6. 审核纪律的控制

1）审核组长应关注审核员的工作。

2）及时纠正违反审核纪律的现象。

3）对不利于审核正常进行的言行要及时纠正。

7. 审核结论的控制

1）作出审核结论之前，审核组长应组织全组讨论。

2）结论必须公正、客观和适宜。

3）避免做出错误或不恰当的结论。

4）审核目标无法实现时，审核组长应向委托方和受审核方报告原因，并采取适当的措施，措施有终止审核和变更审核目标。

7.2.3　审核中的注意事项

1）要相信样本。样本选定后，按样本去寻找客观证据。如果找到的是合格的客观证据，就应相信结果就是合格的；如果找到的是不合格的客观证据，就可以认定为一项不合格。

2）要随机抽样，样本的选择要有代表性，样本量一般为3~12个。

3）要依靠检查表，调整检查表要谨慎。

4）要把重点放在关键过程/关键岗位及其所在的现场；要注意关键岗位和体系运行的主要问题。

5）要注意收集质量管理体系运行有效性的证据。质量管理体系的审核不仅应关注体系的符合性，还应关注体系的有效性，以便持续改进，不断地改善质量绩效。

评价质量管理体系的有效性可考虑以下内容：

① 方针和目标的实现情况。

② 人力资源、基础设施、工作环境满足要求的能力。

③ 主要过程、关键活动有效控制的情况。

④ 产品与顾客、法律法规要求的符合性和稳定性。

⑤ 产品质量的控制效果。

⑥ 数据的收集、分析与利用，持续改进措施的有效性。

⑦ 内审、管理评审、纠正/预防措施等自我完善机制的有效性。

⑧ 员工质量意识的提高，遵守规章制度的自觉性。

⑨ 顾客的满意程度。

⑩ 国家、行业/地方监督抽查结果。

6）从问题的各种表现形式去寻找问题。

7）对已发现的不符合项，要追溯到必要的深度。

8）与被审核方负责人共同确认事实。

9）有效控制审核时间。

10）始终保持客观、公正和有礼貌。

7.2.4 审核发现

1. 审核发现的定义

审核发现：将收集到的审核证据对照审核准则进行评价的结果。

注：审核发现能表明是否符合审核准则，也能指出改进的机会。

2. 审核发现的提出

1）以审核员或审核小组的名义提出。

2）根据审核准则，对所收集的审核证据进行评价，以形成审核发现。

3. 审核发现的评审

1）在审核的适当阶段或现场审核结束时进行。

2）由审核组对审核发现进行评审，审核组长在听取了审核组意见、仔细核对审核证据的基础上，确定哪些项目作为不符合项。

3）不符合项应得到受审核方领导的认可（一般在每天的审核组会议后进行）。

4. 审核发现的内容

1）符合项。

2）不符合项。

7.2.5　现场审核记录

审核员在审核过程中，应认真记录审核的进行情况。

1. 审核员记录的作用

1）便于以后需要时查阅。

2）便于核实审核证据时查阅。

3）便于同事进行调查时参阅。

4）便于有连续性线索的继续审核。

2. 对审核记录的要求

1）记录应清楚、全面、易懂、便于查阅。

2）记录应准确，例如什么文件、陈述人职位和工作岗位等。

3）记录的格式由内审员自定。

7.3　不符合项的确定与不符合报告

不符合报告示例详见案例 7-2。

7.3.1　确定不符合的原则

1）不符合项的确定，应严格遵守依据审核证据的原则。

2）凡依据不足的情况，不能判为不符合。

3）有意见分歧的不符合项，可通过协商和重新审核来决定。

7.3.2　不符合项的形成

不符合项由以下任一种情况形成：

1）文件的规定不符合标准（该说的没说到）。

2）现状不符合文件规定（说到的没做到）。

3）效果不符合规定要求（做到的没有效果）。

案例7-2：不符合（不合格）报告

不符合项报告表

<table>
<tr><td>受审核区域：机械加工车间</td><td>审核日期：2010. 9. 14</td></tr>
<tr><td>陪同人：夏小姐</td><td>描述不合格项的检查表：检查表 No. 0007</td></tr>
<tr><td colspan="2">不合格陈述：
机械加工车间在半年内（2010年3月至9月）连续发生三起类似的质量问题，即加工完的齿轮箱内有切屑以及工件未倒角，锐边切伤工人手指等，每次都采取扣奖金及教育的办法，未能收到避免再发生的效果。

不符合　文件：COP36《纠正和预防措施控制程序》
　　　　标准：ISO/TS 16949　条款 8. 5. 2
不合格类型：□严重　■轻微
审核员/日期：________　部门负责人/日期：________</td></tr>
<tr><td colspan="2">原因分析：
1. 箱体加工后缺少一道检验工序来清洁、检查箱体内部情况；
2. 锐边倒角未纳入设计图样及工艺文件；
3. 工时定额过紧，工人为追求定额而疏忽了质量。

纠正措施计划：
1. 建议检验规程中增加检查工件内部清洁度的检验工序；
2. 建议设计图样上一律注明需倒角的地方；
3. 建议工艺文件中增加倒角工序；
4. 请人事行政部研究箱体加工及其他零件加工的工时定额是否过紧，是否需要调整。

纠正措施预计完成时间：________
责任部门负责人：________　审核员：________　管理者代表：________</td></tr>
<tr><td colspan="2">纠正措施验证结果：
1. 检验科已在有关检验规程中增加了加工后检查清洁度的工序，已于9月16日完成。
2. 设计科已开始全面检查各产品的零件图样，如发现未注明锐边倒角之处，均增加 C1 或 C1. 5 倒角的字样，此工作可望在9月30日前完成。
3. 工艺科已开始全面检查工艺文件，在机械加工工艺卡中增加倒角程序，此工作可望在9月30日前完成。
4. 人事行政部研究后认为工时定额合理，无调整的必要。

审核员/日期：________</td></tr>
</table>

7.3.3　不符合的类型（按严重程度分）

1. 严重不符合

出现下列情况之一时，原则上可构成严重不符合项。

1）体系出现系统性失效，如某个要素或某个关键过程在多个部门重复出现失效现象。例如，在多个部门或多个活动现场均发现有不同版本的文件同时使用，这说明整个系统文件管理失控。

2）体系运行区域性失效（可能由多个轻微不符合组成），如某一部门或场所的全面失效现象。例如某成品仓库出现了账、卡、物不符，标识不清，状态不明，库房漏雨，出库交付手续混乱等全面失效现象。

3）可能产生严重的后果，如可能产生严重的质量事故，可能导致不合格品装运，可能导致产品或服务失效或预期的使用性能严重降低，可能严重降低了对产品和过程的控制能力。

4）组织违反了法律法规或其他要求的行为较严重。

5）一般不符合项没有按期纠正。

6）目标未实现，且没有通过评审采取必要的措施。

2. 轻微不符合

出现下列情况之一，原则上可构成轻微不符合项。

1）对满足质量管理体系过程或体系文件的要求而言，是个别的、偶然的、孤立的、性质轻微的不符合。

2）对所审核范围的体系而言，是次要的问题。

3）不太可能导致出现下列结果的不合格：

——体系失效；

——降低对过程的控制能力；

——不合格产品可能被装运。

3. 观察项（改进的机会）

观察项定义：潜在的不符合事项。

观察到的情形尽管不属于严重不符合或轻微不符合，但凭审核员的判断和经验发现其未使用最佳方法。观察项的使用应注意以下几点：

1）虽未构成不符合，但有变成不符合的趋势或可做得更好；证据暂时不足，可用观察项来处理。

2）需向受审核方提出，引起注意。

3）内审中，要将观察项纳入审核报告以促进受审核方的改进工作。

4）审核组保留观察项记录。

7.3.4 不符合的判别准则

根据发现的不符合项，判定它不符合 ISO/TS 16949 的哪个过程（或条款），应依据以下准则：

（1）以客观事实为依据

（2）就近不就远

所谓就近不就远的原则是指在审核判定中，有适用的具体条款，就不再用综合性条款。如设计验证没有记录，就应判不符合 ISO/TS 16949 之条款 7.3.5（设计和开发的验证），而不应判不符合 ISO/TS 16949 之条款 4.2.4（记录的控制）。

（3）由表及里

审核中查出不符合事实，又发现不符合原因，应按原因适用的条款判别。

（4）该细则细

如计量器具因调整而失效，应判不符合 ISO/TS 16949 之条款 7.6 的 d）项，而不应笼统判为不符合 ISO/TS 16949 之条款 7.6。

（5）切忌片面性（透过表象抓实质）

某一问题重复出现，可能是培训不到位造成的，此时应判不符合 ISO/TS 16949 之条款 6.2.2。

（6）严格区分易混淆的条款

如 ISO/TS 16949 的 7.2.2 条款和 7.4.2 条款。

（7）合理不合法，以法为准

（8）综合性条款判断时要慎重

要判定综合性的条款不符合时，一定要慎重，是什么问题就指明是什么，不能以偏概全，全面否定，如 ISO/TS 16949 的 5.5.1 、4.2.2、6.1 等条款。

7.3.5 不符合报告的内容

（1）受审核方名称、受审核方的部门或人员

（2）审核员、陪同人员

（3）日期

（4）不符合事实描述

内容要具体，如事情发生的地点、时间、当事人、涉及的文件号、记录号等，文字要简明扼要。

（5）不符合结论

违反文件的章节号或条文以及 ISO/TS 16949 标准的过程（或条款）。

（6）不符合类型

(7) 受审核方的确认

(8) 不符合原因分析

(9) 拟采取的纠正措施及完成的日期

(10) 纠正措施的完成情况及验证

7.4　审核组内部会议

7.4.1　每日审核组内部会议

审核组内部会议在每天审核结束前召开，会议内容：

1）交流一天审核中的情况。

2）整理审核结果，根据情况，完成当天的不符合报告。

3）审核组长总结一天的工作，必要时对下一审核日的工作及人员进行调整。

7.4.2　审核组总结会议

(1) 在现场审核结束之后、末次会议之前召开

(2) 时间为 1h 左右

(3) 确定所有不符合报告

(4) 审核员要准备自己所审核区域的工作总结

(5) 审核结果的汇总分析

审核组应对审核发现作一次汇总分析，以便在末次会议上对审核发表结论性的意见。

汇总分析包括以下内容。

1）对不符合项进行统计分析。对不符合项的总数进行统计，并按 ISO/TS 16949 过程（或条款）和部门对不符合项进行分类。有了这些数据，就可以大致说明薄弱环节出于哪个部门或哪个过程（或条款）。

2）纵向比较。与上次内审相比，质量管理是进步了还是退步了。

3）其他信息分析。

① 管理者对现存问题的态度。

② 两次内审期间发生的质量事故，相关部门的责任有多大，领导的态度如何？

③ 两次内审期间发生问题的纠正措施的实施情况。

④ 总结质量管理工作优缺点。

通过以上分析，可对受审核部门作出好的、基本上好的、问题较多的、有

待改进等结论性意见。

对滚动式计划而言，汇总分析是针对某一个或几个过程的。在年度计划完成后，应进行一次全年的总分析，写出一份全面的审核报告。

对集中式计划而言，汇总分析是针对整个体系的，应就此对整个体系的运行情况进行判断，如体系对于标准的符合程度、实施的有效程度等。

7.5 末次会议

末次会议示例详见案例7-3。

案例7-3：末次会议怎样开？

末次会议议程（示范）

1）大家好！现场审核末次会议现在开始，请参加会议的人员在我们的签到单上签到。

2）两天来，大家对审核活动提供了很好的配合和支持，使审核工作得以顺利完成，为此我代表审核小组表示衷心的感谢。

3）现在我重申一下这次审核的目的和范围（略）。

4）审核小组在两天的时间内对×个过程、×个部门进行了审核，我们观察到企业的质量管理体系正在有效运行，做得较好的是××过程、××部门。我们也发现了质量管理体系运行中的薄弱环节。经过审核小组的分析、归纳，共提出 × 个不符合项，均为轻微不符合项，分布情况是××××。下面请审核员宣读不符合报告。

这些不符合报告在会前已经过陪同人员和管理者代表的确认。

现在我代表审核组宣布审核结论：

① 公司的质量管理体系基本符合 ISO/TS16949 标准的要求。

② 公司的质量管理体系运行有效。

5）审核是一种抽样活动，有一定的风险性和局限性，不符合报告所述的区域是发现不符合项的地方，但未必是唯一的地方，不符合的原因需要进行分析确定，其他有不符合项的地方未必被查到。审核只能对样本负责，但我们已经尽量做到了公正、客观和准确，尽可能地减少了风险。希望企业能举一反三改进管理体系。

6）纠正措施要求。

① 纠正措施的完成时间和验证。

② 实施纠正措施的部门必须要提供充足的证据。

7）说明发布审核报告的时间、方式及后续工作的要求。

8）受审核方领导表态：对审核组表示感谢，对审核结论和纠正措施要求作简短的表态，并适当说明今后的打算。

9）审核组长再次表示感谢！宣布末次会议结束。

7.5.1 末次会议的目的

1）向审核方领导介绍审核方发现的情况，以使他们能够清楚地理解审核结论。

2）宣布审核结论。

3）提出后续的工作要求（纠正措施的跟踪、监督）。

4）宣布结束现场审核。

7.5.2 末次会议要求

1）末次会议由审核组长主持，时间不超过 1h。

2）参加人员包括：受审核方领导、受审核方部门负责人、代表、陪同人员、管理者代表、最高管理者（必要时）、审核组全体人员等。

3）末次会议应做好记录并保存，记录包括与会人员签到表。

4）使受审核方了解审核结论。

7.5.3 末次会议内容

（1）与会者签到

（2）会议开始

审核组长宣布开会，并以审核组的名义感谢受审核方的配合与支持。

（3）重申审核的目的和范围

（4）说明抽样的局限性

（5）对不符合报告的说明

1）说明不符合报告的数量。

2）宣读不符合报告（选择重要过程/部门）。

3）提交书面不符合报告。

（6）提出纠正措施要求

1）受审核方纠正措施计划的答复时间。

2）完成纠正措施的期限。

3）验证的要求。

（7）宣读审核结论

1）审核组长宣读根据审核发现得出的审核结论。

2）说明发布审核报告的时间、方式及后续工作的要求。

注：审核结论——审核组考虑了审核目标和所有审核发现后得出的最终审核结果。

（8）受审核方领导讲话

1）受审核方领导表示感谢。

2）受审核方领导对审核结论作简单表态，对改进作出承诺。

（9）末次会议结束

7.6 审核报告

审核报告示例详见案例7-4。

案例7-4：审核报告示例

审核报告

1. 审核目的

检查质量管理体系运行是否正常，评价质量管理体系的有效性和符合性。

2. 审核范围

质量手册覆盖的所有过程及部门，包括总经理、管理者代表/副总经理、产品研发部、质量部、生产部、物控部、营销部、人事行政部、维修组。

3. 审核准则

（1）ISO/TS 16949标准

（2）质量手册、程序文件

（3）相关法律法规及其他要求

4. 审核组

组长：张某

第一组：张某、李某

第二组：王某、赵某

5. 审核日期

2010年6月18日~6月20日

6. 审核概况

按公司计划，审核组4人于6月18日开始进行了为期3天的现场审核。

公司对这次审核很重视，正、副总经理等出席了首、末次会议，并为审核提供了支持和方便，审核过程中也得到公司各有关部门主管和全体人员的积极配合，整个审核过程是在认真、求实、坦诚的气氛中进行的。由于大家的共同努力，使审核活动能按计划圆满完成。

在3天的审核中，审核组检查了与公司质量管理体系有关的各个过程及部门。同时查看了生产现场和各项设施，同公司领导、管理者代表、部门主管以及普通员工等20多人进行了交谈。对ISO/TS 16949的所有要求作了抽查证实。

通过检查，审核组发现：公司的质量管理体系在文件规定和实际运行方面是完全按照ISO/TS 16949标准的要求进行的，但各部门对ISO/TS 16949标准、程序文件的熟悉情况尚有一定差距，需进一步完善与提高。

在审核中发现了×个轻微不合格项，填写了×张不合格报告单，分别涉及ISO/TS 16949之条款7.3设计和开发、条款7.4采购、条款7.5.3标识和可追溯性、条款7.5.1生产和服务提供的控制、条款7.5.2生产和服务提供过程的确认、条款8.2.3过程的监视和测量、条款8.2.4产品的监视和测量、条款8.3不合格品控制等过程。这些不合格项分布在总经理室、产品研发部、人事行政部、物控部、生产部、质量部等7个部门。这些不符合报告已得到了责任部门的确认，并提出了纠正措施的完成期限。

需要指出的是，审核是抽样进行的，可能有些实际存在的问题未被发现。在一些部门发现不符合，并不意味着这些部门搞得不好；没发现或发现很少不符合，也不表示这些部门工作不存在问题。对没审核到的，各部门应按标准和规定的质量管理体系要求进行自查。在采取改进措施时，要做到举一反三，切忌“头疼医头、脚疼医脚”，应从整体着手，系统地改进和不断完善自身的质量管理体系，使之更趋完善和协调。

7. 审核结论

（1）公司的质量管理体系基本符合ISO/TS 16949标准的要求。

（2）公司的质量管理体系运行有效，具体表现在以下方面：

1）过程识别充分。

2）法律、法规和其他要求的识别很充分并能在工作中做到认真遵守。

3）质量方针得到了全面贯彻。

4）质量目标得到了全面落实。

5）文件化体系得到了有效的实施。

6）人力资源、基础设施、工作环境良好。

7）生产、服务过程得到了有效控制，产品一次交检合格率逐步提高（从××提高到了××）。

8）员工质量意识得到了提高，能自觉地遵守与本岗位有关的程序和作业文件的规定。

9）顾客投诉能得到及时处理，顾客满意度达到了公司的要求。

10）质量管理体系通过了××、××、××等公司的第二方审核，并达到了这些公司的优秀供应商的水平。

11）建立了自我发现和改进质量管理体系运行问题的机制，能及时发现问题并改进。

最后，审核组希望有关部门在规定时间内完成不合格项的纠正工作。

（注意：审核结论中必须有符合性、有效性方面的结论）

8. 本审核报告的分发范围

1）正、副总经理、管理者代表、质量部。

2）受审核部门。

3）审核组成员。

附件：1. 质量管理体系审核不符合项分布表（略）

2. 不符合报告（略）

组长：张某

2010.6.22

7.6.1 审核报告的内容

（1）审核的目的和范围

（2）审核部门及负责人

（3）审核日期、审核组成员

（4）审核准则

审核准则包括：ISO/TS 16949 标准；质量手册、程序文件及其他相关文件；组织适用的法律法规及其他要求。

（5）受审核部门的主要参与者

（6）首、末次会议记录（可作为报告附件）

（7）不符合报告及不符合项分布表（不符合报告作为附件）

（8）审核综述及审核结论

审核综述包括：审核实施计划的执行情况、审核过程的情况、特定领域的优缺点、特定过程（或条款）的优缺点、审核发现的不符合项等。

审核结论包括以下内容。

1）质量管理体系的符合性。质量管理体系是否符合审核准则（ISO/TS 16949 标准，质量手册、程序文件及其他相关文件，组织适用的法律法规及其他要求）。

2）质量管理体系的有效性。质量管理体系有效性的评价可考虑以下内容：

① 过程识别的充分性。

② 文件化体系的实施程度。

③ 方针和目标的实现情况。

④ 人力资源、基础设施、工作环境满足要求的能力。

⑤ 主要过程、关键活动的有效控制的情况。

⑥ 员工质量意识是否得到了提高，能否自觉地遵守与本岗位有关的程序或其他文件的规定。

⑦ 产品质量的控制效果等。

⑧ 数据的收集、分析与利用，持续改进措施的有效性。

⑨ 顾客的满意程度。

⑩ 内审、管理评审、纠正/预防措施等自我完善机制的有效性。

（9）对纠正措施完成的时限要求

（10）审核报告的发放范围

发放范围一般为：与审核有关的部门、最高管理者、管理者代表。

（11）审核组长签字批准

7.6.2 审核报告编写时的注意事项

审核报告中应避免以下内容：

1）面谈中言及的机密。

2）末次会议未谈及的事情。

3）主观意见。

4）模糊不清的论述。

5）引发争论的词句。

7.6.3 审核报告的发放和存档

审核报告发放时应要求接受人在分发清单上签收。审核报告应交由规定的保管责任人存档。应注意后续工作（如纠正措施验收等）产生的相关文件的存档。

ISO/TS 16949:2009

第8章 内审中纠正措施的跟踪管理

8.1 纠正措施在内部审核中的重要性

在内部质量管理体系审核中，纠正措施具有特别重要的意义，这是由内部质量管理体系审核的目的决定的。内审目的的重点在于发现质量管理体系的问题，查出原因，采取纠正措施加以消除，以免重犯类似不合格，使质量管理体系得到不断改进。

纠正措施在内部质量管理体系审核中如此重要，因此在现场审核完成、审核报告发表后，审核组和管理者代表仍要花许多精力促进纠正措施计划的有效实施。

8.2 纠正措施要求的提出

1）内审中发现的不符合项均要采取纠正措施。由内审员向受审核方开具不符合项报告，要求受审核方采取纠正措施。

2）受审核方分析不符合原因，研究并评价应采取的纠正措施，在此基础上提出要实施的纠正措施的建议（应包括完成纠正措施的期限，明确职责）。

3）纠正措施的实施期限一般规定为15d，具体期限视各单位情况而定。

8.3 纠正措施的认可与批准

1）纠正措施建议应经审核组认可，确保其可行性及不产生新的质量风险。

2）纠正措施建议应经管理者代表批准。

8.4 纠正措施的实施

纠正措施实施过程中如发现问题，导致不能按期完成时，受审核部门应向管理者代表说明原因，请求延期。如在实施中发生困难，非一个部门自身力量能解决，则应向管理者代表提出，请最高领导解决。如在实施中，几个有关部门之间对实施问题有争执，难以解决，也应提请管理者代表协调或仲裁。

应保存纠正措施实施情况的有关记录。

8.5 纠正措施的跟踪和验证

1. 跟踪

1）审核组成员应关心和经常过问纠正措施的完成情况。

2）应及时向管理者代表及有关部门反映纠正措施执行中的问题。

2. 验证

纠正措施完成后，审核员应进行验证并报告验证结果，验证内容包括：

1）计划是否按规定日期完成了？

2）计划中的措施是否都已完成？

3）完成的效果如何？

4）实施情况是否有记录可查。

5）引起的文件更改是否按文件控制程序办理了修改手续？

如果验证发现所采取的措施没有明显效果，则应采取更有效的纠正措施。

如果某些效果要更长的时间才能体现，可留作问题待下一次例行审核时再检查。

第3部分

过程审核

第9章 ISO/TS 16949:2009 过程审核综述

ISO/TS 16949 之条款 8. 2. 2. 2“制造过程审核”强调“组织应对每一个制造过程进行审核以确定其有效性”。但怎样进行过程审核，很多企业却并不知道。一些通过了 ISO/TS 16949 的企业，其过程审核也是应付认证机构而流于形式，没有起到应有的效果。为此，本章将详细讲解过程审核。

9.1 过程审核的涵义

过程审核是确定过程质量活动和有关结果是否符合过程质量控制的安排，以及这些安排是否有效实施并能达到过程控制目标的、系统的、独立的检查。

过程审核的目的是对过程的质量能力进行评定，使过程能够受控和具有能力，能在各种干扰因素下仍然稳定受控。通俗地讲，过程审核就是对过程是否严格按规定的规范和措施执行的情况进行客观的审查，以评估过程控制的有效性，并对发现的问题采取改进措施，最终保证过程质量稳定受控。

9.2 体系、产品及过程审核间的关系

质量审核包括质量管理体系审核、产品审核和过程审核三种方式。表 9-1 对体系、过程及产品审核进行了比较。

表 9-1 体系、过程及产品审核的比较

类别	体系审核	制造过程审核	产品审核
目的	确定质量管理体系的符合性、有效性	对产品及其制造过程的质量能力进行评定	对产品的质量特性进行评定
范围	组织的质量管理体系所涉及的所有内容	与顾客产品制造相关的过程	生产和交付适当阶段的产品

（续）

类别	体系审核	制造过程审核	产品审核
依据	◆ ISO/TS 16949 ◆ 组织的质量管理体系文件 ◆ 顾客特殊要求 ◆ 相关法律法规	◆ 过程流程图 ◆ 控制计划 ◆ 作业指导书 ◆ 检验指导书	◆ 图样 ◆ 产品标准 ◆ 产品缺陷目录及缺陷评级指导书
频次	按计划，一般一年一至两次	按计划及根据需要	按计划，一般是经常性的
审核员	质量管理体系内审员	制造过程内审员	产品内审员
相关记录	内审计划、检查表与结果、不合格项报告、内审报告	审核记录、审核报告、纠正和预防措施要求单	审核记录、审核报告、纠正和预防措施要求单

9.3 过程审核的对象

过程审核的对象主要是产品实现过程。当过程审核针对一个作业过程时，也称为“工序审核”。

对于 ISO/TS 16949 来说，过程审核主要是指“制造过程审核”。制造过程是指从进货检验开始到发运交付的过程。

必须指出的是，很多汽车整车厂（尤其是外资企业）都要求供应商按德国的《VDA6.3 过程审核》的要求进行过程审核。《VDA6.3 过程审核》的对象包括 A、B 两部分。

（1）A 部分——产品诞生过程

产品诞生过程包括：

1）产品开发（包括产品开发的策划与产品开发的落实）。

2）过程开发（包括过程开发的策划与过程开发的落实）。

（2）B 部分——批量生产（过程）

批量生产（过程）包括：

1）供方/原材料（供应商控制/进货验收）。

2）生产（每道制造过程）。

3）顾客关怀/顾客满意度（售后服务）。

需注意的是，不是过程出了问题才去进行审核。过程审核更多地关注按过程质量策划的安排实施并处于受控状态的过程。

9.4 过程审核的内容

过程审核一般按照德国《VDA6.3 过程审核》标准进行。审核内容涉及产品诞生过程、批量生产过程两部分。

9.4.1　产品诞生过程的审核

1. 产品开发的审核

（1）产品开发策划的审核

主要就下面几个问题提问并进行现场核实，提问的要求/说明、要点见表 9-2。

1）是否已明确了顾客对产品的要求？

2）是否编写了产品开发计划，并确定了目标值？

3）是否策划并落实了产品开发所需的资源？

4）是否了解并确定了对产品的要求？

5）是否进行了产品开发的可行性研究？

6）是否已计划/已具备项目开发所需的资源条件（人员、技术等）？

（2）产品开发落实的审核

主要就下面几个问题提问并进行现场核实，提问的要求/说明、要点见表 9-2。

1）是否进行了 DFMEA 分析，并确定了改进措施？

2）项目运作过程中，是否对 DFMEA 进行了补充更新？已确定的措施是否已落实？

3）是否制订了质量控制计划？

4）是否具有各阶段所要求的认可/合格证明？

5）是否已具备所要求的产品开发能力？

2. 过程开发的审核

（1）过程开发策划的审核

主要就下面几个问题提问并进行现场核实，提问的要求/说明、要点见表 9-2。

1）是否了解并明确了对产品的要求？

2）是否已编制了过程开发计划，并确定了目标值？

3）是否已策划并落实了批量生产的资源？

4）是否了解并考虑到了对生产过程的要求？

5）是否已计划/已具备项目开发所需的人员与技术条件？

6）是否已开展了 PFMEA，并确定了改进措施？

（2）过程开发落实的审核

主要就下面几个问题提问并进行现场核实，提问的要求/说明、要点见表 9-2。

1）项目运作过程中，是否对 PFMEA 进行了补充更新？已确定的措施是否已落实？

2）是否制订了质量控制计划？

3）是否具有各阶段所要求的认可/合格证明？

4）批量生产前，是否进行了在批量生产条件下的试生产？

5）生产文件和检验文件是否齐全、完整？

6）是否已具备所要求的批量生产能力？

9.4.2 批量生产（过程）的审核

1. 供方/原材料（供应商控制/进货验收）的审核

主要就下面几个问题提问并进行现场核实，提问的要求/说明、要点见表9-2。

1）是否仅允许已认可的且具有质量能力的合格供方供货？

2）能否确保供方所供产品的质量达到供货协议的要求？

3）是否对供货实物的质量进行了评价？与要求有偏差时是否采取了措施？

4）是否与供方就产品与过程的持续改进商定了质量目标，并付诸落实？

5）批量供货的产品是否得到了批量生产认可？

6）对顾客提供的产品，是否严格按与顾客商定的方法进行管理？

7）原材料库存量、库存状况是否适合生产要求？

8）对原材料/余料的入库和储存是否进行了适当控制？

9）员工是否得到了相应的岗位培训？

2. 生产（每道制造过程）的审核

生产过程是由一个个子过程（工序）构成的，对生产过程的审核，也就是对每个工序的审核。

工序的审核是通过审核工序要素来实现的。工序要素包括：人员/素质、生产设备/工装、运输/搬运/储存/包装、缺陷分析/纠正措施/持续改进。

（1）人员/素质的审核

主要就下面几个问题提问并进行现场核实，提问的要求/说明、要点见表9-2。

1）是否明确了员工监控产品质量/过程质量的职责和权限？

2）是否明确了员工对生产设备/生产环境进行管理的职责和权限？

3）能否确保员工具有完成所交付任务的能力和素质？

4）是否有包括顶岗规定的人员配置计划？

5）是否采用了提高员工工作积极性的方法？

（2）生产设备/工装的审核

主要就下面几个问题提问并进行现场核实，提问的要求/说明、要点见表9-2。

1）生产设备/工装是否满足产品特定的质量要求？

2）监测设备是否能有效地监控质量要求？

3）生产工位、检验工位是否符合要求？

4）生产文件和检验文件中是否标出了所有的重要技术要求并坚持执行了？

5）是否备有产品调整/更换时所必要的辅助器具？

6）是否进行了批量生产认可？是否记录了调整参数和偏差的情况？

7）是否检查了纠正措施实施的有效性？

（3）运输/搬运/储存/包装的审核

主要就下面几个问题提问并进行现场核实，提问的要求/说明、要点见表9-2。

1）产品数量/生产批次的大小是否按需求确定？是否有目的地运往下道工序了？

2）产品/零件是否按要求储存了？运输方式/包装方法是否根据产品/零件的特性确定了？

3）废品、返修件和调整件以及车间内的剩余材料是否坚持分别储存并标识？

4）整个物流是否能确保不混批、不混料并保证可追溯性？

5）模具/工具、工装、检测和试验设备是否按要求储存和管理？

（4）缺陷分析/纠正措施/持续改进的审核

主要就下面几个问题提问并进行现场核实，提问的要求/说明、要点见表9-2。

1）是否完整地记录了质量数据/过程数据，并具有可评定性？

2）是否用统计技术分析质量数据/过程数据，并由此制订改进措施？

3）在产品要求/过程要求有偏差时，是否分析原因、采取纠正措施并验证纠正措施的有效性？

4）是否定期进行产品审核和过程审核？

5）对产品和过程是否进行持续改进？

6）是否确定了产品和过程的目标值，是否对目标的达成进行了监控？

3. 顾客关怀/顾客满意度（售后服务）的审核

主要就下面几个问题提问并进行现场核实，提问的要求/说明、要点见表9-2。

1）发货时产品是否满足了顾客的要求？

2）如何保证对顾客的服务？

3）对顾客抱怨能否快速反应并确保产品供应？

4）与质量要求有偏差时，是否进行了缺陷分析并实施了改进措施？

5）执行有关任务的员工是否具备所需的素质？

表9-2 过程审核提问要求/说明、要点

<table>
<tr><th>过程/要素</th><th>提问</th><th>要求/说明</th><th>考虑要点</th><th>备注</th></tr>
<tr><td colspan="5">A. 产品诞生过程
◆ 产品诞生过程中的产品开发、过程开发应按产品质量策划环的四个步骤 PDCA（策划、落实、分析、改进）进行
◆ 在产品诞生的各个阶段中，有关部门之间的合作和始终如一的工作态度是落实产品批量投产所有要求的必要前提
◆ 在产品诞生过程初期，必须了解顾客的所有要求、市场发展趋势、标准和法规，并且要考虑其在产品诞生过程中所发生的变化。要保证这些内容能持续转化到主过程和辅助过程中去
◆ 以设计评审的方式，按规定的时间间隔来跟踪已确定的阶段目标的落实。需注意的是，偏差和更改需求往往也会造成目标的改变
◆ 产品诞生过程中，坚持并正确地应用风险分析方法和数值评价方法，有助于识别偏差和采取必要的纠正措施。这些对成本优化和成本控制很重要
◆ 所有参与开发项目的员工要具备良好的业务素质和办事能力。他们在产品诞生过程的所有阶段的工作态度是满足顾客所有要求、做好高水准批量生产的先决条件</td></tr>
<tr><td colspan="5">1. 产品开发的策划
◆ 在报价阶段，就必须根据顾客要求、法规规订制定新产品策划纲要。接受委托后，要将策划纲要具体化，制订出产品开发计划
◆ 在产品开发计划中必须说明所有要求的任务、需达到的目标值与进度时间表
◆ 产品要求通常高于顾客要求，必须对其仔细地分析并转化为详细的技术要求
◆ 对所有的要求不断地重新观察，可能还需在策划过程中对这些要求进行必要的更改</td></tr>
<tr><td rowspan="2">1. 产品开发的策划</td><td>1.1 是否已明确顾客对产品的要求</td><td>对需开发的产品，必须了解顾客的所有要求，并将其转化到开发工作中去</td><td>◆ 图样、标准、规范、产品建议书
◆ 物流运输方案
◆ 技术供货条件、检验规范
◆ 质量协议、目标协议
◆ 重要的产品特性/过程特性
◆ 订货文件（包括零件清单和发货期）
◆ 法规/规章
◆ 用后处置计划、环保要求</td><td></td></tr>
<tr><td>1.2 是否编写了产品开发计划，并确定了目标值</td><td>◆ 必须明确规定直至批量投产前的所有活动，包括与供方有关的活动
◆ 必须从顾客要求的条款中得出目标值，并在相应的阶段实现这些目标值</td><td>◆ 顾客要求
◆ 成本
◆ 进度安排：策划认可、采购认可、更改停止、样件（样车）、试生产、批量生产起始时间
◆ 资源调查
◆ 目标值的确定与监控
◆ 定期向企业领导汇报
◆ 同步工程小组</td><td></td></tr>
</table>

（续）

过程/要素	提问	要求/说明	考虑要点	备注
	1.3　是否策划并落实了产品开发所需的资源	◆ 所需的资源必须在报价阶段就要考虑到。在正式接受委托后，应将这些数据精确化 ◆ 当要求有更改时，根据需要，要重新进行资源调查，并配齐必备的资源	◆ 顾客要求 ◆ 人员素质 ◆ 缺勤时间 ◆ 全过程时间 ◆ 房屋，场地（用于试制及开发的样件制造） ◆ 模具/设备 ◆ 试验/检验/实验室装置 ◆ CAD、CAM、CAE	
1. 产品开发的策划	1.4　是否了解并确定了对产品的要求	◆ 通过跨部门合作/行业水准比较（Benchmarking）来了解产品的要求，可使用 QFD（质量功能展开）、DOE（实验设计）等方法 ◆ 既往的经验与未来的期望必须予以考虑 ◆ 产品的要求必须与市场要求和顾客期望相适应，产品必须具有竞争力	◆ 顾客要求 ◆ 企业目标 ◆ 同步工程 ◆ 可靠的设计/受控的过程 ◆ 定期的顾客/供方会谈 ◆ 重要的特性、法规要求 ◆ 功能尺寸 ◆ 安装、装车尺寸 ◆ 材料	
	1.5　是否进行了产品开发可行性研究	◆ 对已知的要求必须通过跨部门合作来检查其开发的可行性 ◆ 顾客要求在此具有重要意义	◆ 设计 ◆ 质量 ◆ 生产设备、资源 ◆ 特殊特性（顾客特殊要求） ◆ 企业目标 ◆ 规定、标准、法规 ◆ 环境承受能力 ◆ 进度安排 ◆ 目标成本	
	1.6　是否已计划/已具备项目开发所需的资源条件（人员、技术等）	在项目开始前，应对人员素质与必备资源的要求进行调查，并在项目计划中说明	◆ 项目领导、项目策划小组/职责 ◆ 具有相应素质的人员 ◆ 通信方式（数据远程传送） ◆ 在策划期间来自/发向顾客的信息（定期碰头、会议） ◆ 模具/设备 ◆ 试验/检验/实验室装置 ◆ CAD、CAM、CAE	

（续）

过程/要素	提问	要求/说明	考虑要点	备注
2. 产品开发的落实 ◆ 在产品开发的落实阶段，必须实施产品策划时确定的各项任务，必须识别和考虑到可能出现的更改 ◆ 项目负责人/项目领导承担的一项重要任务，就是及早地把各项工作接口与各项任务有机地联系起来 ◆ 出现的问题必须尽快向管理者汇报，必要时也要向顾客汇报 ◆ 在落实过程中，每个适当阶段必须进行设计评审，如果不能达到预定目标，则应采取纠正措施，付诸实施并监控其有效性				
2. 产品开发的落实	2.1 是否进行了 DFMEA 分析，并确定了改进措施	◆ 通过跨部门的合作及与顾客和供方的合作，清楚地了解产品风险，并用合适的措施不断降低产品风险 ◆ 对于复杂零部件或整套功能系统，使用系统 SFMEA 很有意义 ◆ 可与顾客商定，使用其他类似的分析技术	◆ 顾客要求/产品建议书 ◆ 功能、安全性、可靠性、易维修性、重要特性 ◆ 环保要求 ◆ 各有关部门的参与 ◆ 试验结果 ◆ 通过过程 PFMEA 确定的针对产品的特定措施	
	2.2 项目运作过程中，是否对 DFMEA 进行了补充更新？已确定的措施是否已落实	◆ 对产品和过程的更改必须由项目负责人进行评定，必要时必须进行新的 FMEA 分析 ◆ 在措施落实后也要对 DFMEA 补充更新，使其符合现状	◆ 顾客要求 ◆ 重要参数、重要特性、法规要求 ◆ 功能、装配尺寸 ◆ 材料 ◆ 环保要求 ◆ 运输（企业内部/外部） ◆ 通过过程 PFMEA 确定的针对产品的特定措施	
	2.3 是否制订了质量控制计划	◆ 质量计划必须包括该产品从样件（样车）到批量生产阶段的总成、组件、部件、零件、材料及生产过程 ◆ 质量计划是一个动态文件，必须为新产品制订质量计划并在产品有更改时对其补充更新，使其符合现状 ◆ 一般必须为下列阶段制订质量计划： a. 样件（样车）阶段：这是一个描述在样件（样车）制造阶段所必须进行的尺寸、材料及功能检验的文件（若顾客要求）	质量计划必须详细说明下列内容： ◆ 确定并标识出重要的特性 ◆ 制订检验和试验流程 ◆ 配置设备和装置 ◆ 及时地预先配备测量技术 ◆ 在产品实现的适当阶段进行的检验 ◆ 验收标准	

（续）

过程/要素	提问	要求/说明	考虑要点	备注
2. 产品开发的落实	2.3 是否制订了质量控制计划	b. 批量生产前阶段/与过程开发的接口：这是一个描述在样件（样车）制造以后，批量生产前所必须进行的尺寸、材料及功能检验文件		
	2.4 是否具有各阶段所要求的认可/合格证明	对每个零件、总成和配套件都必须进行认可/合格验证	◆ 产品试验（例如：整机试验、功能试验、寿命试验、环境模拟试验等） ◆ 样件状态 ◆ 小批量试生产样件 ◆ 试制时的制造设备和检验装置/检验器具	
	2.5 是否已具备所要求的产品开发能力	◆ 应从报价核算和预规划方案中得出所要求的产品开发能力 ◆ 这一产品开发能力必须具备或在相应的进度计划中明确规划并能按时落实 ◆ 必须在项目实施中准备好所需的资源	◆ 顾客要求 ◆ 具有相应素质的人员 ◆ 缺勤时间 ◆ 全过程时间 ◆ 房屋、场地 ◆ 试验装置 ◆ 样件（样车）试制 ◆ 模具/设备 ◆ 试验/检验/实验室装置	

3. 过程开发的策划

◆ 在报价阶段就必须根据顾客要求进行产品生产的基础策划，接受委托后应将其具体化，并制订出过程开发计划

◆ 必须考虑现有的技术能力和人员能力，要预先考虑扩大生产能力规模的计划

◆ 在细化各项任务、目标及进度时，要通过跨部门合作把各接口部门连接起来，并明确规定各项任务及职责

◆ 当顾客要求或法规要求更改时，生产过程的策划和实施要作出相应的更改，这一更改可能要求对策划过程重新考虑

3. 过程开发的策划	3.1 是否了解并明确对产品的要求	必须明确了解对产品的要求，并将其转化到策划工作中去	◆ 顾客要求 ◆ 法规、标准、规章 ◆ 物流方案 ◆ 技术供货条件 ◆ 质量协议/目标协议 ◆ 重要特性 ◆ 材料 ◆ 用后处置、环境保护	

（续）

过程/要素	提问	要求/说明	考虑要点	备注
3. 过程开发的策划	3.2 是否已编制了过程开发计划，并确定了目标值	◆ 过程开发计划是项目计划的一部分，并与产品开发计划相互关联 ◆ 过程开发计划中必须明确规定直至批量投产前的所有活动 ◆ 应从要求条款中得出相应的目标值，并在规定的阶段达到这一目标值	◆ 顾客要求 ◆ 成本 ◆ 进度安排：策划认可/采购认可 ◆ 样件（样车）/试生产、批量生产 ◆ 资源调查 ◆ 提供生产/检验设备、软件、包装 ◆ 更改的保证方案（批量生产起始时的问题等） ◆ 物流/供货方案 ◆ 目标值的确定和监控 ◆ 定期向企业领导汇报	
	3.3 是否已策划并落实了批量生产的资源	◆ 所要求的资源必须在报价阶段已调查并考虑到了。在正式接受委托后，这些数据必须精确化 ◆ 在要求有更改时，根据需要，重新进行资源调查，并配齐必备的资源	◆ 顾客要求 ◆ 原材料的可提供性 ◆ 具有相应素质的人员 ◆ 缺勤时间/停机时间 ◆ 全过程时间/单台设备（装置）产量 ◆ 房屋、场地 ◆ 设备、模具、生产/检验设备、辅助工具、实验室设备 ◆ 运输器具、周转箱、仓库 ◆ CAM（计算机辅助制造）、CAQ（计算机辅助质量管理）	
	3.4 是否了解并考虑到了对生产过程的要求	◆ 通过跨部门合作来了解对生产过程的要求，可使用例如QFD（质量功能展开）、DOE（实验设计）等方法 ◆ 既往的经验和未来的期望必须予以考虑	◆ 顾客要求 ◆ 法规要求 ◆ 能力验证 ◆ 设备、模具/工装及检验、试验设备的适合性 ◆ 生产工位布置/检验工位布置 ◆ 搬运、包装、储存、标识	
	3.5 是否已计划/已具备项目开发所需的人员与技术条件	在项目开始前，要对人员素质与必备的资源要求进行调查，并在项目计划中说明	◆ 项目领导、项目策划小组/职责 ◆ 具有相应素质的人员 ◆设备、模具/工装、生产	

（续）

过程/要素	提问	要求/说明	考虑要点	备注
3. 过程开发的策划	3.5 是否已计划/已具备项目开发所需的人员与技术条件		设备、检验试验设备、辅助工具 ◆ 通讯方式（例如：数据远程传送） ◆ 在策划期间来自/发向顾客的信息（定期碰头、会议） ◆ CAM、CAQ	
	3.6 是否已开展了 PFMEA，并确定了改进措施	◆ 通过跨部门的合作以及与顾客和供方的合作，清楚地了解过程风险，并用合适的措施不断降低过程风险 ◆ 对于复杂零部件或整套功能系统，使用系统 SFMEA 很有意义	◆ 所有生产工序（包括供方的） ◆ 顾客要求、功能 ◆ 重要参数/重要特性 ◆ 可追溯性 ◆ 环保要求 ◆ 运输（企业内部/外部） ◆ 各有关部门的参与 ◆ 由 DFMEA 得出的生产过程特定措施	

4. 过程开发的落实

◆ 在过程开发的落实阶段，必须实施所有在过程策划时确定的任务（过程开发计划），必须识别和考虑到可能出现的更改

◆ 为了项目管理、项目跟踪，项目负责人必须及早地把各工作接口与各项任务联系起来

◆ 出现问题时，必须尽快向管理者汇报，必要时也要向顾客汇报

◆ 在实施过程中，在适当的阶段应进行评审。如果不能达到预定的目标，则应确定纠正措施，并监控其有效性

4. 过程开发的落实	4.1 项目运作过程中，是否对 PFMEA 进行了补充更新？已确定的措施是否已落实	◆ 产品和过程的更改必须由项目负责人进行评定 ◆ 必要时，应与 FMEA 小组商讨进行新的分析 ◆ 在措施落实后要对 PFMEA 补充更新，使其符合现状	◆ 顾客要求 ◆ 各生产工序（包括供方的） ◆ 重要参数/重要特性、法规要求 ◆ 安装尺寸 ◆ 材料 ◆ 可追溯性 ◆ 环保要求 ◆ 运输（企业内部/外部） ◆ 由 PFMEA 得出的生产过程特定措施	
	4.2 是否制订了质量控制计划	◆ 质量计划应包括该产品的总成、组件、部件、零件和材料及其生产过程	质量计划一般包括下列内容： ◆ 确定并标识出重要特性	

（续）

过程/要素	提问	要求/说明	考虑要点	备注
4. 过程开发的落实	4.2 是否制订了质量控制计划	◆ 质量计划是一个动态文件，应为新过程/产品制订质量计划并在过程/产品有更改时补充更新，使其符合现状 ◆ 一般必须为下列阶段制订质量计划： a. 批量生产前阶段——描述在小批量生产阶段必须进行的尺寸、材料及功能检验的文件 b. 批量生产阶段——描述在批量生产时必须注意的包括产品特性、过程特性、过程控制措施及检验和测量系统在内的汇总文件	◆ 制订检验流程计划 ◆ 配置设备和装置 ◆ 及时地预先配备测量技术 ◆ 在产品实现的适当阶段进行的检验 ◆ 验收标准	
	4.3 是否具有各阶段所要求的认可/合格证明	每个零部件、组件、配套件、生产设备和检验器具必须进行认可/验证	◆ 产品试验（如整机试验、功能试验，寿命试验，环境模拟试验） ◆ 批量前样件（产品样机）、零批量样件（设计样机） ◆ 首批样品 ◆ 重要产品特性/过程特性的能力证明 ◆ 物流运输方案（通过试发货运输了解包装适宜性） ◆ 模具、机器、设备、检测设备	
	4.4 批量生产前，是否进行了在批量生产条件下的试生产	为了及时对所有的生产要素和影响进行评估，并在必要时加以纠正，需要进行试生产，以使批量生产中能避免生产瓶颈和质量损失	◆ 顾客要求 ◆ 确定最小生产数量 ◆ 过程能力调查 ◆ 检具能力调查 ◆ 生产设备批量生产时的成熟性（测量记录） ◆ 首批样品检验 ◆ 搬运、包装、标识、储存 ◆ 人员素质 ◆ 作业指导书、检验指导书 ◆ 生产工位布置/检验工位布置	

（续）

过程/要素	提问	要求/说明	考虑要点	备注
4. 过程开发的落实	4.5 生产文件和检验文件是否齐全、完整	◆ 生产文件、检验文件应齐全，足以指导生产 ◆ 过程参数/检验特性原则上都要注明公差 ◆ 生产文件和检验文件必须放置在生产工位/检验工位 ◆ 过程中如有偏差，应将所采取的措施记录并存档	◆ 过程参数（如压力、温度、时间、速度） ◆ 机器/模具/辅助器具的数据 ◆ 检验规范（重要特性、监测设备、方法，频次） ◆ 过程控制图的控制限 ◆ 机器能力验证、过程能力验证 ◆ 操作说明 ◆ 作业指导书 ◆ 检验指导书 ◆ 缺陷发生状况的即时信息	
	4.6 是否已具备所要求的批量生产能力	从报价核算及现时的过程开发计划中可得知所必需的能力	◆ 顾客要求 ◆ 原材料可提供性 ◆ 具有相应素质的人员 ◆ 缺勤时间/停机时间 ◆ 全过程时间/单台设备（装置）产量 ◆ 房屋、场地 ◆ 设备、模具、生产/检验设备、辅助工具、实验室装置 ◆ 运输器具、周转箱、仓库	

批量生产过程

◆ 批量生产过程受控的必要条件是坚持不懈地将产品诞生过程中所要求的一切措施付诸落实

◆ 在考虑顾客要求的前提下，企业必须在自己的生产线上，根据产品供货以及产品使用中的信息对生产过程进行不断的评定和改进

◆ 让顾客在质量、价格和服务方面满意的必要条件是在所有生产过程中以顾客为导向地对待工作

◆ 实物质量是由“人、机、料、法、环”及精益生产方式、低仓储量和人员素质高低而决定的

◆ 每个员工应通过独立识别产品和过程的缺陷来履行其职责。改进措施应由本人负责落实或主动提出建议

◆ 运用合适的方法对过程和过程流程不断地进行评价，分析缺陷，实施合适的纠正措施，使其保持并改善过程能力，以满足所有的要求

◆ 为了保持并提高顾客满意程度，企业有义务在交付以后还要观察其产品，积极与顾客合作，尽早发现故障与缺陷，这是长期恪守信用与顾客合作的基础

5. 供方/原材料

◆ 向顾客的供货时间（例如：即时供货）及流转周期的缩短，直接影响到采购周期。这就要求具备一套畅通无阻、万无一失的配套体系，因为如遇到缺陷和供货问题，通常难以另找其他货源或用其他材料来替代

（续）

过程/要素	提问	要求/说明	考虑要点	备注
◆ 当中间库存量小或没有中间库存时，数量问题与物流问题将会直接导致生产线停产 ◆ 受审核企业有责任和义务与其供方一起保证其所供产品/材料的生产过程受控，并保证所有与顾客有关的重要特性的过程能力达到预期要求，为此企业必须进行内部过程审核和产品审核 ◆ 已制订的质量保证措施和持续改进措施的有效性必须要加以验证				
5. 供方/原材料	5.1 是否仅允许已认可的且具有质量能力的合格供方供货	◆ 在确定供方前，要了解其质量体系的审核结果（认证/审核） ◆ 在批量生产时，必须保证只从合格的供方采购 ◆ 要重视实物质量的评价结果	◆ 供方会谈/定期服务 ◆ 质量能力审核，如审核结果/认证证书 ◆ 实物质量评定（质量/成本/服务）	
	5.2 能否确保供方所供产品的质量达到供货协议的要求	在供货协议中明确提出供货的质量	◆ 检验的可能性（实验室和监测设备） ◆ 内部/外部检验 ◆ 顾客提供的检具/测量辅具 ◆ 图样/订货要求/规范 ◆ 质量保证协议 ◆ 检验方法、检验流程、检验频次的商定 ◆ 主要缺陷的分析 ◆ 能力验证	
	5.3 是否对供货实物的质量进行了评价？与要求有偏差时是否采取了措施	定期对供方的质量能力与实物质量进行检查，按零件记录在供货清单中并进行评定。与要求有偏差时要制订改进计划，并对计划的落实情况进行验证	◆ 质量会谈纪要 ◆ 改进计划的商定与跟踪 ◆ 改进后零件的检验记录和测量记录 ◆ 对主要缺陷/有问题供方的分析评定	
	5.4 是否与供方就产品与过程的持续改进商定了质量目标，并付诸落实	应与供方就产品与过程的持续改进商定质量目标，并付诸落实	◆ 工作小组（由各相关部门组成） ◆ 确定质量、价格及服务的可测量目标，如在提高过程受控状态的同时降低检验成本 ◆ 减少废品（内部/外部） ◆ 减少在制品量 ◆ 提高顾客满意程度	
	5.5 批量供货的产品是否得到了批量生产认可	新的/更改的产品/过程在批量投产前，必须对供方的所有产品进行认可	◆ 装机样件的认可、试验认可 ◆ 符合要求的首批样品检验报告 ◆ 对重要特性的能力验证	

（续）

过程/要素	提问	要求/说明	考虑要点	备注
	5.5 批量供货的产品是否得到了批量生产认可		◆ 安全数据表及安全准则（CE） ◆ 可靠性分析评定 ◆ 重复鉴定试验（对实施改进措施的样品进行）	
	5.6 对顾客提供的产品，是否严格按与顾客商定的方法进行了管理	对顾客提供的产品的管理要求必须取自于质量协议，并坚决贯彻 由顾客提供的产品可以是： ——服务 ——模具/工装，检验、测量和试验设备 ——包装 ——产品	◆ 控制、验证、储存、运输、确保质量与性能 ◆ 在出现缺陷或丢失情况时的信息交流 ◆ 质量文件（质量现状，质量历史）	
5. 供方/原材料	5.7 原材料库存量、库存状况是否适合于生产要求	◆ 在过程策划时要考虑原材料的库存量 ◆ 库存状况应适合于生产要求，当要求有更改时，可重新进行需求分析	◆ 顾客要求 ◆ 看板/准时化生产（JIT） ◆ 储存成本 ◆ 原材料出现瓶颈时的应急计划（紧急战略） ◆ 先进先出（FIFO）	
	5.8 对原材料/余料的入库和储存是否进行了适当控制	应对原材料/余料的入库和储存进行适当控制	◆ 包装 ◆ 标识（可追溯性/检验状态/加工状态/使用状态） ◆ 仓库管理系统 ◆ 先进先出（FIFO） ◆ 秩序与清洁 ◆ 气候条件 ◆ 防损伤/防污染 ◆ 防混批/防混料 ◆ 隔离库（设置并使用）	
	5.9 员工是否得到了相应的岗位培训	对有关员工进行岗位培训，包括从事下列工作的人员： ——供方的选择、评价、提高 ——产品检验、测量和试验 ——储存/运输 ——物流	◆ 产品/规范/顾客的特殊要求 ◆ 标准/法规 ◆ 包装 ◆ 加工 ◆ 评价方法（例如：审核、统计） ◆ 质量技术（例如：8D方法，因果图） ◆ 外语	8D：指实施纠正措施的8个步骤和要求

（续）

<table>
<tr><th>过程/要素</th><th>提问</th><th>要求/说明</th><th>考虑要点</th><th>备注</th></tr>
<tr><td colspan="5">6. 生产
◆ 此要素中的所有提问适用于每一个生产过程（工序）
◆ 产品生产过程的每道工序都必须使其技术和人员素质达到所策划的要求，并加以监控。应从经济性的角度进行持续改进
◆ 生产过程的重点是员工素质、过程设备/检测器具的适用与改进、与所生产零件的特性相适应的运输和储存
◆ 所有活动的依据是顾客对每种产品及其生产过程的要求，应尽早识别顾客的要求并使其转化到生产过程中去
◆ 顾客的零缺陷要求是贯穿所有加工工序的主线，企业管理者必须为此创造必备的先决条件
◆ 企业内部过程中的顾客/供方关系具有特殊的意义，每道工序的员工必须承担起高度的自我责任，通过质量环和 QCC 小组不断改进
◆ 产品生产中的所有更改都应通知顾客，由顾客决定需要采取什么措施或是否需要重新进行认可</td></tr>
<tr><td rowspan="4">6. 生产
6.1 人员/素质</td><td colspan="4">6.1 人员/素质
◆ 管理者的任务是选择具备相应素质的岗位人员，注意保持其素质，并将其培养成“多面手”
◆ 应对员工是否具备承担产品和过程任务的能力进行验证
◆ 应让员工了解顾客的要求和质量目标。应使他们认识到自己所承担的质量责任，认识到自己工作的相关性和重要性
◆ 生产过程中岗位的顶替人员也必须具备与上述相同的素质</td></tr>
<tr><td>6.1.1 是否明确了员工监控产品质量/过程质量的职责和权限</td><td>应明确员工监控产品质量/过程质量的职责和权限</td><td>◆ 参与改进项目
◆ 自检
◆ 过程认可/点检（设备点检/首件检验/末件检验）
◆ 过程控制（理解控制图）
◆ 停止生产的权利</td><td></td></tr>
<tr><td>6.1.2 是否明确了员工对生产设备/生产环境进行管理的职责和权限</td><td>应明确员工对生产设备/生产环境进行管理的职责和权限</td><td>◆ 整齐和清洁
◆ 运行/报请维修与保养
◆ 零件准备/储存
◆ 检测设备的使用、检定和校准</td><td></td></tr>
<tr><td>6.1.3 能否确保员工具有完成所交付任务的能力和素质</td><td>员工应具有完成所交付任务的能力和素质</td><td>◆ 过程上岗指导/培训/资格证明
◆ 产品及其可能发生缺陷的知识
◆ 对安全生产/环境意识的指导
◆ 关于处理“具有特殊要求的零件”的指导
◆ 资格证明（例如：焊工证书、视力测定、机动车驾驶证）</td><td></td></tr>
</table>

（续）

<table>
<tr><th colspan="2">过程/要素</th><th>提问</th><th>要求/说明</th><th>考虑要点</th><th>备注</th></tr>
<tr><td rowspan="6">6.
生
产</td><td rowspan="2">6.1
人员/素质</td><td>6.1.4 是否有顶岗人员的配置计划</td><td>◆ 在人员配置计划中要考虑缺勤因素（病假/休假/培训）
◆ 对顶岗人员应确保其素质符合岗位要求</td><td>◆ 生产班次计划（按任务单）
◆ 素质证明
◆ 工作分析/时间核算</td><td></td></tr>
<tr><td>6.1.5 是否采用了提高员工工作积极性的方法</td><td>通过针对性的信息（宣传）促进员工的参与意识，从而提高质量意识</td><td>◆ 质量信息（目标值/实际值）
◆ 改进建议
◆ 志愿行动（培训，质量小组）
◆ 低病假率/高出勤率
◆ 对质量改进的贡献
◆ 自我评定</td><td></td></tr>
<tr><td colspan="5">6.2 生产设备/工装
◆ 所配备的生产设备必须能满足产品的质量要求，必须能达到并保持所要求的过程能力，检测、试验设备也应如此
◆ 在重新开始生产时应特别注意：
——根据产品来设置生产工位和检验工位
——生产前进行产品和过程的点检认可
——了解前期生产的质量和过程数据，落实已确定的改进措施</td></tr>
<tr><td rowspan="3">6.2
生产设备/工装</td><td>6.2.1 生产设备/工装是否能满足产品特定的质量要求</td><td>生产设备/工装应满足产品特定的质量要求</td><td>◆ 对重要特性/过程参数进行设备能力调查/过程能力调查
◆ 重要参数要强行控制/调整
◆ 在偏离设定值时报警（例如：声光报警、自动断闸）
◆ 上/下料装置
◆ 模具/设备/机器的保养维修状态（包括有计划的维修）</td><td></td></tr>
<tr><td>6.2.2 监测设备是否能有效地监控质量要求</td><td>监测设备应能有效地监控质量要求</td><td>◆ 可靠性试验、功能试验、耐蚀试验
◆ 测量精确度/检具能力调查
◆ 数据采集和分析
◆ 检具校准的证明</td><td></td></tr>
<tr><td>6.2.3 生产工位、检验工位是否符合要求</td><td>工作环境条件（包括返工/返修工位）必须适合于产品及其工作内容，以避免污染、损伤、混批、混料/发生差错</td><td>◆ 人机工程学
◆ 照明（尤其是对外观件的检查）
◆ 整齐和清洁
◆ 环境保护
◆ 零件搬运
◆ 安全生产</td><td></td></tr>
</table>

（续）

过程/要素		提问	要求/说明	考虑要点	备注
6. 生产	6.2 生产设备/工装	6.2.4 生产文件和检验文件中是否标出了所有的重要技术要求并坚持执行了	◆ 生产文件和检验文件中应标出所有的重要技术要求并坚持执行 ◆ 原则上应标明过程参数、检验和试验特性的公差 ◆ 生产工位和检验工位必须具有相应的生产文件和检验文件 ◆ 偏差情况与采取的措施必须记录存档	◆ 过程参数（例如：压力、温度、时间、速度等） ◆ 机器/模具/辅具的标识（模具号、机器号） ◆ 检验规范（重要特性，检验、测量和试验设备、方法、频次） ◆ 过程控制图的控制限 ◆ 机器能力证明和过程能力证明 ◆ 操作说明 ◆ 作业指导书 ◆ 检验指导书 ◆ 发生缺陷时的信息	
		6.2.5 是否备有产品调整/更换时所必要的辅助器具	应备有产品调整/更换时所必要的辅助器具	◆ 调整计划 ◆ 调整辅助装置/比较辅助装置的方法 ◆ 灵活的模具更换装置 ◆ 极限标样	
		6.2.6 是否进行了批量生产认可？是否记录了调整参数和偏差的情况	◆ “批量生产认可”是指按批量订单对生产起始（首次/重新）的认可 ◆ 产品和过程的认可是必要的，必须由权威人员按验收准则进行书面认可 ◆ 必须解决在产品策划/过程策划和/或以前批量生产中认识到的问题 ◆ 认可检验必须按明确的检验指导书进行，以确保重复性 ◆ 如果在抽样后继续进行生产，则应将样件认可前生产的产品隔离 ◆ 返修应纳入认可过程	◆ 新产品、产品更改 ◆ 停机/过程中断 ◆ 修理、更换模具 ◆ 更换材料（例如：换炉号/批号） ◆ 生产参数更改 ◆ 首件检验并记录存档 ◆ 实际参数 ◆ 工作岗位的整齐和清洁 ◆ 包装 ◆ 模具与检验、测量和试验设备的认可/更改状态	
		6.2.7 是否检查了纠正措施实施的有效性	纠正措施涉及整个生产过程链——从原材料到交付顾客使用。在实施纠正措施后必须对其实效进行检查、验证	◆ 风险分析（过程 PFMEA）/缺陷分析 ◆ 审核后提出的改进计划 ◆ 给责任者提供的信息	

（续）

过程/要素	提问	要求/说明	考虑要点	备注
6.2 生产设备/工装	6.2.7　是否检查了纠正措施实施的有效性		◆ 内部/外部的接口会谈 ◆ 内部抱怨 ◆ 顾客抱怨 ◆ 顾客调查	
6.3　运输/搬运/储存/包装 ◆ 生产流程之间应该不断地相互协调，只能按与顾客商定的需求来生产，以免造成不必要的中间库存 ◆ 零件的生产状态与检验状态应进行标识并易于识别，应特别注意对废品与返修品的标识 ◆ 整个过程链中使用的储存和运输方法应与顾客商定，使其符合具体产品的需要，且不允许对产品造成损害 ◆ 模具、生产装置和检验装置在较长期停产时必须进行充分的保养并防止损伤，以保证重新使用时不需要很长的准备时间				
6. 生产 6.3 运输/搬运/储存/包装	6.3.1　产品数量/生产批次是否是按需求确定的？是否是有目的地运往下道工序的	产品数量/生产批次的大小应按需求合理确定应有目的地将产品运往下道工序	◆ 足够、合适的运输器具 ◆ 定置库位 ◆ 最小库存/无中间库存 ◆ 看板管理 ◆ 准时化生产 ◆ 先进先出 ◆ 仓库管理 ◆ 更改状态 ◆ 只向下道工序提供合格件 ◆ 产量记录/统计 ◆ 信息流	
	6.3.2　产品/零件是否按要求储存的？运输方式/包装方法是否根据产品/零件的特性确定	◆ 产品/零件应按要求储存，运输方式/包装方法应根据产品/零件的特性确定 ◆ 直接向生产设备厂家供应材料/外购件时必须同时考虑条款5.7和条款5.8的要求	◆ 储存量 ◆ 防损伤 ◆ 零件定置 ◆ 整齐/清洁/不超装（库存场地/周转箱） ◆ 控制储存周期 ◆ 环境影响	
	6.3.3　废品、返修件和调整件以及车间内的剩余材料是否坚持	废品、返修件和调整件以及车间内的剩余材料应坚持分别储存并标识	◆ 隔离库，隔离区 ◆ 对存放废品、返修件和调整件的容器加以标识 ◆ 缺陷产品和缺陷特性	

（续）

过程/要素		提问	要求/说明	考虑要点	备注
6. 生产	6.3 运输/搬运/储存/包装	了分别储存并做了标识		◆ 标识 ◆ 确定生产过程中不合格品的分离/返修工位	
		6.3.4 整个物流是否能确保不混批、不混料并保证可追溯性	鉴于产品风险，必须确保从供方至顾客整个过程链的可追溯性	◆ 零件标识 ◆ 工作状态、检验状态和使用状态的标识 ◆ 炉号/批号标识 ◆ 有效期 ◆ 清理无效标识 ◆ 有关零件、生产数据的工作指令	
		6.3.5 模具/工具、工装、检测和试验设备是否按要求储存和管理	在用的、不用的和未经认可的模具/工装、设备、检具都应按要求储存和管理	◆ 防损储存（防锈处理） ◆ 整齐和清洁 ◆ 定置存放 ◆ 发放管理 ◆ 环境影响 ◆ 标识 ◆ 明确的认可状态与更改状态	
	6.4 缺陷分析/纠正措施/持续改进 ◆ 企业有责任在持续不断的产品观察和过程观察中，识别与顾客要求和顾客期望之间存在的偏差，并通过适当的措施加以消除 ◆ 在所有生产过程中使用预防手段，应用必要的统计技术，通过持续改进来满足顾客对零缺陷的要求 ◆ 每一项改进的前提是详细地进行缺陷分析，找出缺陷的真实原因。针对真正的原因，要制订合适的纠正措施。要对纠正措施的有效性进行跟踪验证 ◆ 在持续改进和排除缺陷时，过程的负责人及其所在部门必须参与，并对顾客满意程度各负其责				
	6.4 缺陷分析/纠正措施/持续改进	6.4.1 是否完整地记录了质量数据/过程数据，并具有可评定性	◆ 应完整地记录质量数据/过程数据，使其具有可评定性 ◆ 应能出具全部的质量数据和过程数据以验证是否满足要求，并确保其可评定性（如连续性、可比性） ◆ 特殊事件（如设备故障、停机）必须记录存档	◆ 原始记录 ◆ 缺陷收集卡 ◆ 控制图 ◆ 数据收集 ◆ 过程参数的记录装置（例如：温度、时间、压力） ◆ 设备停机 ◆ 参数更改 ◆ 停电	

（续）

<table>
<tr><th colspan="2">过程/要素</th><th>提问</th><th>要求/说明</th><th>考虑要点</th><th>备注</th></tr>
<tr><td rowspan="4">6. 生产</td><td rowspan="4">6.4 缺陷分析/纠正措施/持续改进</td><td>6.4.2 是否用统计技术分析了质量数据/过程数据，并由此制订了改进措施</td><td>◆ 应使用统计技术分析质量数据/过程数据，并由此制订改进措施
◆ 确定问题的责任部门，由责任部门负责制订改进措施并实施</td><td>◆ 过程能力
◆ 缺陷种类/缺陷频次
◆ 缺陷成本
◆ 过程参数
◆ 废品/返修件
◆ 隔离通知/分选
◆ 节拍/流转时间
◆ 可靠性/失效特征
◆ 可使用的方法例如：
——SPC
——排列图
——因果图</td><td></td></tr>
<tr><td>6.4.3 在产品要求/过程要求有偏差时，是否分析了原因、采取了纠正措施并验证了纠正措施的有效性</td><td>◆ 在出现产品偏差/过程偏差时，必须立即采取措施（例如：隔离、分选、通知）以确保符合规定的要求
◆ 要弄清失效的真正原因，要对纠正措施的有效性进行验证</td><td>◆ 补充的尺寸、材料检验、功能检验及耐久检验
◆ 因果图
◆ 田口方法
◆ FMEA/缺陷分析
◆ 过程能力分析
◆ 质量小组活动
◆ 8D 方法</td><td></td></tr>
<tr><td>6.4.4 是否定期进行了产品审核和过程审核</td><td>◆ 应定期进行产品审核和过程审核
◆ 应制订产品审核和过程审核的审核计划
审核原因（时机）：
——新项目/新过程/新产品
——未满足质量要求（内部/外部）
——验证是否符合质量要求
——指出改进的潜力
◆ 必须把偏差情况报告给责任者，应对改进措施进行跟踪验证</td><td>◆ 顾客要求
◆ 重要特性
◆ 功能
◆ 过程参数/过程能力指数
◆ 标识，包装
◆ 确定的过程工序/工艺流程</td><td></td></tr>
<tr><td>6.4.5 对产品和过程是否进行了持续改进</td><td>◆ 应对产品和过程进行持续改进
◆ 根据质量、成本、服务诸方面的知识去调查分析改进的潜力</td><td>◆ 成本优化
◆ 减少浪费（如废品和返修）
◆ 改进过程受控状态（如进行工艺流程分析）
◆ 优化更换装备时间、提高设备利用率</td><td></td></tr>
</table>

（续）

过程/要素		提问	要求/说明	考虑要点	备注
6. 生产	6.4 缺陷分析/纠正措施/持续改进	6.4.5 对产品和过程是否进行了持续改进		◆ 降低流转时间 ◆ 降低库存量	
		6.4.6 是否确定了产品和过程的目标值，是否对目标的达成进行了监控	◆ 应确定产品和过程的目标值，应对目标的达成进行监控 ◆ 目标实现后，应适时提出新目标 ◆ 目标应明确且可实现 ◆ 应保证目标的适应性，目标的实现应有助于提高竞争力 ◆ 必要时应确定特别措施来落实目标	◆ 人员的出勤率、缺勤率 ◆ 已生产数量 ◆ 质量数据（如缺勤率、审核结果） ◆ 流转时间 ◆ 缺陷成本 ◆ 过程特性值（如过程能力指数）	

7. 服务/顾客满意程度

◆ 顾客要求产品在进一步加工或使用时无缺陷并满足质量要求，为此，企业在产品供货后也要提供服务，以便能尽早了解与顾客要求和顾客期望之间的偏差，并通过实施改进措施使顾客保持满意或重新达到满意

◆ 要达到顾客满意，就必须为顾客提供良好的服务。这一任务必须由具有相应素质的人员承担，并在企业所有有关层次和部门中推进

◆ 企业必须保证，在出现问题时要快速反应，并确保提供符合顾客质量要求的产品

过程/要素	提问	要求/说明	考虑要点	备注
7. 服务/顾客满意程度	7.1 发货时产品是否满足了顾客的要求	◆ 必须考虑所有的要求，特别是顾客对企业评价（审核）时的要求	◆ 质量协议 ◆ 发货审核 ◆ 耐久试验（调查失效状况） ◆ 储存/下单加工/零件准备/发货 ◆ 功能检验 ◆ 检验/测量设备的合格状态 ◆ 商定的检验、测试方法 ◆ 产品规范的适应性（符合当前的要求）	
	7.2 如何保证对顾客的服务	◆ 应保证为顾客各职能部门提供对口服务的人员的权限 ◆ 为顾客提供优质服务能提高积极合作的形象 ◆ 企业有义务对其产品从诞生阶段到使用阶段进行观察，并在必要时加以改进	◆ 顾客访问的纪要，必要时根据纪要制订相应的措施 ◆ 产品使用的知识 ◆ 产品故障的有关知识 ◆ 落实新的要求 ◆ 关于改进措施的通知 ◆ 关于产品更改/过程更改/移地生产（包括供方）的通知 ◆ 首批样品送检/重新送样	

（续）

过程/要素	提问	要求/说明	考虑要点	备注
7. 服务/顾客满意程度	7.2 如何保证对顾客的服务		（试制样品/批量生产样品） ◆ 关于偏离要求的信息	
	7.3 对顾客抱怨能否快速反应并确保产品供应	◆ 在过程策划时就必须制订方案以保证意外情况下的产品供应，必须确保批量生产时此方案的可操作性	◆ 应急计划 ◆ 分选能力和反应时间 ◆ 设备、特种设备/工装和模具的更改可能性 ◆ 调动外部力量	
	7.4 与质量要求有偏差时，是否进行了缺陷分析并实施了改进措施	◆ 与质量要求有偏差时，应进行缺陷分析并实施改进措施	◆ 进行分析的可能性（实验室、检验/试验装置、人员） ◆ 对缺陷特性的排列图分析 ◆ 各有关部门（内部/外部）的介入 ◆ 应用排除问题的方法（如8D报告） ◆ 解决样品偏差 ◆ 修订产品规范 ◆ 检查有效性	
	7.5 执行有关任务的员工是否具备所需的素质	执行有关任务的员工应具备所需的素质和知识	主要指负责下列工作的人员： ◆ 顾客服务 ◆ 产品检验 ◆ 储存/运输 ◆ 物流 ◆ 缺陷分析 必须具有下列相关知识 ◆ 产品/产品规范/顾客的特定要求 ◆ 标准/法规 ◆ 加工/使用 ◆ 评价方法（如审核、统计） ◆ 质量技术（如8D方法，因果图） ◆ 外语	

ISO/TS 16949:2009

第10章 过程审核的实施

10.1 过程审核的策划与准备

10.1.1 年度过程审核方案的策划

组织要进行年度过程审核方案的策划，策划时要考虑拟审核过程的状况、重要性以及以往审核的结果。大型企业的过程审核可以分级组织实施，即厂级组织对关键过程、特殊过程审核，一般过程由分厂或车间组织实施。

注意：

1）是否需要针对每一个产品的每一个工序进行审核，还是不管什么产品只按工序进行审核，应根据顾客要求及组织的自身条件决定。产品种类多时，对每个产品的每个工序进行审核是难以实现的。

2）企业可根据实际情况来确定审核工序的划分，并不一定完全按照工艺管理中的工序来划分。比如说，简单的几个装配工序，可以作为一个工序来审核。

年度过程审核方案的内容包括以下六项。

(1) 审核目的

(2) 审核准则

过程审核的准则既有产品技术方面的要求，又有质量体系方面的要求。

1）产品技术要求：

① 产品规范、图样、工艺要求、技术标准等。

② 过程特性，如注塑加工的压力、温度，铸造的型砂水分、铁液温度等。

2）质量体系要求：

① 过程质量控制计划。

② 有关生产、安装、安全的规定。

③ 作业指导书。

④ 检验规程。

⑤ 对过程运行（包括设备和操作人员）的鉴定要求等。

（3）受审核的过程及其所在部门

（4）审核频次

审核可分为定期审核和不定期审核。定期审核多用于产量大的重要过程，多数按月或季度进行，也有半年或一年一次的，甚至更长。不定期审核是针对过程突发性质量问题或新产品而安排的，一般不列入年度计划。在下列情况下，一般要增加审核频次。

1）产品审核时发现产品质量连续下降。

2）顾客多次索赔及抱怨。

3）发生重大质量事故。

4）生产流程、工艺更改。

5）生产地点变更。

6）SPC 发现生产过程不稳定。

7）强制降低成本。

8）顾客或法规新增特殊要求时。

9）新产品小批量试生产或批量生产时。

10）公司内部机构提出要求时。

（5）审核时间

（6）资源要求等

年度过程审核方案具有灵活性，可根据产品生产情况和审核过程中得到的信息加以调整。年度过程审核方案一般由品质管理部经理编写，管理者代表（或总工程师/总工艺师）批准。年度过程审核方案示例见案例 10-1。

案例 10-1：年度过程审核方案示例

2010 年度过程审核方案

1. 审核目的

对过程的质量能力进行评定，使过程能够受控和具有能力，能在各种干扰因素下仍然稳定受控。

2. 受审核的过程

从进货检验开始到发运交付的所有过程。

3. 审核的准则

1）各受审核过程的过程控制计划及过程卡（或作业指导书）。

2）产品质量先期策划（APQP）控制程序。

3）工作环境管理程序。

4）设施、设备管理程序。

5）工艺装备管理程序。

6）人力资源管理程序。

7）生产过程控制程序。

8）质量目标管理和统计技术应用控制程序。

9）VDA6.3 过程审核标准。

10）德国大众汽车集团供应商能力评定准则（Formel Q 第4版），等等。

4. 审核的时间安排

受审核的过程			1月	2月	3月	4月	5月	6月	7月	8月	9月	10月	11月	12月
1	产品型号	过程范围												
2	3210A 型 DVD	生产过程	√			√			√			√		
3	3310A 型 DVD	产品诞生过程、生产过程		√			√			√			√	
4	……													

注：具体的审核日期、审核内容、受审核部门详见每次审核的实施计划。

编制/日期：________ 审核/日期：________ 批准/日期：________

10.1.2 过程审核实施前的准备

1. 组成审核组

品质管理部是过程审核的归口管理部门。在进行过程审核前，品质管理部经理任命审核组长和审核员，组成审核组。

审核组成员一般由质量管理、工艺、质量检验、设备、计量等部门的人员组成，审核组长一般由 QE 工程师（或 PE 工程师）担任。参与审核的人员应是与所审核的活动无直接责任的人员。

过程审核员除具备质量体系审核员的基本条件外，还必须熟悉所审核过程的技术与质量要求，最好具有工艺或质量管理实际工作经验。

2. 收集与所审过程有关的文件和记录

3. 编制过程审核实施计划

审核实施计划是安排审核日程、审核人员分工等内容的文件。这个计划不同于年度审核方案，是每次审核的具体计划，由审核组长编写，品质管理部经理批准。

审核实施计划的内容包括：

1）审核目的。

2）受审核的过程/受审核部门。

3）审核准则。

4）审核组成员名单及分工情况。

5）审核的时间和地点。

6）日程安排。

7）审核总结会议的安排。

8）审核报告的分发范围和预定发布日期。

过程审核实施计划示例详见案例10-2。

案例10-2：过程审核实施计划示例

过程审核实施计划

1. 审核目的

对过程的质量能力进行评定，使过程能够受控和具有能力，能在各种干扰因素下仍然稳定受控。

2. 受审核的过程/部门

3310A型DVD产品诞生过程、生产过程。

受审核部门包括与受审核过程有关的所有单位：×××。

3. 审核准则

1）3310A型DVD过程控制计划及过程卡（或作业指导书）。

2）产品质量先期策划（APQP）控制程序。

3）工作环境管理程序。

4）设施、设备管理程序。

5）工艺装备管理程序。

6）人力资源管理程序。

7）生产过程控制程序。

8）质量目标管理和统计技术应用控制程序。

9）VDA6.3过程审核标准。

10）德国大众汽车集团供应商能力评定准则（Formel Q第4版），等等。

4. 审核组成员

审核组长：曾某

审核员：左某、胡某（A组）；洪某、李某（B组）；王某、陈某（C组）。

5. 审核时间

2010年1月25日~2010年1月26日。

6. 审核报告发布日期及范围

审核报告将于2010年1月28日发布，发放范围为管理者代表、QA部、PE部、车间主管及审核组各成员。

7. 审核日程安排及审核内容

日期/时间		审核小组	受审核过程及主要活动	涉及部门
1月25日	9:00~9:30	所有成员	首次会议	所有受审核部门
	9:30~12:00	A	产品开发策划	研发部
		C	（略）	（略）
	14:00~17:00	A	（略）	（略）
		C	（略）	（略）
	17:00~17:30	所有成员	审核组内部会议，一天工作小结	
1月26日	9:00~12:00	A	（略）	（略）
		B	（略）	（略）
		C	（略）	（略）
	14:00~16:00	A	（略）	（略）
		B	（略）	（略）
	16:00~16:30	所有成员	审核组内部总结会议，整理审核结果	
	16:30~17:30	所有成员	末次会议	所有受审核部门

编制/日期：________ 审核/日期：________ 批准/日期：________

4. 准备过程审核检查表

过程审核检查表见表10-1。

表10-1 过程审核检查表

产品型号		产品名称		受审核过程		
审 核 人		审核日期		审核期次		
序号	审核提问			审核得分	问题说明	备 注
过程符合率：						

5. 通知与受审核过程有关的部门

审核组长在审核前 3 ~5 天与受审核过程有关的部门领导接触，协商确定审核的具体时间、受审核部门的陪同人员以及审核中双方关心的其他问题等，以使审核工作顺利进行，商妥后，即发出书面审核通知。

10.2 过程审核的实施

10.2.1 首次会议

审核开始前一般要召开首次会议。可根据不同情况确定首次会议的时间和内容。通常对外部的过程审核和针对事件（如质量事故）进行的审核都需召开首次会议；而按计划进行的例行内部过程审核是否举行首次会议则较为灵活，一般只在第一次进行过程审核时需要召开首次会议。

首次会议的主要内容：

1）介绍参加人员。

2）说明审核的目的和原因，以便让所有与会人员得到相同的信息，更好地进入角色。

3）解释审核程序（确定过程范围、检查表、审核方法、现场实施）和支持条件（如责任分工、在审核时需脱岗的人员等）。

4）解答与会人员的疑问。

10.2.2 现场审核

1. 现场审核的注意事项

1）现场审核时，一般按照事先准备好的检查表逐项审核，也可进行随机性提问和检查，还可视需要增加新的检查内容。

2）在检查过程中通过提问尽可能地将现场人员纳入审核过程中来。

3）审核时应随时记录所发现的该过程的优点和不足之处。

4）为避免在末次会议上发生冲突，应尽可能在现场澄清不明之处，并与受审核方达成共识。

5）审核时若发现严重的缺陷，应要求过程负责人采取紧急补救措施。

2. 现场审核的主要内容

审核采用提问并进行现场核实的方式进行。每个审核提问项目的总分为 10 分，根据符合情况，给出每个审核提问项目的实际得分。提问的内容见本书 9.4 节。评分的标准见表 10-2。

表 10-2 审核提问评分表

分数	对符合要求程度的评定
10	完全符合
8	绝大部分符合（75%以上满足规定要求，并且没有特别的风险），只有微小的差别
6	部分符合（50%~75%），有较大的偏差
4	小部分符合（<50%），有严重的偏差
0	完全不符合

10.2.3 审核结果的整理分析

在召开审核总结会议前，审核组应对审核结果进行整理分析。

1. 过程符合率的计算

应计算每个过程的符合率、整个过程总的符合率，并根据总的符合率给过程定级。

（1）每个过程的符合率 E_E

$$E_E = \frac{\text{各相关问题实际得分的总和}}{\text{各相关问题满分的总和}} \times 100\%$$

对应于每个过程，给出了特定的过程符合率符号，见表 10-3（仅供参考）。

表 10-3 过程符合率符号（仅供参考）

过程		过程符合率符号
产品诞生过程（E_D）	产品开发	E_{DE}
	过程开发	E_{PE}
批量生产（过程）（E_{PR}）	供方/原材料	E_Z
	生产过程（各道工序的平均值）	E_{PG}
	顾客关怀/顾客满意度（服务）	E_K

需注意的是，产品不同，生产过程的工序也不同。生产过程的符合率 E_{PG} 用各道工序符合率 E_1，E_2，…，E_n 的平均值表示，n 为生产过程工序的数量。

$$E_{PG} = \frac{E_1 + E_2 + \cdots + E_n}{n} \times 100\%$$

（2）整个过程的总符合率 E_P

$$E_P = \frac{E_{DE} + E_{PE} + E_Z + E_{PG} + E_K}{\text{被审核过程要素的数量}} \times 100\%$$

（3）生产过程中各要素的符合率

本书 9.4.2 节已讲到，生产过程是由一个个子过程（工序）构成的。对生产过程的审核，也就是对每个工序的审核。工序的审核是通过审核工序要素（人员/素质、生产设备/工装、运输/搬运/储存/包装、缺陷分析/纠正措施/持续改进）来实现的。

作为对整个过程评定的补充，有必要对生产过程中的各要素（人员/素质、生产设备/工装、运输/搬运/储存/包装、缺陷分析/纠正措施/持续改进）进行评价，以全面反映质量管理体系的情况。

生产过程中各要素的符合率是各道工序相应要素符合率的平均值。

生产过程中各要素的符合率用表 10-4 所列符号表示。

表 10-4　生产要素符合率符号

生产要素	符合率符号
人员/素质	E_{U1}
生产设备/工装	E_{U2}
搬运/运输/储存/包装	E_{U3}
缺陷分析/纠正措施/持续改进（KVP）	E_{U4}

2. 过程定级

得出过程总符合率后，就应根据总符合率对过程进行定级（见表 10-5）。

表 10-5　过程的定级

总符合率（%）	对过程的评定	级别
90 ~ 100	符合	A
80 ~ <90	绝大部分符合	AB
60 ~ <80	有条件符合	B
<60	不符合	C

注：1. 即使总符合率≥90%（或 80%），只要有一个或多个过程（要素）符合率<75%，则必须相应降一级，即从 A 级降到 AB 级（或从 AB 级降到 B 级）。

2. 若某项提问得分为零，而不符合要求可能会给产品和过程质量造成严重的影响，则应降一级，即从 A 级降到 AB 级（或从 AB 级降到 B 级）。在特别严重的情况下，直接降到 C 级。

3. 若存在降级，则应说明降级的理由。

3. 其他信息分析

（1）所有非满分过程存在问题的分析

对非满分过程，应找出其出现问题的原因，并就此提出纠正措施建议。

（2）其他信息分析

1）管理者对存在问题的态度。

2）两次过程审核期间发生的质量事故，相关部门的责任有多大，领导的态度如何？

3）两次过程审核期间发生的质量问题的纠正措施实施情况。

4）纵向比较。与上次过程审核比，过程质量管理是进步了，还是退步了。

（3）总结质量工作优缺点

对受审核过程涉及的部门作出好的、基本上好的、问题较多的、有待改进等结论性意见。

10.2.4 召开末次会议

现场审核结束后，应召开末次会议，向与被审核过程有关的部门通报审核情况，并与这些部门一起讨论、分析过程审核中发现的缺陷，在此基础上，得出审核结论，并确定要采取的改进措施及其责任部门。需指出的是，若问题严重，要立即采取紧急措施。紧急措施要有书面的记录。

必须强调的是，所有的缺陷都要记录在措施表中，并确定相应的纠正措施及其完成期限。

在末次会议上，可以确定复审的要求和日期，这些都要记录在审核报告中。会后，审核员根据会议的决定向有关责任部门发出"纠正和预防措施要求单"。

10.3 过程审核报告

10.3.1 过程审核报告的内容

过程审核员在审核结束后，要向管理者代表（或总工程师/总工艺师）、品质管理部等有关部门提出过程审核报告。审核报告要经审核组长签字批准。过程审核报告应包括以下内容：

1）审核的目的（理由）和范围（过程范围描述/受审核部门）。

2）审核准则。

3）审核组成员、受审核方代表、审核日期。

4）审核计划的实施情况。

5）不能评定的审核提问项目或增加的审核提问项目。

6）对每个审核提问项目的说明（主要说明得分小于10的提问项目和未提问的项目）。

7）对发现的缺陷指出所依据的现行文件。

8）改进措施及其完成期限。

9）必要时，还包括紧急措施及其完成期限和负责人。

10）评分与定级：定级时如有降级，则应说明降级的理由。

11）特定领域的优缺点。

12）审核结论应表明产品生产/服务提供符合质量要求的程度。

13）确定审核报告的分发范围及在汇总的管理信息中（如过程审核月/季报）的应用范围。

14）审核组长签字批准。

10.3.2 过程审核报告编写时的注意事项

1）审核报告只对审核过程中或末次会议上曾讨论的项目进行描述。

2）对审核中发现的缺陷的描述要具体，如缺陷发生的地点、时间、当事人、涉及的文件号、记录号等，文字要简明扼要。

3）要提及审核中发现的特别好或特别差的方面。

4）审核报告中应避免以下内容：

① 面谈中言及的机密。

② 末次会议未谈及的事情。

③ 主观意见。

④ 模糊不清的论述。

⑤ 引发争论的语句文词。

5）过程审核检查表作为过程审核报告的附件。

10.3.3 审核报告的发放和存档

审核报告发放时应要求接受人在分发清单上签收。审核报告应交由规定的保管责任人存档。应注意后续工作（如纠正措施验收等）产生的相关文件的存档。

过程审核报告详见案例 10-3。

案例 10-3：过程审核报告示例

过程审核报告

编号：

1. 审核目的

对过程的质量能力进行评定，使过程能够受控和具有能力，且能在各种干扰因素下仍然稳定受控。

2. 受审核的过程/部门

3210 型（A）、3310A 型（B）齿轮制造过程。

受审核部门包括与受审核过程有关的所有单位：×××。

3. 审核准则

1）3210型、3310A型齿轮质量控制计划及过程卡（或作业指导书）。
2）产品质量先期策划（APQP）控制程序。
3）工作环境管理程序。
4）设施、设备管理程序。
5）工艺装备管理程序。
6）人力资源管理程序。
7）生产过程控制程序。
8）质量目标管理和统计技术应用控制程序。
9）VDA6.3过程审核标准。
10）德国大众汽车集团供应商能力评定准则（Formel Q 第4版），等等。

4. 审核组成员

审核组长：曾某

审核员：左某、胡某（A组）；洪某、李某（B组）；王某、陈某（C组）。

5. 审核时间

2010年1月25日~2010年1月26日

6. 审核实施情况

（1）提问得分/符合率

A. 产品诞生过程

A1. 产品开发

	策划						落实					
	1.1	1.2	1.3	1.4	1.5	1.6	2.1	2.2	2.3	2.4	2.5	E_{DE}
	10	10	8	10	10	10	10	10	10	10	10	98.2

A2. 过程开发

	策划						落实						
	1.1	1.2	1.3	1.4	1.5	1.6	2.1	2.2	2.3	2.4	2.5	2.6	E_{PE}
	10	10	10	10	10	10	10	10	10	8	8	10	96.7

B. 批量生产

B1. 供方/原材料

1.1	1.2	1.3	1.4	1.5	1.6	1.7	1.8	1.9	E_Z
10	10	10	10	10	10	10	8	10	97.8

B2. 生产（评价每道工序）

	人员培训					生产设备/工装							运输/搬运/储存/包装					缺陷分析/纠正措施/持续改进						
	1.1	1.2	1.3	1.4	1.5	2.1	2.2	2.3	2.4	2.5	2.6	2.7	3.1	3.2	3.3	3.4	3.5	4.1	4.2	4.3	4.4	4.5	4.6	E_1
工序1：锻造毛坯	10	10	10	10	10	10	10	10	10	10	10	10	10	10	10	8	10	10	8	10	10	10	10	98.3

工序 2：滚齿

10	10	10	10	8

10	10	10	10	10	10	10

10	8	8	10	10

10	8	10	10	10	10

E_2 96.5

工序 3：珩齿

10	10	10	8	10

10	10	10	10	10	10	10

10	10	10	10	8

8	10	10	10	8	8

E_3 96.5

工序 4：锻造毛坯

10	10	10	10	10

10	8	8	10	10	10	10

10	10	8	10	10

8	10	8	10	10	8

E_4 94.8

工序 5：滚齿

10	10	10	8	8

10	8	8	10	10	10	10

8	10	10	10	8

8	8	10	10	10	10

E_5 93.0

工序 6：珩齿

10	10	10	10	10

10	10	10	10	10	10	10

10	10	10	10	10

10	10	8	10	10	10

E_6 99.1

生产过程中各要素的评价（过程 1 ~ n 的平均值）

1.1	1.2	1.3	1.4	1.5
10	10	10	9	9

2.1	2.2	2.3	2.4	2.5	2.6	2.7
10	9	9	10	10	10	10

3.1	3.2	3.3	3.4	3.5
10	10	9	10	9

4.1	4.2	4.3	4.4	4.5	4.6
9	9	9	10	10	9

E_{U1} 96.0　E_{U2} 97.1　E_{U3} 96.0　E_{U4} 93.3

按产品确定的生产过程 B2 的符合率 $E_{PG}/\%$（工序 1 ~ n 的平均值）

产品	A 产品生产	B 产品生产					
工序	1 ~ 3	4 ~ 6					
E_{PG}（%）	97.1	95.6					

B3. 顾客关怀/顾客满意度（服务）

3.1	3.2	3.3	3.4	3.5
10	10	*nb*	8	10

E_K 95.0

按产品确定的总符合率：

$$E_D = \frac{E_{DE} + E_{PE}}{2} \times 100\%, \quad E_{PR} = \frac{E_Z + E_{PG} + E_K}{3} \times 100\%$$

产品	E_D（%）	E_{PR}（%）
A	97.4	96.6
B	97.4	96.1

注：没有评价的提问填入 *nb*。

（2）符合率柱状图

A. 产品诞生过程

评价过程	过程符合率符号	符合率（%）	60	70	80	90	100
产品开发	E_{DE}	98.2					
过程开发	E_{PE}	96.7					

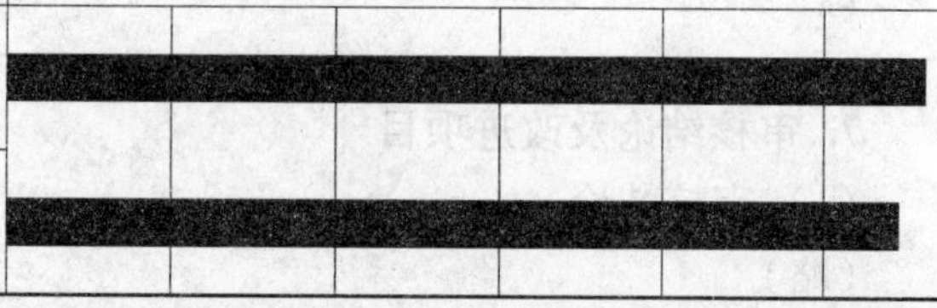

B. 批量生产

评价过程/工序			过程符合率符号	符合率（%）	60	70	80	90	100
供方/原材料			E_Z	97.8	（略）				
生产	产品A	工序1：锻造毛坯	E_1	98.3					
		工序2：滚齿	E_2	96.5					
		工序3：珩齿	E_3	96.5					
	产品B	工序4：锻造毛坯	E_4	94.8					
		工序5：滚齿	E_5	93.0					
		工序6：珩齿	E_6	99.1					
顾客关怀/顾客满意度			E_K	95.0					

生产过程中各要素的评价

评价过程	过程符合率符号	符合率（%）	60	70	80	90	100
人员培训	E_{U1}	96.0	（略）				
生产设备/工装	E_{U2}	97.1					
运输/搬运/储存/包装	E_{U3}	96.0					
缺陷分析/纠正措施/持续改进	E_{U4}	93.3					

（3）过程定级

产品	过程			定级	对过程的评定
	E_D（%）	E_{PR}（%）	E_P（%）		
3210型（A）产品生产	97.4	96.6	97.0	A	符合
3310A型（B）产品生产	97.4	96.1	96.7	A	符合

注：E_D—产品诞生过程。

E_{PR}—批量生产。

E_P—整个过程。

7. 审核结论及改进项目

（1）审核结论

（略）

(2) 改进项目

序 号	缺 陷	措 施	负责人	期 限	完成状态(率)
	(略)				

8. 审核报告发布范围

(略)

组长:曾某
2010.1.27

10.4 过程审核中纠正措施的跟踪管理

10.4.1 纠正措施的制订

针对审核中发现的缺陷,各责任部门要在规定的期限内制订纠正措施实施计划。

措施中可包括相关部门和相邻过程所采取的措施,措施也可能是对相关部门和相邻过程进行审核,措施还可能包括为验证纠正措施的有效性而进行的复审。

纠正措施基本上可以分为以下两类:

1) 技术上/组织上的措施(如生产流程的更改,服务流程的更改,物流流程的更改,设计/软件的更改)。为使过程有能力和受控,要优先采取技术上/组织上的措施。

2) 管理上的措施(如员工培训,对文件资料进行修订)。在大多数情况下先落实管理上的措施,因为管理措施一般可以比较快地落实。

10.4.2 纠正措施的有效性验证

必须对纠正措施实施的有效性进行跟踪验证,验证的方式有:抽检、产品审核、过程审核(部分过程)、机器和过程能力调查、中期状况评价/解决程度。

由过程负责人负责落实纠正措施并对其有效性进行验证,审核员要对验证结果进行确认。若通过验证发现所采取的措施不够有效，则必须对措施进行修订，必要时需制订复审计划。复审可能有以下两种情况：

1）完整的审核并重新进行评定。

2）只对具体的有关过程（部分过程）进行审核，但必须对有缺陷的项目进行复审。

过程审核控制程序示例详见案例10-4。

案例10-4：过程审核控制程序示例

过程审核控制程序

1. 目的

对过程进行审核，以评价过程控制的有效性，并对发现的问题采取改进措施，最终保证过程的质量稳定受控。

2. 适用范围

本程序适用于公司内部的过程审核工作。

3. 职责

1）品质管理部（QA）负责制订年度过程审核方案，经总经理批准后实施。

2）审核组长负责编制每次审核的实施计划，按计划组织审核小组成员对有关过程进行审核、评价和报告。

3）各部门负责对审核中发现的不符合项制订纠正措施并组织实施。

4. 作业程序

（1）年度过程审核方案

1）每年12月底由品质管理部经理策划下一年度的过程审核方案，策划时要考虑拟审核过程的状况、重要性，新产品开发的计划以及以往审核的结果。应保证每个关键过程、特殊过程每年至少接受两次过程审核。年度过程审核方案由管理者代表批准后下发。年度过程审核方案的内容包括：审核目的、审核准则、审核范围、审核频次（时间）等。

2）在下列几种情况下，应根据需要进行年度过程审核方案外的临时过程审核：

① 产品审核时发现产品质量连续下降。

② 一个月内出现两次顾客索赔及抱怨事件。

③ 发生重大质量事故。

④ 生产流程、工艺更改。

⑤ 生产地点变更。

⑥ SPC 发现生产过程不稳定。

⑦ 关键材料供应商更换。

⑧ 顾客或法规新增加了特殊要求时。

⑨ 新产品小批量试生产或批量生产。

⑩ 大幅度降低成本。

⑪ 公司内部机构提出要求。

公司的临时过程审核由品质管理部经理组织实施。

（2） 审核的准备

1） 由品质管理部经理指定审核组长，并成立审核小组，由审核组长分配审核小组成员的任务。在分配审核任务时应注意：审核人员必须是与被审核过程无直接责任的人员。

2） 审核组长负责制订审核实施计划，经品质管理部经理审核、管理者代表批准后，在审核前 5 天下发给受审核部门。审核实施计划的内容包括：

① 审核目的。

② 受审核的过程/受审核部门。

③ 审核准则。

④ 审核组成员名单及分工情况。

⑤ 审核的时间和地点。

⑥ 审核过程中会议的安排。

⑦ 审核报告的分发范围和预定发布日期。

3） 受审核部门收到审核实施计划以后，如果对审核日期和审核的主要项目有异议，可在两天之内通知审核组，经过协商可以再行安排。

4） 审核组长组织审核组成员编制审核检查表。由审核员负责编写过程审核检查表，审核组长协助审核员准备并最终审定检查表。

（3） 审核的实施

1） 召开首次会议。召开由审核组全体人员、受审核部门代表、主要工作人员及其陪同人员、管理者代表（必要时）参加的首次会议。首次会议的内容包括：

① 审核组长介绍审核组成员及其分工。

② 说明审核的原因、目的、准则和过程范围。

③ 简要介绍审核采用的方法。

④ 澄清与会人员的疑问。

2） 现场审核。

① 审核的具体内容按照“过程审核检查表”进行。

② 审核员通过提问，查阅文件、记录，检查现场，搜集证据，检查过程的运行情况进行现场审核。

③ 现场发现问题时应当场让该项的工作负责人（或操作者）确认并记录在“过程审核检查表”中，以保证不符合项能够完全被理解，避免事后争执。

3）审核中若发现严重问题，要立即采取紧急措施，紧急措施要有书面的记录。

4）对过程审核结果进行整理分析。在召开审核末次会议前，审核组应对审核结果进行整理分析，内容如下：

① 计算过程符合率。应计算每个过程的符合率以及整个过程总的符合率。

② 对过程进行定级。根据过程总符合率，对过程进行定级。

③ 其他信息分析。

a. 对非满分过程，应找出其出现问题的原因，并就此提出纠正措施建议。

b. 管理者对存在的问题的态度。

c. 两次过程审核期间发生的质量事故，相关部门的责任有多大，领导的态度如何?

d. 两次过程审核期间发生的质量问题的纠正措施实施情况。

e. 纵向比较。与上次过程审核比，过程质量管理是进步了，还是退步了。

④ 总结质量工作的优缺点。

⑤ 作出过程审核的结论。

5）末次会议。由审核组长召开由审核组全体人员、受审核部门代表、主要工作人员及其陪同人员、管理者代表（必要时）参加的末次会议，会议内容包括：

① 重申审核的过程范围、准则和目的。

② 向受审核方说明审核情况，以使他们清楚地理解审核结论。

③ 确定要采取的改进措施及其责任部门，并发出“纠正和预防措施要求单”。

④ 提出审核小组的结论和建议。

⑤ 审核组长说明对纠正措施采取的监督工作。

⑥ 必要时，确定复审的要求和日期。

（4）过程审核报告

1）由审核组长编写“过程审核报告”，交品质管理部经理批准后，送交管理者代表及相关部门。

2）过程审核报告的内容包括：

① 审核的目的（理由）和范围（过程范围描述/受审核部门）。

② 审核准则。

③ 审核组成员、受审核方代表、审核日期。

④ 审核计划的实施情况。

⑤ 不能评定的审核提问项目或增加的审核提问项目。

⑥ 对每个审核提问项目的说明（主要说明得分小于 10 的提问项目和未提问的项目）。

⑦ 改进措施及其完成期限。

⑧ 必要时，还包括紧急措施及其完成期限和负责人。

⑨ 评分与定级：定级时如有降级，则应说明降级的理由。

⑩ 特定领域的优缺点。

⑪ 审核结论，应表明产品生产/服务提供符合质量要求的程度。

⑫ 确定审核报告分发范围及在汇总的管理信息中（如过程审核月/季报）的应用范围。

3）过程审核报告的发放范围。

① 总经理、管理者代表。

② 品质管理部。

③ 受审核部门。

④ 纠正措施涉及的相关部门。

（5）落实纠正措施

“纠正和预防措施要求单”发出以后，各部门要在规定的期限内进行整改。责任部门负责人要对纠正措施的有效性进行验证。审核员要对验证结果进行确认，要将确认的结果记入表中并上报给品质管理部经理。

（6）文件保管

过程审核中使用的全部记录由审核组长移交品质管理部按照“记录控制程序”进行保管。

（7）过程审核的结果应提交管理评审

5. 支持性文件

1）产品审核控制程序。

2）纠正和预防措施控制程序。

3）记录控制程序。

6. 记录

1）年度过程审核方案。

2）过程审核实施计划。

3）过程审核检查表。

4）纠正和预防措施要求单。

5）过程审核报告。

过程审核检查表 （适合生产过程）						
产品型号		产品名称		受审核过程		
审核人		审核日期		审核期次		
工序号	工序名称	审核要素	审核提问	审核得分	问题说明	工序符合率 （E_i）
		1. 人员/素质				
		2. 设备/工装				
		3. 运输/搬运/储存/包装				
		4. 缺陷分析/纠正措施/持续改进				
		1. 人员/素质				
		2. 设备/工装				
		3. 运输/搬运/储存/包装				
		4. 缺陷分析/纠正措施/持续改进				
		1. 人员/素质				
		2. 设备/工装				
		3. 运输/搬运/储存/包装				
		4. 缺陷分析/纠正措施/持续改进				
		1. 人员/素质				
		2. 设备/工装				
		3. 运输/搬运/储存/包装				
		4. 缺陷分析/纠正措施/持续改进				
		1. 人员/素质				
		2. 设备/工装				
		3. 运输/搬运/储存/包装				
		4. 缺陷分析/纠正措施/持续改进				
生产过程符合率（E_{PG}）：						

注：此表格为案例“过程审核控制程序”附表。

过程审核检查表

（适合非生产过程）

产品型号		产品名称		受审核过程	
审核人		审核日期		审核期次	

序号	条款	审核提问	审核得分	问题说明	备注

过程符合率：

注：此表格为案例“过程审核控制程序”附表。

第4部分

产品审核

ISO/TS 16949:2009

第11章 产品审核综述

引言：ISO/TS 16949 之条款 8. 2. 2. 3“产品审核”强调“组织应以确定的频次，在生产和交付的适当阶段对其产品进行审核，以验证符合所有规定的要求，如产品尺寸、功能、包装和标签”。但很多企业的产品审核工作做的并不规范，把产品审核工作做成了合格产品出货前的再检查，使得产品审核没有起到应有的改进产品质量的效果。为此，本章将详细讲解产品审核。

11.1 产品审核的说明

（1）产品审核的概念

产品审核（Product Audit）是为了获得产品的有关质量信息，站在用户立场上独立地检查和评价产品适用性质量的活动。

产品审核是产品验证的一种形式，但它不同于成品的最终检验或合格产品的再检验。

产品审核的一个直接目的，是通过对产品的客观审核，验证产品是否符合所有规定的要求，以获得出厂产品的质量信息，进而确定产品的质量水平（或质量指数）及其变化趋势。

产品审核按照产品质量缺陷的平均分值（质量水平）或质量指数来评价产品质量及其变化的趋势。产品审核不只是判断产品合格与否的活动。

（2）产品审核的执行者

产品审核是一项独立的评价活动，它由具有资格的、并经管理者授权的内部审核员来进行。产品审核人员必须独立于产品开发部门和产品检验部门之外。产品审核通常由质量保证部门（QA）组织审核人员进行。

（3）产品审核准则

产品审核的依据是“产品缺陷目录及缺陷评级指导书”、产品标准/技术规范、偏离许可的依据（特许放行）、合同或供货协议。

（4）产品审核方式

产品审核主要依靠对产品的实测数据（实验室试验和感官评价）或数量化方法进行评价，面谈和提问不是产品审核的典型方式。

11.2 产品审核的作用

1）通过产品审核，对比现在生产的和过去生产的产品质量水平，分析产品质量水平与发展趋势。

2）提前发现产品缺陷，避免将有缺陷的产品交付给顾客。

3）及时发现质量体系上存在的薄弱环节及有关人员工作（操作）质量上的问题，以便采取纠正和预防措施。

4）通过产品审核，对质量检验人员的工作质量作出评价。

11.3 产品审核范围（重点）

1）产品审核的重点是成品，但也可包括外购件、外协件、自制零部件。

2）质量上存在薄弱环节的成品或零部件。

3）最终检验难度大或容易漏检的成品或零部件。

4）管理和技术接口不清楚或存在问题的成品或零部件。

5）如产品发生缺陷可造成的后果或影响严重的成品或零部件。

6）技术密集度大，性能要求高，制造工艺复杂，质量要求严格的成品或零部件。

7）用户使用中反映质量问题较多的产品。

8）新开发的重点产品。

11.4 产品审核的时机

对产品进行审核时，可在市场上取得产品子样，查其适用性和规格符合性，也可紧接着工厂的检验和试验之后进行。考虑到审核效果和经济性原则，产品审核可采用“在包装之后，但在运往现场之前”这个阶段进行。

注意：ISO/TS 16949 强调在生产和交付的适当阶段进行产品审核。

表 11-1 产品审核时机的选择比较表

审核产品取样时机的选择	优缺点
在检验员验收后	最经济，但不能反映包装、装运、储存或使用的缺陷

（续）

审核产品取样时机的选择	优缺点
包装以后，运到现场之前	需要拆开包装和重新包装，但可以评价原包装的缺陷
经销商收到货品时	分散在许多地点，难以进行审核，但能反映出运输和储存的缺陷
用户收到货品时	更加难以进行审核工作，但可以评价经销商处理和储存的影响，还能反映将货品运交用户和拆开包装的缺陷
实际使用时	最理想，但也最难于实行，因用途多，使用的变化多

11.5 产品审核的内容

（1）检查产品质量的测试条件

对测试产品的量具和仪器的校准情况进行检查，保证审核测试的正确性。检查测试环境是否符合规定要求。检查测试人员的技能、资格。

（2）检查产品的质量特性——功能审核

1）产品的主要性能指标。

2）产品的安全性。

3）产品的寿命和可靠性。

4）产品的可维修性。

5）产品的技术状态。

6）产品的接口特性。

7）产品的配套完整性，等等。

（3）检查产品的结构

1）产品尺寸。

2）产品的形位公差。

3）产品零部件间的配合情况，等等。

（4）检查产品的外观质量

1）产品的标签或印记有无错误或模糊。

2）产品的外观有无碰伤、划伤。

3）产品的防护是否符合要求，等等。

（5）检查产品的包装质量

1）包装箱（盒）上的标志、合格凭证是否符合规定要求。

2）装箱产品与装箱单是否一致，有无错装或漏装。

3）包装情况与技术标准和工艺文件的规定是否符合，等等。

11.6 产品审核的方法

产品审核一般按照德国《VDA6.5产品审核》标准进行。本书第12章将从产品审核方案的策划、审核准备、审核实施、产品审核报告的编写几个方面详细讲解。

第12章 产品审核的实施

12.1 年度产品审核方案的策划

组织要进行年度产品审核方案的策划，策划时要考虑拟审核产品的状况、重要性，以及以往审核的结果。产品审核方案的内容包括审核目的、审核准则、受审核产品范围、审核频次、审核方式、审核时间、资源要求等。

产品审核方案一般由品质管理部（QA）经理编写，管理者代表批准。

年度产品审核方案示例见案例12-1。

案例12-1：年度产品审核方案示例

2010年度产品审核方案

1. 审核目的

通过对产品的客观评价，获得出厂产品的质量信息，以确定产品的质量水平及其变化趋势，进而采取相应的措施。

2. 受审核产品的范围

公司生产的车载DVD、功放音箱系列产品。

3. 审核准则

（1）产品审核评级指导书

（2）产品标准/技术规范

4. 审核方式

从仓库或生产线抽取样品进行实测。

5. 审核的时间安排

产品 \ 月份	1	2	3	4	5	6	7	8	9	10	11	12
3110A DVD	√		√		√		√		√		√	
3210A DVD	√		√		√		√		√		√	
3310A DVD	√		√		√		√		√		√	
558B 音箱		√		√		√		√		√		√
560B 音箱		√		√		√		√		√		√
590B 音箱		√		√		√		√		√		√

注：具体的审核日期、受审核的产品、审核地点详见每次审核的实施计划。

编制/日期：________ 审核/日期：________ 批准/日期：________

12.2 审核准备

12.2.1 组成审核组

在进行产品审核前，品质管理部经理任命审核组长和审核员，组成审核组。审核组长一般由 QA 工程师担任。审核员不应是对所审核产品质量负有直接责任的人，如产品检验员；也不应是与被审核产品/领域有连带责任的人，如产品设计工程师。产品审核员除必须具备质量体系审核员的基本条件外，还必须熟悉产品的性能和技术规范的要求，最好具有一段产品质量检验或技术工作的经历。

12.2.2 编写"产品缺陷目录及缺陷评级指导书"

1. 产品缺陷分级

由于不同的缺陷对产品质量的影响程度会有很大差别，因而在进行产品审核之前，必须对产品的质量特性可能产生的缺陷按其严重程度进行分级。进行产品缺陷分级，有利于提高审核的效果及对产品质量的综合评价。

注意：此处的缺陷指大、小毛病。

（1）产品缺陷分级的依据

应根据缺陷对产品质量的影响程度划分缺陷级别，主要考虑的因素包括：

1）对产品功能特性的影响。

2）外观质量和包装质量对市场的影响。

3）对企业信誉和成本的影响。

4）对效益和成本的影响，等等。

（2）产品缺陷的分级法

国际上通用的产品缺陷分级方法是将缺陷分为三级。

A 级：关键缺陷，后果严重。

B 级：主要缺陷，后果中等。

C 级：轻微缺陷，后果轻微。

(3) 产品缺陷的加权值（等级系数）

加权分值是人为确定的，是用质量缺陷分值来代表质量缺陷的严重性程度，见表 12-1。

表 12-1 缺陷权数表

缺陷级别	等效缺陷数（缺陷加权值/等级系数）
A	10
B	5
C	1

(4) 产品缺陷分级指导表（分级原则）

见表 12-2。

表 12-2 产品审核用的产品质量缺陷严重性分级指导表

缺陷级别	缺陷后果
A	1. 肯定会引起顾客的强烈不满，致使产品不能被接受 2. 涉及产品安全性
B	1. 会引起顾客的不满和抱怨 2. 预计产品功能会出现故障，影响产品使用性
C	1. 要求极高的顾客会提出抱怨 2. 对使用无影响

2. 编写产品缺陷目录及缺陷评级指导书

根据产品质量缺陷的分级原则，在产品审核之前编制某一产品具体的“产品缺陷目录及缺陷评级指导书”，作为产品审核的指导文件。

产品审核是站在用户的立场上评价产品的适用性及符合规程的程度，它不是符合性质量的再检查。因此在编写“产品缺陷目录及缺陷评级指导书”时，最好不要把产品技术标准逐项编入，而是站在用户的立场上重点考虑并选择产品的技术标准中反映适用性的重要项目，以及检验中容易疏忽的重要项目。除产品功能特性外，还要考虑安全性、可靠性、外观、包装以及影响本厂信誉的缺陷项目。通常应考虑以下几个项目：

1) 用户反馈的质量缺陷中，发生频次较多的质量缺陷项目。

2) 用户服务中收集到的用户不满意的质量缺陷项目。

3) 对产品质量竞争有影响的质量缺陷项目。

4) 总结历史经验教训，造成过安全、质量事故的质量缺陷项目。

“产品缺陷目录及缺陷评级指导书”的内容包括：

1) 产品名称、型号、规格。

2) 按产品安全性、功能、结构、外观、包装等特性分组划分的质量缺陷编号、缺陷内容及缺陷等级。

3）指导书的文件编号、批准日期。

“产品缺陷目录及缺陷评级指导书”一经批准后，每次审核时均可使用，不必每次审核时都重新编写。在产品质量有了改进时，应重新修订“产品缺陷目录及缺陷评级指导书”。

“产品缺陷目录及缺陷评级指导书”实例详见案例12-2，案例12-3。

案例12-2：产品缺陷目录及缺陷评级指导书实例一

××电器制造有限公司作业指导书	文件编号：WI/QA/028	
标题： 3210A型DVD产品缺陷目录及缺陷评级指导书	版号：A/0	分发日期：
	页码：	分发编号：

注意：此指导书只说明了“产品缺陷目录及缺陷评级指导书”的样式，内容有待充实。

缺陷代号	质量缺陷项目		缺陷等级 A（10）	缺陷等级 B（5）	缺陷等级 C（1）	各项目最大缺陷分值
100	产品功能特性					
101	运转	不能正常运转	×			10
		运转中稍有异常		×		
102	图像	图像模糊	×			10
		图像中有麻点		×		
200	产品外观特性					
201	表面油漆	有明显的漆瘤、掉漆、重划伤		×		5
		轻微、不易发现的缺陷			×	
202	标志	缺装	×			10
		损坏			×	
300	产品包装特性					
301	箱内固定与防护	纸板箱缺陷，紧固错误，缺少侧面支撑			×	5
		箱内物品倾斜，受挤压		×		
302	随机文件	漏装合格证、说明书		×		5
		合格证上无检验号，未装全，漏装次要文件			×	
303	附件	少装、多装、规格错装		×		5
304	包装箱	明显损坏		×		5
		轻微破损			×	
产品可能出现的缺陷总分值（合计）						55

编制：洪某 2010/3/1	审核：左某 2010/3/1	批准：曾某 2010/3/1

案例 12-3：产品缺陷目录及缺陷评级指导书实例二

××机械制造有限公司作业指导书	文件编号：WI/QA/038	
标题： 3G 发动机产品缺陷目录及缺陷评级指导书	版号：A/0	分发日期：
	页码：	分发编号：

注意：此指导书只说明了“产品缺陷目录及缺陷评级指导书”的样式，内容有待充实。

组成部分	编号	质量特性缺陷项目		缺陷等级			各项目最大缺陷分值
		检查项目	标准	A（10）	B（5）	C（1）	
1. 轴承	01	保持架组装	（略）		×	×	5
	02	转动灵活性			×	×	5
	03	外圈直径				×	1
	04	清洁度				×	1
	……	……					
2. 轴箱	15	后盖			×	×	5
	16	轴箱体			×	×	5
	17	前盖				×	1
	……	……					
……							
……							
产品可能出现的缺陷总分值（合计）							500

注：1. 缺陷等级栏内标记为一项以上时，分别适用于该项缺陷轻重不同时的情况。

2. 指导书中所列内容可以修改，所缺内容可以补充。

编制：洪某 2010/3/1	审核：左某 2010/3/1	批准：曾某 2010/3/1

12.2.3 编制产品审核实施计划

审核实施计划是安排审核日程、审核人员分工等内容的文件。这个计划不同于年度审核方案，它是每次审核的具体计划，由审核组长编写，品质管理部经理批准。

审核实施计划的内容包括：

1）审核目的。

2）受审核的产品/涉及部门。

3）审核准则。

4）审核组成员名单及分工情况。

5）审核的时间和地点。

6）抽样样本量的大小。

7）日程安排。

8）审核总结会议的安排。

9）审核报告的分发范围和预定发布日期。

产品审核实施计划示例详见案例12-4。

案例12-4：产品审核实施计划示例

3210A型车载DVD产品审核实施计划

编号：

1. 审核目的

通过对产品的客观评价，获得出厂产品的质量信息，以确定产品的质量水平及其变化趋势，进而采取相应的措施。

2. 审核范围/涉及部门

审核3210A型DVD。

受审核部门包括与产品质量有关的所有单位。

3. 审核准则

（1）3210A型DVD产品审核缺陷目录及缺陷评级指导书

（2）DVD产品标准

4. 审核组成员及分工

序号	姓名	职务及职称	组内分工
1	曹某	QA工程师	组长
2	司某	PE工程师	审核员，负责检查测试条件
3	赵某	测试工程师	审核员，负责产品检测

5. 审核时间

2010 年 5 月 20 日

6. 产品审核抽样量

3210A 型 DVD 抽样量为 5 个。

7. 审核报告发布日期及范围

审核报告将于 2010 年 5 月 23 日发布，发放范围为公司正、副总经理，车间主管，仓库主任，管理者代表及审核组各成员等。

8. 审核日程安排

1）上午 8：30～9：30，在品质管理部、生产部检查产品的测试条件。

2）上午 9：30～10：00，在成品仓抽取 5 个 3210A 型 DVD 样品，在抽取样品的同时，检查产品的包装质量（主要是大包装的包装质量）。

3）上午 10：00～11：30，在品质管理部成品检测室对样品进行包装、外观、功能检测。

4）下午 2：00～4：00，在品质管理部实验室对样品进行性能实验（包括××××试验）。

5）下午 4：00～4：30，审核组整理审核结果，对审核结果进行分析，并据审核结果适时开出纠正和预防措施要求单。

6）下午 4：30～5：00，召开审核总结会议。会议的参加人员包括生产部经理、各车间主任、品质管理部经理、仓库主任、审核组成员及临时通知人员。

编制/日期：________ 审核/日期：________ 批准/日期：________

12.2.4 准备产品审核记录表

产品审核记录表记述的项目有：产品名称、型号、规格、样本数量、样品编号、缺陷代号（按“产品缺陷目录及缺陷评级指导书”中规定的代号填写）、缺陷内容、等级评定、审核的期次（当年第××期或总的第××期）、审核记录人、审核日期等。

产品审核记录表示例详见案例 12-5。

12.2.5 通知与受审核的产品有关的部门

审核组长在审核前 3～5 天与受审核的产品有关部门的领导接触，协商确定审核的具体时间、受审核部门的陪同人员以及审核中双方关心的其他问题等，以使审核工作顺利进行。商妥后，即发出书面审核通知。

案例12-5：产品审核记录表示例

产品审核记录表

产品型号	3210A	产品名称	DVD	产品规格		抽样地点	成品仓
库存数 N	1200	抽取样本量 n	5	审核日期	2010.5.20	审核期次	2010年第3期

产品测试条件检查情况：

×××××××××××××。没有发现问题。

序号	缺陷项目		缺陷类别	加权系数 f	$n \times f$	检测结果					缺陷统计	
	质量特性/额定值	缺陷描述				样品1	样品2	样品3	样品4	样品5	缺陷项数	缺陷分数
1	运转	不正常	A	10	50	√	√	√	√	√	0	0
2	××长 120±1	超差	B	5	25	120	119	121	120	121	0	0
3	图像	模糊、有麻点	A	10	50	√	√	√	√	√	0	0
4	表面油漆	有明显的漆瘤、掉漆、重划伤	A	10	50	√	√	√	√	√	0	0
5	标志	损坏	B	5	25	×	√	√	√	√	1	5
6	箱内固定与防护	纸板箱缺陷，紧固错误，缺少侧面支撑	B	5	25	√	√	√	√	√	0	0
7	随机文件	漏装合格证、说明书	B	5	25	√	√	√	√	√	0	0
8	附件	少装、多装、规格错装	B	5	25	√	√	√	√	√	0	0
9	包装箱	损坏	C	1	5	√	√	×	√	×	2	2
	合计				280	1	0	1	0	1	3	7

单项缺陷累积：$\sum A=0$，$\sum B=1$，$\sum C=2$

所有被检测样品中实际发现的缺陷总分值 F_P：$F_P=10\sum A+5\sum B+1\sum C=10\times0+5\times1+1\times2=7$

所有被检测样品可能出现的缺陷总分值 F_T：$F_T=\sum(n\times f)=280$

质量指数QKZ：$QKZ=(1-F_P/F_T)\times100\%=(1-7/280)\times100\%=97.5\%$

备注：

审核员：　　　　　　　　　　审核组长：

12.3 审核实施

12.3.1 检查测试条件

在与受审核产品有关的部门，对产品质量的测试条件进行检查。检查内容包括：对测试产品的量具和仪器的校准情况进行检查，保证审核测试的正确性；检查测试环境是否符合规定的要求；检查测试人员的技能、资格。

12.3.2 抽样

按审核实施计划的要求进行抽样。抽样时应注意样品的随机性。

抽样时，要注意样品生产的时期，以保证样品能反映同一时期的质量状况。

抽样时，要做好样品的标识。必要时，要对抽样涉及的批次加以隔离，直到审核结束。

样本量大小在编制审核实施计划时就应确定。应根据生产批量、产品质量的稳定性和复杂性确定样本量。由于产品审核不同于产品检验，样本量一般很小，难以采用通用的标准（如 GB/T 2828.1—2003/ ANSI/ASQ Z1.4—2003）来确定样本量。产品审核一般将样本量定在 3～12 个。也可根据下面的经验公式确定。

1）对大批量生产的产品，可采取日抽样的方式，抽取的样本量为：

$$n = 0.008N + 2$$

式中 n——每日抽样数；

N——日产量。

注：对于新产品和复杂产品，抽样量 n 可以加倍。

2）对于批量生产的产品，可采取月（或批）抽样的方式，抽样量为：

$$n = k\sqrt{2N}$$

式中 n——每月（或每批）抽样数；

N——产品月（或批）产量；

k——复杂系数，按表 12-3 选用。

表 12-3 产品审核用 k 系数表

稳定程度 / 复杂程度	产品质量比较稳定	产品质量不够稳定
复杂产品	$k=1.25$	$k=2.5$
一般产品	$k=1$	$k=2$
简单产品	$k=0.6$	$k=1$

3）对于多品种小批量生产的产品，每月（或每季）抽样量可自行规定。推荐的抽样量是：

① 当$N<100$时，$n=3$；

② $100 \leqslant N<1000$时，$n=5$；

③ $N \geqslant 1000$时，$n=8$。

式中 N——每月（或每季）产量；

n——每月（或每季）抽样量。

12.3.3 检查或试验

按“产品缺陷目录及缺陷评级指导书”的要求，对样品进行检查，包括功能测试、外观检查、包装检查。将样品检查或试验中发现的缺陷，按其严重程度分别记入“产品审核记录表”中，详见案例12-5。

12.3.4 产品审核结果的数据处理

产品审核不是判断产品合格与否，而是用质量指数QKZ判断产品的质量水平。因此，抽样审核后要依据审核记录作数据处理。

（1）质量指数QKZ

1）质量指数QKZ的计算公式为：

$$\text{QKZ}=(1-F_P/F_T)\times 100\%$$

式中 F_P——所有被检测样品中实际发现的缺陷总分值；

F_T——所有被检测样品可能出现的缺陷总分值。

F_P、F_T的计算见案例12-5。

注意，有的企业使用下列公式计算质量指数QKZ（或Q_Z）：

$$\text{QKZ}=100-F_P/n$$

式中 n——样本量。

即质量指数QKZ为100减去单位产品缺陷分。笔者认为用此公式计算的质量指数QKZ不直观，意义不明确。企业最好不要采用这一公式。

2）质量指数QKZ的说明。

质量指数QKZ升高，说明缺陷减少，质量水平提高；质量指数QKZ降低，说明缺陷增加，质量水平下降。

由于质量指数QKZ是一个无量纲的数值，因此，它可用于企业同一产品不同时期的质量水平的比较，也可用于不同产品质量水平的比较，还可用来对比不同企业同一产品的质量水平。

（2）质量指数QKZ趋势图

用每次审核的质量指数QKZ作出趋势图，如图12-1所示，可以从趋势图上判断质量水平的趋势情况。

在质量指数 QKZ 趋势图上，可以将公司规定的质量指数 QKZ 的指标标示出来，这样就可以直观地看出产品质量是否达标。

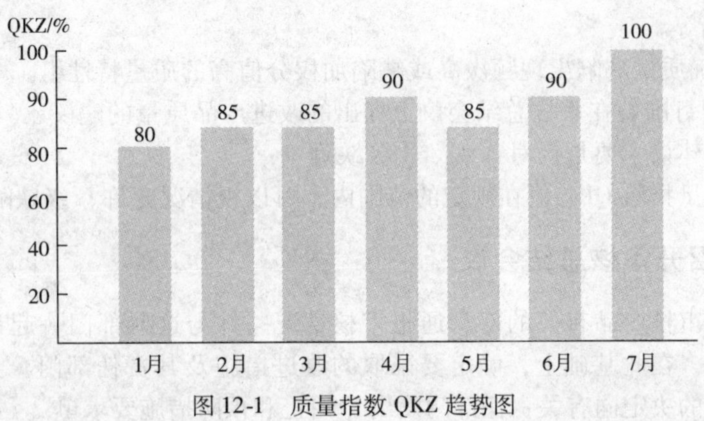

图 12-1　质量指数 QKZ 趋势图

（3）产品定级

根据产品审核中发现的缺陷情况及计算出的质量指数 QKZ，对产品质量进行定级。定级标准见表 12-4（仅供参考）。

表 12-4　产品定级（仅供参考）

评定标准	产品级别	说明
无缺陷	A	完全符合顾客要求
QKZ≥80%，只存在 C 类缺陷	AB	顾客使用没有问题，但存在外观等轻微缺陷，要求极高的顾客会提出抱怨
QKZ≥60%，存在 B、C 类缺陷，但不存在 A 类缺陷	B	会引起顾客的不满和抱怨，预计功能会出现故障，影响产品使用性能
QKZ<60%，或存在 A 类缺陷	C	完全失效

12.3.5　审核结果的整理分析

在召开审核总结会议前，审核组应对审核结果进行整理分析。

（1）产品审核缺陷分析

1）若有 A 类缺陷，则需通知品质管理部不允许这批产品出厂（如果产品审核是针对仓库中的成品）。若有 B 类缺陷，则应加倍抽样重新审核，如仍有 B 类缺陷，则不允许这批产品出厂（有的企业规定，有 B 类缺陷不允许出厂）。

2）计算质量指数 QKZ。

3）根据质量指数 QKZ 值及缺陷情况，为产品质量定级。

4）作出最近几期质量指数 QKZ 的趋势图。通过对质量指数 QKZ 趋势图的分析，可以判断质量是上升了还是下降了。

5）找出重要的、突出的质量缺陷，如 B 级以上的质量缺陷，多次重复出现的 C 类缺陷等。

6）明确质量缺陷出现频次高或缺陷加权分值高的质量特性组。

（2）拟订准备在审核总结会议上提出的改进产品质量的建议

改进的建议主要是针对 A 级、B 级缺陷。

只要质量指数 QKZ 值在规定的范围内，可以视情况允许 C 级缺陷存在。

12.3.6 召开审核总结会议

向与被审核产品有关的部门通报审核情况，并与这些部门一起讨论、分析缺陷的起因，在此基础上，确定要采取的改进措施及其责任部门。会后，审核员根据会议的决定向有关责任部门发出“纠正和预防措施要求单”。

12.4 产品审核报告

产品审核员在审核结束后，要向管理者代表、品质管理部等有关部门提出产品审核报告。审核报告要经审核组长签字批准。产品审核报告的内容应包括以下各项。

（1）产品审核的缺陷记录与分析

1）若有 A 类缺陷，则应在报告中提出这批产品不允许出厂，不能发给客户。若有 B 类缺陷，则应加倍抽样重新审核，如仍有 B 类缺陷，则在报告中提出这批产品不允许出厂，不能发给客户（有的企业规定，有 B 类缺陷也不允许出厂）。

2）找出重要的、突出的质量缺陷，如 B 级以上的质量缺陷，多次重复出现的 C 类缺陷等。

3）对质量缺陷出现频次高或缺陷加权分值高的质量特性组进行说明。

（2）质量指数 QKZ（见本书 12.3.4 节）

（3）质量指数 QKZ 的趋势图（见本书 12.3.4 节）

（4）产品质量定级（见本书 12.3.4 节）

（5）产品审核的结论

质量水平是提高了或是下降了，等等。

（6）改进产品质量的建议

产品审核报告示例详见案例 12-6。

案例 12-6：产品审核报告示例

2010 年 5 月份产品审核报告

产品名称	车载 DVD	产品型号	3210A	生产单位	一车间	生产日期	2010.4.20～2010.5.19
库存数 N	1200	抽取样本量 n	5	抽取地点	成品仓	审核日期	2010.5.20
测试条件检查情况	产品测试条件检查情况是：×××××。没有发现问题。						

缺陷统计结果

序号	缺陷项目		缺陷类别	缺陷分布情况					缺陷统计	
	质量特性/额定值	缺陷描述		样品 1	样品 2	样品 3	样品 4	样品 5	缺陷项数	缺陷分数
1	标志	损坏	B	×					1	5
2	包装箱	损坏	C			×		×	2	2
合计				1	0	1	0	1	3	7

单项缺陷累积：$\sum A=0$，$\sum B=1$，$\sum C=2$

所有被检测样品中实际发现的缺陷总分值 F_P：$F_P=10\sum A+5\sum B+\sum C=10\times0+5\times1+1\times2=7$

所有被检测样品可能出现的缺陷总分值 F_T：$F_T=\sum(n\times f)=280$

质量指数 QKZ：$QKZ=(1-F_P/F_T)\times100\%=(1-7/280)\times100\%=97.5\%$

产品质量级别：B 级

质量指数 QKZ 趋势图：

（略）

缺陷分析：

1. A、B 类缺陷说明：（略）
2. 缺陷出现频次高/缺陷加权分值高的质量特性组：本次审核中缺陷特性无明显偏向。

产品处理：

□库存产品扣压　　□检查库存产品　　□通知顾客，表明态度

□在顾客处采取措施更换产品

□其他：

审核结论（包括必要的改进要求）：

1. 本次审核中发现的0446#标志损坏，是 B 类缺陷，是由于一车间在质控点安排了未经培训的新员工而引起的，已向一车间发出了“纠正和预防措施要求单”，希望一车间尽快拿出整改措施。
2. 其他一例缺陷（C 类缺陷）是操作者失误所致，希望有关部门注意。
3. 本期质量指数 QKZ=97.5%，质量有下降趋势。（以下略）

报告分发范围：

品质管理部、生产部、一车间、审核组成员、PE 部各一份。

审核组成员：

曹某（审核组长、QA 工程师）、司某（审核员、PE 工程师）、赵某（审核员、测试工程师）

编制/日期	司某 2010.5.21	批准/日期	曹某 2010.5.21

12.5 产品审核中纠正措施的跟踪管理

针对产品审核中发出的“纠正和预防措施要求单”，各责任部门应立即组织有关人员进行分析研究，并采取相应的纠正和预防措施。

审核员要对纠正和预防措施的实施情况进行跟踪验证并将验证结果上报给品质管理部经理、管理者代表。

产品审核控制程序示例详见案例12-7。

案例12-7：产品审核控制程序示例

产品审核控制程序

1. 目的

站在用户的立场上对产品进行客观审核，验证产品是否符合所有规定的要求，并利用审核信息确定产品的质量水平及其变化趋势。

2. 适用范围

本程序适用于公司内部的产品审核工作。

3. 职责

1）品质管理部（QA）负责组织制订年度产品审核方案，负责编制“产品审核评级指导书”。

2）审核组长负责编制每次产品审核的实施计划，按计划组织审核小组成员对有关产品进行审核、评价和报告。

3）各部门对审核中发现的不符合项，负责制订纠正措施并组织实施。

4. 作业程序

（1）年度产品审核方案

1）每年12月底由品质管理部经理策划下一年度的过程审核方案，策划时要考虑拟审核的产品的状况、重要性，新产品开发的计划以及以往审核的结果。应保证每种产品每两个月至少接受一次产品审核。年度过程审核方案由管理者代表批准后下发。年度过程审核方案的内容包括：

审核目的、审核准则、受审核的产品范围、审核频次（时间）等。

2）在以下几种情况下，应根据需要进行年度产品审核方案外的临时产品审核：

① 入仓检验发现产品质量连续下降。

② 一月内出现两次顾客索赔及抱怨。

③ 发生重大质量事故。

④ 生产流程、工艺更改。

⑤ 生产地点变更。
⑥ 产品长期停产，当恢复生产时。
⑦ 关键材料供应商更换。
⑧ 顾客或法规新增特殊要求时。
⑨ 新产品批量生产时。

公司的临时产品审核由品质管理部经理组织实施。

（2）审核的准备

1）品质管理部组织编写“产品审核评级指导书”，内容包括：

① 产品名称、型号、规格；

② 按产品安全性、功能、结构、外观、包装等特性分组划分的质量缺陷编号、缺陷内容及缺陷等级。

“产品审核评级指导书”应送生产副总经理批准。每次审核时，均可使用批准后的“产品审核评级指导书”。在产品质量有了改进时，应重新修订“产品审核评级指导书”。

2）每次审核前，由品质管理部经理指定审核组长，并成立审核小组。由审核组长分配审核小组成员的任务。在分配审核任务时应注意：审核员不应是对所审核产品质量负有直接责任的人，如产品检验员；也不应是与被审核产品/领域有连带责任的人，如产品设计工程师。

3）审核组长负责制订产品审核实施计划，经品质管理部经理审核、管理者代表批准后，在审核前5天下发给受审核部门。产品审核实施计划的内容包括：

① 审核目的。
② 受审核的产品/审核范围。
③ 审核准则。
④ 审核组成员名单及分工情况。
⑤ 审核的时间和地点。
⑥ 抽样样本量的大小。
⑦ 日程安排。
⑧ 审核总结会议的安排。
⑨ 审核报告的分发范围和预定发布日期。

4）受审核部门收到产品审核实施计划以后，如果对审核日期和审核的主要项目有异议，可在两天之内通知审核组，经过协商可以再行安排。

5）审核组长组织审核组成员编制“产品审核记录表”。

（3）审核的实施

1）检查测试条件。对与受审核的产品有关的测试条件进行检查。检查内容包括：

① 检查测试产品的量具和仪器的校准情况。

② 检查测试环境是否符合规定要求。

③ 检查测试人员的技能、资格。

2）进行产品抽样。按审核实施计划的要求进行抽样。要在包装之后、准备发运的产品中进行抽样，除非审核实施计划有特别的规定。抽样时应注意以下事项：

① 样品的随机性。

② 要注意样品生产的时期，要保证样品能反映同一时期的质量状况。

③ 要做好样品的标识。必要时，要对抽样涉及的批次加以隔离，直到审核结束。

3）对抽样产品进行检查或试验。按“产品审核评级指导书”、产品标准的要求对样品进行检查，包括功能测试、结构检查、外观检查、包装检查等。

4）将测试条件检查的情况、样品检查或试验中发现的缺陷，记入“产品审核记录表”中。

5）对审核结果进行整理分析。在召开审核总结会议前，审核组应对审核结果进行整理分析。

① 对产品审核中的缺陷项作出处理。

a. 若有A类缺陷，则通知品质管理部不允许这批产品出厂（如果产品审核是针对仓库中的成品）。

b. 若有B类缺陷，则应加倍抽样重新审核，如仍有B类缺陷，则不允许这批产品出厂。

② 对产品审核的结果进行分析总结。

a. 计算质量指数QKZ。

b. 必要时，做质量指数QKZ的趋势图。从趋势图上，可以判断质量是上升了或是下降了。

c. 确定产品质量定级。

d. 找出重要的、突出的质量缺陷，如B级以上的质量缺陷，多次重复出现的C类缺陷等。

e. 找出质量缺陷出现频次高或缺陷加权分值高的质量特性组。

f. 作出产品审核的结论。

6）召开审核总结会议。向与被审核产品有关的部门通报审核情况，并与这些部门一起讨论、分析缺陷的起因，在此基础上，确定要采取的改进措施及其责任部门。会后，审核员根据会议的决定向有关责任部门发出“纠正和预防措施要求单”。

（4）产品审核报告

1）由审核组长编写“产品审核报告”，交品质管理部经理批准后，送交管理者代表及相关部门。

2）产品审核报告的内容包括：

① 产品审核缺陷的处理与分析。

a. 对产品审核中的缺陷项作出处理意见。

b. 找出重要的、突出的质量缺陷，如 B 级以上的质量缺陷，多次重复出现的 C 类缺陷等。

c. 对质量缺陷出现频次高或缺陷加权分值高的质量特性组进行说明。

② 质量指数 QKZ。

③ 质量指数 QKZ 的趋势图（必要时）。

④ 产品质量定级。

⑤ 产品审核的结论。

⑥ 改进产品质量的建议。

3）产品审核报告的发放范围：

① 生产副总经理、管理者代表。

② 品质管理部。

③ 受审核部门。

④ 纠正措施涉及的相关部门。

（5）落实纠正措施

“纠正和预防措施要求单”发出以后，各部门要在规定的期限内进行整改。审核员应对整改的情况进行跟踪验证，将验证结果记入表中并上报给品质管理部经理。

（6）文件保管

产品审核中使用的全部记录由审核组长移交品质管理部按照“记录控制程序”进行保管。

（7）产品审核的结果应作为管理评审的输入

5. 支持性文件

1）产品审核评级指导书。

2）纠正和预防措施控制程序。

3）记录控制程序。

6. 记录

1）年度产品审核方案。

2）产品审核实施计划。

3）产品审核记录表。

4）产品审核报告。

5）纠正和预防措施要求单。

第5部分

管理评审

第13章 管理评审

13.1 管理评审概述

13.1.1 管理评审的目的

1）确保质量方针、质量目标和质量管理体系的持续适宜性、充分性、有效性。

2）识别改进的机会，确定变更的需要。

13.1.2 管理评审的对象

质量方针、质量目标、质量管理体系。

13.1.3 管理评审的内容

1）质量方针是否适宜，实现程度如何；是否被全体员工所理解和贯彻；质量目标是否能够达到和适宜。

2）组织结构、管理职能是否合适和协调；过程及其相应文件是否需要修正。

3）内、外部质量审核情况；纠正和预防措施的实施效果（包括前次管理评审决议事项的实施情况）；过程控制情况；产品质量状况等各方面的信息。

4）顾客的满意情况，顾客的需求、期望及投诉。

5）资源（人员、资金、设施、设备、技术、方法、工作环境等）是否配置得当；能否满足实现质量方针和质量目标的要求。

6）应就质量管理体系的所有要求，包括所有部门、过程的业绩趋势进行评审。

7）目标的监视情况，不良质量成本的定期报告和评价情况应作为管理评审的内容。

8）质量管理体系适应环境变化的应变能力。

9）改进的需要。

13.1.4 管理评审的实施者

应由最高管理者组织实施管理评审。

13.1.5 管理评审的输入

1）内、外部质量审核结果。

2）顾客的反馈：顾客满意的测量情况，与顾客沟通的结果，包括顾客的需求、期望及投诉。

3）过程业绩及产品的符合性：过程测量及监控的结果，包括过程实现目标的状况，产品的质量状况。

4）纠正和预防措施实施情况。

5）以往管理评审的跟踪措施的落实情况和效果评价。

6）可能引起质量管理体系变化的企业内部和外部环境。

7）改进的建议。改进的建议指相关方特别是组织内员工改进产品、过程和体系的建议。

注意，对于实施 ISO/TS 16949 的企业，下列项目应成为管理评审的输入：

1）交付过程中或在顾客处实际发生的不合格、潜在的不合格以及这些不合格对质量、环境、安全的影响应成为管理评审的输入。

2）不合格的过程和产品的控制情况（包括对现场失效、退货产品的控制情况）应作为管理评审的输入。

3）产品设计测量结果的分析、汇总应作为管理评审的输入。

4）目标的监视情况，不良（质量）成本的定期报告和评价情况应作为管理评审的输入。

13.1.6 管理评审的时机

定期进行管理评审，每年进行一次是适宜的。发生下列情况之一时，应适时进行管理评审：

1）新的质量管理体系进入正式运行时。

2）在第三方认证前。

3）企业内、外部环境发生较大变化时，如组织结构、产品结构有重大调整，资源有重大改变，标准、法律法规发生变更等。

4）最高管理者认为必要时，如发生重大质量事故或顾客有重大投诉时。

13.1.7 管理评审的方式

管理评审一般以会议的形式进行。会议由最高管理者主持，相关部门负责人参加，与会者就评审输入的内容进行比较和评价。

13.1.8 管理评审的输出

管理评审的输出（管理评审的结论）应写入管理评审报告。管理评审报告的内容有以下各项。

（1）评审目的

（2）评审时间

（3）评审内容

（4）组织人与参与人员名单

（5）管理评审的结论

1）质量管理体系的适宜性、充分性和有效性的结论。

2）组织机构是否需要调整。

3）质量管理体系文件（主要指质量手册、程序文件）是否需要修改。

4）资源配备是否充足，是否需要调整增加。

5）方针、目标是否适宜？是否需要修改。

6）制订下一年度质量目标的建议。

7）需要修改的质量管理体系过程和产品（如果有的话）。

13.1.9 管理评审的后续管理

对管理评审结论中的纠正措施进行跟踪验证，验证的结果应记录并上报最高管理者。

13.2 管理评审与质量管理体系审核的比较

见表 13-1。

表 13-1 质量管理体系审核和管理评审的比较

项目	质量管理体系审核	管 理 评 审
目的	确保质量管理体系运行的符合性、有效性。	确保质量管理体系持续的适宜性、充分性和有效性。
类型	第一方、第二方、第三方	第一方
依据	ISO/TS 16949 标准、体系文件、法律法规	法律法规、顾客的期望、质量管理体系审核的结论

（续）

项目	质量管理体系审核	管理评审
结果	第一方：提出纠正措施，并跟踪实现 第二方：选择合适的合作伙伴（供应商） 第三方：导致认证、注册	改进质量管理体系，提高质量管理水平
执行者	与被审核领域无直接关系的审核员	最高管理者

注：1. 适宜性——指管理体系适应内外环境变化的能力。

2. 充分性——指管理体系满足市场、相关方（顾客）要求及期望（包括潜在的、未来的要求及期望）的能力；也指管理体系各过程的展开程度。

3. 有效性——完成策划的活动和达到策划结果的程度。同时应考虑达到的结果与所使用的资源之间的关系，确保管理体系运行的经济性。

4. 符合性——与标准及规定要求吻合的程度。

13.3 管理评审的实施过程

见案例13-1。

案例13-1：管理评审的实施过程示例

管理评审的实施过程

1. 管理评审计划

一般在评审前的3~4周，由管理者代表编制“管理评审计划”，经总经理批准后下发至参加人员。“管理评审计划”包括以下内容：

1）评审目的（见本书13.1.1节）。

2）评审内容（见本书13.1.3节）。

3）评审方式。

4）评审的参加人员。

5）评审的时间安排。

6）评审输入的准备。

2. 评审输入的准备

见本书13.1.5节及案例13-2。

3. 召开管理评审会

管理评审一般以会议形式进行，由总经理主持。

（1）评审内容

评审人员对所提交的报告进行逐项分析并进行评价：评价内容详见本书13.1.3节。

（2）总经理总结评审结果

1）质量管理体系的适宜性、充分性、有效性的结论。

2）组织机构是否需要调整，质量管理体系及其过程是否需要改进。

3）质量管理体系文件（主要指质量手册、程序文件）是否需要修改。

4）资源配备是否充足，是否需要调整增加。

5）产品是否需要改进。

6）质量方针、目标是否适宜，是否需要修改。

7）提出相应的纠正和预防措施的要求。

4. 编写管理评审报告

管理评审结束后，由管理者代表编写“管理评审报告”，经总经理批准后下发给各有关部门。管理评审报告的内容如下：

1）评审目的。

2）评审日期。

3）组织人、参加人员。

4）评审内容。

5）评审结论（包括评审输出的内容）。评审结论包括以下内容：

① 质量管理体系的适宜性、充分性、有效性的结论。

② 组织机构是否需要调整，质量管理体系及其过程是否需要改进。

③ 质量管理体系文件（主要指质量手册、程序文件）是否需要修改。

④ 资源配备是否充足，是否需要调整增加。

⑤ 产品是否需要改进。

⑥ 质量方针、目标是否适宜，是否需要修改。

⑦ 提出相应的纠正和预防措施的要求。

5. 管理评审的后续管理

管理者代表组织有关部门对管理评审中的纠正措施进行跟踪验证，验证的结果应记录并上报给最高管理者及有关人员。

13.4 管理评审计划

见案例13-2。

案例13-2：管理评审计划示例

管理评审计划

编制/日期：________ 批准/日期：________

1. 评审目的

确保质量方针、质量目标和质量管理体系的持续适宜性、充分性、有效性。

2. 评审内容

1）质量方针是否适宜，实现程度如何，是否被全体员工所理解和贯彻，质量目标是否能够达到和适宜。

2）组织结构、管理职能是否合适和协调，过程及其相应文件是否需要修正。

3）内、外部质量审核情况，纠正和预防措施实施效果（包括前次管理评审决议事项的实施情况），过程控制情况，产品质量状况等各方面的信息。

4）顾客的满意情况，顾客的需求、期望及投诉。

5）资源（人员、资金、设施、设备、技术、方法、工作环境等）是否配置得当，能否满足实现质量方针和质量目标的要求。

6）应就质量管理体系的所有要求，包括所有部门、过程的业绩趋势进行评审。

7）目标的监视情况，不良质量成本的定期报告和评价情况应作为管理评审的内容。

8）质量管理体系适应环境变化的应变能力。

9）改进的需要。

3. 管理评审的方式

采用召开管理评审会议的方式，对评审的内容进行讨论、分析、评价，最后确认结果并形成管理评审报告。

4. 评审人员及分工

1）管理评审会议由总经理主持，管理者代表协助。

2）各部门经理/主管参加管理评审。

3）总经理指定的其他人员：……。

5. 管理评审的时间安排及地点

2010年12月28日在三号会议室进行2010年度管理评审。

6. 评审输入的准备

各部门/人员准备下列报告（报告的内容包括各部门主管的相关过程的情况），并在12月20日前提交给管理者代表。

（注：各部门可将下列多份报告的内容汇总在一份报告里）

（1）品质部

1）产品质量统计分析报告（包括产品检验、重大质量事故、客户投诉、退货等情况）。

2）纠正和预防措施实施情况报告。

3）MSA分析情况。

4）产品审核总结。

5）不合格的过程和产品的控制情况，公司对现场失效、退货产品的控制情况。

6）交付过程中或在顾客处实际发生的不合格、潜在的不合格，以及这些不合格对质量、环境、安全的影响情况。

7）不良质量成本的总结评价报告。

8）应急准备和响应情况总结报告。

9）改进建议、本部门质量目标实施情况报告。

（注：改进建议可涉及组织结构、体系、过程、产品、文件、资源配置等方面，下同）

（2）产品研发部

1）产品开发（包括设计测量情况）情况报告。

2）产品改进落实情况报告。

3）改进建议、本部门质量目标实施情况报告。

（3）生产技术部

1）过程监视和测量情况报告（包括特殊过程的确认及监控情况，生产过程的能力、趋势分析等）。

2）PFMEA分析情况总结，控制计划实施情况总结，过程审核总结。

3）工厂布局分析。

4）设备维修保养情况报告。

5）改进建议、本部门质量目标实施情况报告。

（4）生产部

1）生产计划的执行情况报告。

2）生产成本、物料耗损情况报告。

3）生产现场质量控制情况报告。

4）工艺纪律执行情况报告。

5）工时合理性分析报告。

6）改进建议、本部门质量目标实施情况报告。

（5）仓库

1）仓库管理、产品储存状况报告。

2）改进建议、本部门质量目标实施情况报告。

（6）采购部

1）供应商业绩情况报告。

2）供应商质量管理体系的开发情况。

3）改进建议、本部门质量目标实施情况报告。

（7）人事行政部

1）组织机构、职责分配、人力资源的总体分析报告。

2）人员培训情况报告。

3）文件控制情况。

4）改进建议（包括员工合理化建议）、本部门质量目标实施情况报告。

（8）营销部

1）服务情况报告（包括顾客的满意度、顾客投诉处理的情况以及顾客反馈的其他信息等）。

2）本年度销售及市场分析报告（包括市场环境的变化以及对竞争对手的分析等）。

3）合同的执行状况报告。

4）PPAP 实施情况。

5）向顾客交货及额外运费的情况。

6）新产品开发建议。

7）改进建议、本部门质量目标实施情况报告。

（9）生产车间

1）各车间生产计划完成情况报告。

2）生产过程质量控制情况报告。

3）改进建议、本部门质量目标实施情况报告。

（10）总经理

必要时，总经理就企业经营、市场、质量战略提交报告。

（11）管理者代表

管理者代表对各部门提交的报告进行分析，并在此基础上编写“质量管理体系运行情况总结报告”，内容包括：

1）公司质量方针、目标实施情况。

2）前次管理评审跟踪措施的落实情况和效果评价。

3）内、外部质量管理体系审核的总结及分析。

4）质量体系文件的变动、组织结构的变动以及其他内外部环境的变化。

5）质量管理体系适宜性、充分性、有效性的初步总体评价。

6）改进建议。

13.5 管理评审会议议程

见案例 13-3。

案例13-3：管理评审会议议程示例

管理评审会议议程

1. 总经理主持会议，说明管理评审的有关事项（9：00～9：10）。

2. 各部门负责人报告本部门负责主管的相关过程的情况，在部门报告后，与会者对该部门主管的相关过程的有效性、充分性和适宜性及其提出的改进建议进行评价并作出改进决策。

1）管理者代表（9：10～9：25）。

汇报质量管理体系运行情况，公司方针、目标实施情况，前次管理评审跟踪措施的落实情况和效果评价，内、外部审核的总结及分析，可能引起质量管理体系变化的企业内部和外部环境，质量管理体系适宜性、充分性、有效性的初步总体评价，以及改进的建议。

2）质量部（9：25～9：40）。

报告的内容见管理评审输入报告，这里不再详述。

3）生产部（9：40～9：55）。

4）生产技术部（9：55～10：10）。

5）营销部（10：10～10：25）。

6）采购部（10：25～10：40）。

（休息20min）

7）产品研发部（11：00～11：15）。

8）行政人事部（11：15～11：30）。

9）仓库（11：30～11：45）。

（午餐和午休）

10）生产各车间（14：00～14：40）。

3. 对质量管理体系实施和保持的整体效果进行评审（14：40～15：20）。

1）对质量管理体系的适宜性、充分性和有效性进行评审。

2）对质量方针、目标的适宜性进行评审。

3）对组织结构、职责分配、资源配备是否适宜进行评审。

4）对质量手册及其支持性文件是否需要修改进行评审。

4. 总经理总结评审结果（15：20～15：40）。

1）质量管理体系的适宜性、充分性、有效性的结论。

2）组织机构是否需要调整，质量管理体系及其过程是否需要改进。

3）质量管理体系文件（主要指质量手册、程序文件）是否需要修改。

4）资源配备是否充足，是否需要调整增加。

5）产品是否需要改进。

6）质量方针、目标是否适宜，是否需要修改。

7）提出相应的纠正和预防措施的要求。

注：每次的管理评审会议，可酌情增删内容和调整时间分配。

13.6 管理评审报告

见案例13-4。

案例13-4：管理评审报告示例

管理评审报告

评审目的：

1. 确保质量方针、质量目标和质量管理体系的持续适宜性、充分性和有效性
2. 识别改进的机会，确定变更的需要

评审主持人：张某　　评审时间：2010.12.28

评审的过程	涉及的ISO/TS 16949主要条款	现状陈述	改进建议	评审结论（包括改进措施）
文件控制	条款4.2.1，条款4.2.2，条款4.2.3	1. 2010年5月修改了质量手册、10份程序文件。已按要求发放并收回了旧版本文件 2. 本年度就各部门的文件控制进行了5次检查，没有发现问题		1. 文件符合标准的要求 2. 所有质量管理体系文件得到了有效控制
记录控制	（以下略）	（以下略）	（以下略）	（以下略）
人力资源控制				
员工激励				
工厂、设施、设备策划				
应急准备和响应控制				
工作环境控制				
供应商控制				
采购控制				
设施/设备控制				
工装控制				
标识和可追溯控制				
顾客财产控制				

（续）

评审的过程	涉及的 ISO/TS 16949 主要条款	现状陈述	改进建议	评审结论（包括改进措施）
产品防护控制				
监视和测量装置控制				
实验室管理				
统计技术应用				
顾客满意控制				
员工满意控制				
内部审核（体系、过程、产品审核）				
产品监视和测量控制				
不合格品控制				
数据分析				
持续改进				
纠正与预防措施				
内部沟通				
经营计划管理				
质量成本控制				
管理评审				
报价/合同评审				
设计和开发、产品确认控制				
工程更改管理				
计划与生产控制				
交付控制				
顾客反馈				

总结论：

（注意：评审结论中必须有质量方针的适宜性，质量管理体系的适宜性、充分性和有效性的结论）

1. 公司的质量方针是适宜的。
2. 公司的质量管理体系是适宜的、充分的和有效的。
3. 就本次管理评审提出的改进措施××××（注：需详细说明哪些改进措施），希望有关部门尽快拿出计划并实施。
4. 制订下一年度质量目标的建议：……。

评审参加人员：

评审人	部门	职位	评审人	部门	职位

编制/日期：	审核/日期：	批准/日期：

管理评审报告附件：

附件 过程指标统计结果评价

序号	过程	过程指标	统计结果	结果评价	备注
1	报价/合同评审	评审及时率：×× 评审准确率：××	（以下略）	（以下略）	
2	顾客反馈	第一时间反馈及时率：×× 问题解决率：××			
3	设计和开发、产品确认控制	项目计划执行率：×× PPAP一次通过率：×× 阶段评审通过率：××			
4	交付控制	交货准时率：×× 交付产品完成率：×× 额外运费（或次数）：×× 交付周期：××			
5	……	……	……		

参考文献

[1] 刘爱基，李虹．内部质量审核实务［M］．北京：中国标准出版社，1995.

[2] 林修齐，赵锋．内部质量审核教程［M］．北京：中国标准出版社，1997.

[3] 中国认证人员国家注册委员会．质量体系内部审核员国家通用教程［M］．北京：中国人事出版社，1997.

[4] 柴邦衡，刘晓论．质量审核［M］．北京：机械工业出版社，2004.

[5] 中国汽车技术研究中心，中国汽车工业协会．GB/T 18305—2003/ISO/TS 16949：2002 理解与实施［M］．北京：中国标准出版社，2004.

[6] 段为青．汽车制造企业快速导入 ISO/TS 16949：2002［M］．北京：中国标准出版社，2006.